任继愈 著　本书编委会 编

任继愈文集

5

國家圖書館出版社

目 录

中国哲学史研究五
论文二

秦汉的统一与哲学思想的变革 *

——"四人帮"歪曲历史的罪证之一

"四人帮"本来是一批不学无术的反革命分子。他们收买了"梁效""罗思鼎"之流一批文人,大讲历史,通过讲历史搞反革命阴谋。特别对秦汉之际这段历史作了不少文章。文章的中心就是大讲"复辟与反复辟的斗争",并且叫人们从中"总结经验教训"。在这里,"四人帮"利用讲历史,影射攻击我们敬爱的周恩来总理和大批领导干部,以及他们执行的毛主席的革命路线。

一

我们看看秦汉的统一是什么性质的统一。毛泽东主席有明确的指示,自周秦以来中国是封建的社会,其政治是封建的政治,其经济是封建的经济。毛泽东主席还说:"如果说,秦以前的

---

* 原载《历史研究》1977 年第 6 期。

一个时代是诸侯割据称雄的封建国家,那末,自秦始皇统一中国以后,就建立了专制主义的中央集权的封建国家……"(《中国革命和中国共产党》)本来,早在春秋的中期或末期,在东方各国便先后进入了封建社会,战国以来封建制已成定局。这是从历史文献以及地下发掘的文物各方面都证明了的,也为多数历史学家所公认。"四人帮"怀着不可告人的目的,口头上他说春秋战国是奴隶制向封建制过渡的时期,可是他们文章的做法,却是认为秦始皇时候才进入封建制,以前的东方六国都是奴隶制。罗思鼎说"秦王朝是我国第一个封建王朝"。

"四人帮"在他们的文章里经常自相矛盾,自己打自己的嘴巴。当他们叫喊"批孔"的时候,就说春秋时期奴隶制"已经崩溃了""已经摇摇欲坠了""已经没法维持了",只有孔丘还在顽固地维护这个摇摇欲坠的奴隶制。可是他们谈到秦汉之际的时候,却又大讲"奴隶制的复辟是随时可能的",赵高篡权是奴隶主势力"复辟",吴楚七国之乱是奴隶主势力"妄图复辟",王莽篡权也是"复辟"。在这些"历史家"看来,封建制越向前发展,奴隶制度复辟的危险性反而越大。按照他们这种逻辑,从春秋到战国,过了几百年,所谓孔丘竭力维护的"摇摇欲坠"的奴隶制度和奴隶主阶级又不但没有"摇摇欲坠",倒反而越来越强大了。他们那个御用工具罗思鼎写文章说,秦始皇一死,赵高就篡夺了秦王朝的领导权,于是一个早晨奴隶制就复辟,封建制的秦王朝的性质就改变。照这样说,复辟倒是件很容易、也是很偶然的事情,只要一个人要一点阴谋,历史就倒退了。这是典型的历史唯心主义,完全背叛了马列主义的基本原理。

那么,秦朝统一和秦以前六国的战争是什么性质呢?根据历史事实,可以断言它不是奴隶制与封建制的矛盾。当时战国的七个大国(齐、楚、燕、秦、韩、赵、魏)都是封建制的国家,统一

2

是当时客观形势的需要,是历史发展的趋势。秦与六国的矛盾是争夺统一全国的矛盾。

战国七雄都想统一。我们不能说,凡是反对秦朝的都是奴隶主复辟势力。因为当时有资格统一的不仅是秦一个国家,如东方的齐国,南方的楚国都有条件和秦来争夺统一权,就连韩、赵、魏、燕那些第二等的国家,也不是不想搞统一。按照战国的这几个国家封建化的先后来说,东方那几个国家较先进入封建社会,秦国倒是要迟一些,但是秦国后来居上,保持奴隶制的残余少一些,所以秦国反而走在前面,统一了东方六国。

这里,我们说保持奴隶制残余的多少,也是相对的,因为战国时候这几个国家的统治者的特点,都是从奴隶主贵族转化为封建地主阶级的,他们原先都是周天子分封的世袭的奴隶主贵族。比如韩、赵、魏以及齐国,统治者都是原先的大夫夺取了本国诸侯的领导权,由大夫的地位变成为国君的。秦国也是这样,它的国君本来就是世袭的诸侯(大奴隶主)。从奴隶主转化过来的地主阶级,都带有奴隶主阶级的烙印,这种残余在六国存在,在秦国也存在。这并不像"四人帮"所说的那样,六国代表奴隶主而秦国代表封建主,凡反秦就是搞复辟,这根本不符合客观事实,是篡改历史。

秦王朝推行法家耕战政策,统一中国后,新兴的地主阶级,意满志盈,主观上认为没有什么办不到的事情,根本不考虑劳动人民的愿望,它残酷压榨和奴役人民,用各种"严刑峻法"强迫广大人民无休无止地如奴隶般地服劳役。秦末劳动人民起义,就是反抗这种残酷的无休无止的劳役。陈胜、吴广的宣言曾说过,"天下苦秦久矣"。陈胜带了一部分服劳役的人误了报到的期限,误了期限就要处死。反正造反是死,不造反也是死,这样他们就揭竿而起了。刘邦起兵反对秦王朝,也是这个问题引起的。

秦统一六国后,在全国范围内变本加厉地这样干,例如参加秦王朝修筑宫殿、陵墓的劳动人民,从遥远的南方、东方,迢迢万里,日夜赶来,一次就是几十万。这些劳动人民过的什么生活,没有文字记载。据史书,隋朝开国皇帝隋文帝,号称比较节俭、爱惜民力。他修建仁寿宫时,每天一车一车的建筑材料运进去,被折磨死的建筑民工的尸体一车一车地运出来,这些死者的尸体连同废土一起填平了附近的沟壑。宫殿落成后,隋文帝晚上登上宫殿的高处,只看见遍地磷火闪烁,这都是死者的骨骸发出的磷光。这形象地说明供封建地主阶级享乐的宫殿,建筑在劳动人民的尸骨堆上。秦王朝修建的阿房宫等等工程,规模远比隋文帝的仁寿宫大得多,劳动人民的死伤惨重是可想而知的。劳动力不足,他就发"闾左之戍"①,还征"七科谪"②。这些措施,严重地破坏了生产力,使人民处于水深火热之中。当人们活不下去时,就会革命。秦朝就是由于使千百万劳动人民活不下去,才被推翻的。毛泽东主席指出:"地主阶级对于农民的残酷的经济剥削和政治压迫,迫使农民多次地举行起义,以反抗地主阶级的统治。"(《中国革命和中国共产党》)毛泽东主席提到的起义的农民领袖中间,首先就是陈胜、吴广。秦王朝灭亡的原因,毛泽东主席已经说得很清楚了。"四人帮"却说因为秦王朝是进步的,所以爱人民,甚至说秦王朝是代表"黔首"的,即皇帝代表人

---

① 闾、里都是古代的平民聚居的单位,好像北方的胡同,南方的里弄,一条巷内住有二三十户,分为左右两排,并按五家、十家为单位组织起来。秦王朝为了大量征调劳动人民,有时强令住在闾里左边一排的适龄壮劳力全部征调。

② "七科谪",是秦代强制服劳役的办法,对象包括七种人:(1)有罪的官吏,(2)逃亡的罪犯,(3)赘婿,(4)有市籍的贾人,(5)曾经有市籍的,(6)父母曾经有市籍的,(7)祖父母曾经有市籍的。

民利益。照"四人帮"的说法,在阶级社会里,统治阶级与被统治阶级,剥削者与被剥削者,可以互相爱护,这是对马列主义原理的公开背叛。工人阶级登上历史舞台以前,历史上出现过进步的阶级、进步的势力,不能因为它在当时历史条件下是进步的就说它是爱人民。两者不能混淆。

从原始公社的解体到奴隶制社会的形成,这是一个进步,但是奴隶制社会对广大奴隶的压迫和剥削是极端残酷的。资产阶级比封建地主阶级进步,但当资本原始积累的时候,每一个钱币也都沾满了劳动人民的鲜血。秦王朝要统一,这是符合历史的要求,是进步的,符合了历史前进的方向,所以它成功了。秦王朝统一以后,对待人民像对待奴隶一样,激怒了人民,所以失败了。它的成功是符合了历史前进的方向,不是偶然的;它的失败是违背了人民的利益,使广大人民活不下去,逼得人民造反,这也不是偶然的。"四人帮"却故意歪曲历史,捏造什么地主阶级"爱人民",一字不改地宣扬地主阶级美化自己统治的"黔首大安"之类的秦刻石,通过"讲历史"来论证阶级调和古已有之,这是极端反动的。

历史上说"汉承秦制"。秦朝是封建统一的中央集权制国家,汉朝继承并巩固了它。所不同的是汉朝奴隶制的残余比秦朝少了。汉初和刘邦一起打天下的领导集团中,基本上来自下层。刘邦的开国功臣中,有的在县里当过刀笔吏,有的是杀狗的,有的是贩卖布的,有的是给人家办丧事时吹乐器混饭吃的,有的当过乞丐,也有的没有固定职业混日子的。刘邦自己当过亭长,是地方上一个最下级的小吏而不是官。这些人与旧的奴隶主转化过来的封建贵族基本上割断了联系。正是由于劳动人民的起义推翻了秦王朝,才使汉朝完成了秦朝没有也不能完成的这个历史任务。可见,秦汉的统一这件事,根本与奴隶制和封建制的斗争、复辟和反复辟的斗争没有关系。秦汉政治上的斗争,不存在什么复辟与反复辟的问题,当时的斗争就是统一与分裂,是巩固统一,还是反对统一和破坏统一的问题。

二

现在再看秦始皇统一前后的哲学思想。秦始皇在实际管理政治以前,由宰相吕不韦当政。吕不韦当政时,秦国已经在进行统一全国的战争。吕不韦召集一部分门客帮他编成了一部《吕氏春秋》。"四人帮"的御用工具罗思鼎说它是奴隶主复辟的书,这完全是胡扯。《吕氏春秋》采取了先秦各家学说,拼凑起来,企图用它作为国家统一的指导哲学。书中有儒家、法家、道家,还有墨家、农家和其他许多学派的思想。它实际是杂凑起来的,构不成一个有机的整体,前一篇和后一篇,这一部分和那一部分往往自相矛盾,使人看了无所适从。这部书起不到统一思想的作用。

秦始皇自己掌握政权以后,采用《韩非子》作为他统一天下,治理国家的思想武器。这种哲学政治思想确曾一度满足了秦王朝政治上的需要,所以收得了实效。但是韩非的思想在秦王朝覆灭的过程中,暴露了以下的缺点和问题,不能充分适应地主阶级的统治需要。

第一,韩非宣扬进步的历史观,他说历史是发展的,社会是要改变的,是要不断地革新的。但一切剥削阶级,当政治上取得某种成功的时候,就停止前进。因之,像韩非关于历史进步、革新的思想,也就意味着秦王朝还要被后来的新势力取代,这是已取得统治地位的剥削阶级所不愿接受的。秦始皇的要求就很清楚,他是第一代皇帝(始皇),他的儿子叫二世,孙子叫三世,以至万世。他希望天下的人民万世受他们奴役。变革、革新的思想不再需要了。"天不变，道亦不变"的哲学观点，如果秦始皇早日看到，他会乐于接受的。对汉代和以后的封建统治者，当然也是这样。

第二，韩非反复讲如何统治人民。他公开宣扬统治者与人民的利益是对立的，对统治者有利的事情，对人民就不利；对人民有利的事情，对统治者就不利。双方的关系是绝对对立的关系。统治者为了巩固自己的统治，只有加紧镇压人民。人与人之间的关系完全建筑在互相利用、赤裸裸的利害关系上。剥削者与被剥削者的关系，是利害相反、绝对对立的关系。这本来也是事实，但是剥削阶级大喊大叫地宣称他们是剥削人民的，他们和人民的利害是绝对相反的，一点也不掩盖自己的残酷的压迫和剥削，这对统治者并不利。赤裸裸地讲剥削和压迫，光讲镇压人民的一手而不讲欺骗人民的一手，只讲刽子手的职能而不讲牧师的职能，对亲眼看到秦王朝垮台，并充分利用秦王朝的这一弱点代替了秦王朝的汉王朝的统治阶级来说，显然认为这是很愚蠢的。

第三，法家的哲学公开讲"术"。"术"就是驾驭群臣的阴谋诡计。法家韩非强调国君前后左右充满了敌人，大臣不可信，宦官不可信，后妃也不可信。国君整天提心吊胆地提防着可能随时发生篡弑的政变。封建集团内部，钩心斗角，互相争夺，也本是常有的事，但把它绝对化，认为凡是大臣、宦官、后妃一定有篡弑的企图，以致上下猜疑，这对于形成一个较稳定的统治集团和巩固中央集权的国家没有好处。封建社会的"宗教幻想和政治幻想掩盖着的剥削"和家庭内的"温情脉脉的面纱"（《共产党宣言》）当然是虚伪的，但对地主阶级是不可缺少的。公开宣扬不要这种"面纱"，对于协调统治集团内部关系不利。

第四，法家的哲学对法令以外的其他上层建筑的用处缺乏认识。上层建筑包括法律、政治、道德、艺术、宗教、哲学……范围很广。韩非的思想中只有法令一项，他认为只能"以法为教，以吏为师"。"君上之于民也，有难则用其死，安平则尽其力"（《韩非子·六反》）。人民不过是会说话的劳动工具。这样就忽略了上层建筑其他部分的重要职能和作用。秦王朝企图以"焚书坑儒"来实行思想上的统一，收效并不显著。

自商鞅变法奖励耕战，鼓励一家一户的生产，规定男子成年必须与父母分居，另立门户，女子到一定年龄必须出嫁，以增加劳动力和纳税的服役人口以来，小农经济得到了发展，但秦始皇统一全国后，繁重的劳役、兵役等等，又严重干扰、破坏了这种小农经济。秦朝的农户都是小家庭，一个家庭的主要劳动力被抽调去服劳役，一旦抽走能活着回来的机会不多，"戍死者固十六七"（《史记·陈涉世家》），即使有田也无法耕种，生产遭到严重的破坏。

汉初的黄老思想正是根据当时经济形势的要求而提出并得以流行的。黄老学派起源于战国中期，是假托黄帝的名义，吸收老子哲学中"无为"、使民"自富""自朴"的政治思想而形成的一个学派。它是战国中期代表新兴地主阶级的许多思想流派之一。长沙马王堆出土帛书中有《经法》《十大经》等即黄老学派的重要典籍。西汉初年的陆贾以及稍后的司马谈（他自称道家），按其思想实质，都属黄老学派。它反映了汉初全国统一形势下发展小农经济的要求。因为当时楚汉连年战争之后，人民穷困，户口减少，壮年劳动力缺乏，耕畜减少，经济急需恢复。刘邦进入咸阳以后，与关中父老"约法三章"，减轻严苛的法律规定，已开始采取黄老的思想。"四人帮"的工具罗思鼎等胡说《经法》《十大经》等是"法家"著作，又说不通，便玩弄手法，说什么汉初的黄老思想是什么"道表法里",这完全是信口胡说。汉初有名宰相曹参,在齐国作相时,请了黄老学者盖公当他的老师和顾问。盖公对曹参提出"清静无为,与民休息"的建议,行之数年,齐国大治。后来,曹参继萧何为相,用这一思想在全国推广。曹参的继任者陈平也是学黄老之学的。不干涉、少干涉是黄老哲学的根本精神。从汉初到武帝以前,统治者所以采取黄老哲学,是因为当时经济非常困难:"汉兴,接秦之敝,诸侯并起,民失作业,而大饥馑。凡米石五千,人相食,死者过半。高祖乃令民得卖子,就食蜀汉。天下既定,民亡盖臧,自天子不能具醇驷,而将相或乘牛车。"(《汉书·食货志》)剥削是一切剥削阶级的本性,并非汉初的地主阶级仁慈一些,主张不剥削、少剥削,主要原因是当时人民没有什么东西可供剥削,地主阶级不得不"轻徭薄赋",减少剥削的数量,这比"竭泽而渔"对它更有利些。汉初采取黄老之学以维持其统治,是与当时的社会经济状况有直接的关系的。汉初的统治者,正是上升时期的地主阶级的代表,他们讲黄老无为,不过是为了积蓄力量,准备有为。

三

从汉初到武帝几十年推行黄老之学的"无为"政策,果然对封建经济起到了恢复和发展的作用。到汉武帝时就较富足了。史书记载说,当时国家积累的粮食,仓库里都装不完,积存以至腐烂。钱也很多,仓库里一层层堆积起来,穿钱的绳子都朽烂了。这说明汉王朝的经济实力大为增强,为政治上军事上的"有为"打下了基础。西汉初年中央统一政权对地方割据势力(先是异姓王后是同姓王)屡次打击,但矛盾仍然存在;对北方匈奴贵族奴隶主政权的掳掠,一直无力解决,到了汉武帝时代,已经不仅有必要而且有可能加以解决。另外,由于小农经济的分化,兼并的盛行,农民与地主阶级的矛盾日趋尖锐。在这样的形势下,再提倡"黄老无为",就会束缚统治阶级自己的手脚,于是黄老哲学也必然遭到罢黜的命运。

这时,为了巩固封建统一政权,为了进一步在经济、政治、军事上搞大一统,思想统一这个问题又提到日程上来了,董仲舒哲学思想就应运而生并受到重视。董仲舒在《天人对策》中曾说:"《春秋》大一统者,天地之常经,古今之通谊也。今师异道,人异论,百家殊方,指意不同,是以上亡以持一统,法制数变,下不知所守。"(《汉书·董仲舒传》)这就是说,当时思想很混乱,各种思想流派并存,上面没有统一的思想,下面就无所遵循。董仲舒正式提出,凡是"不在六艺之科、孔子之术者,皆绝其道,勿使并进"。除《六经》、孔子的学说外,其他的学说都要制止,这样就可以让人民知道该干什么、不该干什么。秦始皇"焚书坑儒"与汉武帝"尊崇儒术",这两件事的做法相反,目的是一个,是沿着同一条路线发展下来的。都是要适应当时经济、政治大一统的状况和要求,而提出思想意识上的大一统。

有了统一的政治局面,才会产生统一的哲学。秦汉封建大一统的局面,在我国历史上是件新事,也是一件前所未有的大事。统治阶级为了寻找(或者说是建立)对它有用的哲学体系,不是一帆风顺的。要在与旧思想斗争中探索前进,需要有一个过程。

先秦"百家争鸣"的社会基础和时代背景,是生产关系的变革和诸侯割据纷争以及兼并战争的盛行。秦统一后用强硬镇压的措施把以韩非为代表的法家思想定于一尊的地位,秦末农民大起义的浪涛淹没了秦王朝,同时也推翻了"法家"的一尊地位,宣告了秦始皇用禁私学、焚《诗》《书》百家语来统一思想的做法

10

的失败。西汉的统治者,初期虽然"崇尚黄老",却并不排斥百家,各个学派的代表人物这时都有所活动。但是由于面临的是封建大一统的政治局面,各派都为建立统一的封建主义上层建筑而出谋献策,向地主阶级的"皮"上去"附",都在吸收他家的观点,改变着自己的面貌,便出现了"百家交融"逐渐合流的趋势,在逐渐形成新学派。这个新学派主要奠基者就是董仲舒。虽然历史还习惯地称之为"儒家",但从内容到形式,他和先秦的"儒"有很大的区别,汉武帝所尊的"儒"并不是先秦的儒。我们不能光看学术流派的师承传授的世系表,主要是看它属于哪一个阶级,为什么人服务。

汉初儒家得到重视,也不是从董仲舒开始的。建元元年(前140),汉武帝十七岁时,丞相卫绾奏:"所举贤良,或治申商、韩非、苏秦、张仪之言,乱国政,请皆罢。"这条建议得到武帝的批准("奏可")。建元五年(前136)春置五经博士。五经都是儒家的经典,用儒家的经典作为国家的教材。前一件事是"罢黜百家",后一件事是"尊崇儒术"。当时汉武帝还不认识董仲舒这个人。到了元光元年(前134),"诏贤良对策",才选拔了公孙弘、董仲舒。

政治形势、阶级形势变了,各家学说的内容也不得不随着有所改变。某家的招牌仍旧,推销的货色却随着时代的改变而改变。比如法家用人,一向强调尚贤使能,论功行赏,反对用资历限制人的选拔。但我们试看下面这一段活:"且古所谓功者,以任官称职为差,非谓积日累久也。故小材虽累日,不离于小官;贤材虽未久,不害为辅佐。是以有司竭力尽知,务治其业而以赴功……"又说:"毋以日月为功,实试贤能为上。量材而授官,录德而定位,则廉耻殊路,贤不肖异处矣。"说的是选用官吏,不能光看资历,主要看才干、能力。这两段话,不是很像法家吗?它却出自儒家董仲舒向汉武帝的《对策》。可见儒、法之间没有不可逾越的鸿沟。汉初的儒、法已经互相渗透,在合流了。

我们再看看汉初的贾谊。梁效、罗思鼎都说他是"法家"。但贾谊偏偏说:"汤武置天下于仁义礼乐,而德泽洽,禽兽草木广裕,德被蛮貊四夷,累子孙数十世……秦王置天下于法令刑罚,德泽亡一有,而怨毒盈于世,下憎恶之如仇雠,祸几及身,子孙诛绝,此天下之所共见也。"(《汉书·贾谊传》)大讲"仁义礼乐",大反"法令刑罚",这还成法家吗?贾谊讲儒家的"仁义礼乐",同时也讲法家的"权势法制",并比之为芒刃与斧斤的关系,不主张专用一家。贾谊主张削弱地力割据势力(诸侯王)的目的之一是"法立而不犯,令和而不逆"(同上)。可见,在贾谊的思想中明显地体现了儒法合流的倾向。

先秦儒法两家都讲到刑与德。孔孟讲刑、德,以德(欺骗)为主,以刑配合。法家讲刑、德,以刑为主。两派刑与德的涵义也有区别。如韩非说"二柄者,刑、德也"(《二柄》),刑即罚,德即赏赐,韩非的"德"不包含"仁义""慈爱"的内容。韩非的著作反复强调讲"仁义""慈爱"是有害的。汉初的晁错也讲"赏"与"罚",但他解释说:"其行赏也,非虚取民财妄予人也,以劝天下之忠孝而明其功也。""其行罚也,非以忿怒妄诛而从暴心也,以禁天下不忠不孝而害国者也。"(《汉书·晁错传》)把"赏"与"罚"看成是实行"忠"与"孝"的手段。晁错也"学申商刑名",但文帝时曾被派往山东"从伏生受《尚书》"(同上)。这也是儒、法合流。而在"四人帮"论客的笔下,贾谊、晁错都成了反儒的"法家"人物。汉初的董仲舒讲刑与德,他既不同于孔孟的重德轻刑,也不同于韩非的重刑轻德,而是主张既宣扬"慈爱""仁义"的欺骗,又提倡用刑政法令来镇压。很明显,董仲舒与贾谊、晁错是一脉相承,儒、法合流的。

再看汉初的道家。一提起道家，人们自然想到应当指的老、庄。司马谈说："道家使人精神专一，动合无形，赡足万物。其为术也，因阴阳之大顺，采儒墨之善，撮名法之要，与时迁移，应物变化，立俗施事，无所不宜。指约而易操，事少而功多。"（《史记·自序》）这个道家综合吸取儒家、墨家、名家、法家以及阴阳家的内容。像这样的道家和先秦老、庄的道家已经很不相同了。如果把先秦已有的"家"（学派）看成一成不变的，并认为后来的某"家"就是先秦的"某家"，没有不上当受骗的。马列主义、毛泽东思想教导我们对具体事物要作具体的分析，不能看它的招牌，要看它的实质。什么家，什么派，只是招牌，为什么阶级服务，才是它的本质。

"四人帮"胡说什么汉初形式上崇奉黄老，骨子里是法家（道表法里），后来到武帝时，形式上尊儒，实际是尊法。他们还说汉武帝不是真正相信董仲舒，真正相信的是张汤、桑弘羊那些人。事实是这样吗？据历史记载："（董）仲舒在家，朝廷如有大议，使使者及廷尉张汤就其家而问之。"（《汉书·董仲舒传》）

张汤专管司法，是汉武帝信任的一个高级官吏。"四人帮"把张汤这个人看作"法家"，但是，朝廷有了重大事件，却叫法家张汤跑去向儒家董仲舒请教，汉武帝究竟是信儒家，还是信法家呢？信董仲舒，还是信张汤呢？据记载，张汤这个人判决重大案件的时候，也要从儒家经典中寻找理论根据："（张）汤决大狱，欲傅古义，乃请博士弟子治《尚书》《春秋》……"（《汉书·张汤传》）看来，这个法家简直离不开儒家了。武帝时，另外一个宰相公孙弘，史书上说他，"习文法吏事，缘饰以儒术"（《汉书·公孙弘传》）。这又是一个儒法两家互相配合的例子。

哲学与宗教这些远离基础高入云霄的上层建筑，与接近经济基础的那些上层建筑同样为其基础服务，却有差别。以汉初来说,哲学不能直接做出决狱的条文代替廷尉张汤的判决书,但哲学能作为决狱的指导思想,给决狱提供理论根据。哲学不负责直接向人民征收赋税,代替桑弘羊的财政政策,但能形成理论,从而保证汉武帝税收顺利。

古人对汉初这些现象不是全无察觉。班固就称赞汉武帝用人、得人之盛,"儒雅则公孙弘、董仲舒、兒宽;笃行则石建、石庆……定令则赵禹、张汤;文章则司马迁、相如……历数则唐都、洛下闳;协律则李延年;运筹则桑弘羊;奉使则张骞、苏武;将率则卫青、霍去病……其余不可胜纪"(《汉书·公孙弘卜式兒宽传》)。古人只朦胧地感到汉武帝会用人,各方面的人才配合得好。他们不懂得政、法、文、武、宗教、哲学之间的相互关系,反映了当时上层建筑已为统一的封建王朝成龙配套。有哲学、宗教、文学、艺术、道德、法律、经济政策分别起着各自的作用。

重用董仲舒,是用他的哲学体系,讲"天不变,道亦不变"的形而上学,为汉王朝的万世一系制造舆论;讲"天人感应",为王权神授制造理论。治狱,还得靠张汤,理财则离不开桑弘羊。为统治者粉饰太平,还得用御用文人司马相如之流。因此,说"尊儒",是把哲学抬高到最高的地位,并不是重复孔丘的"克己复礼",尊周天子;重法,是发挥镇压人民的职能,并不是用法令代替一切。

四

从以上的论述,可以看出"四人帮"宣扬所谓秦汉儒法斗争是复辟与反复辟的斗争,完全是虚构出来的。因为战国时期各国都已进入封建社会,都是新兴地主阶级掌权,一个阶级竟然自己对自己进行"复辟",这只能是"四人帮"热昏的胡话。他们借古说今,编造谎言,是为了影射攻击党的革命老同志。

"四人帮"炮制的贯串古今两千多年的"儒法斗争"这条"纲"根本是虚构出来的,因为自西汉以后儒法斗争已不存在,汉以后的所谓儒法斗争更不存在。哲学上只有唯物主义与唯心主义、辩证法与形而上学才是贯串古今的主要线索。进步或保守,是政治范畴,是一定阶级和集团在一定历史时期的表现。离开了阶级标准,就无法判断什么是进步,什么是保守,这是事实,也是常识。政治思想只能是某一个阶级的政治思想,超阶级的一贯进步,是难以设想的,只能是唯心主义的虚构。所谓"法家一贯进步",从来没有过,即使当它作为新兴地主阶级的思想代言人时,它的反动的东西也不少。

汉代董仲舒的学说的出现,作为汉武帝的哲学思想,巩固其封建大一统的政治局面,曾起过积极作用。随着时间的推移,董仲舒的学说越到后来越反动。清末康有为提出变法维新,抬出孔丘作为保护伞,借孔丘的"庇护",来宣传其变法思想。康有为主张开议会,就宣称他见到的古本《论语》上说,"天下有道则庶人议";他把美化了的资本主义社会说成"大同"世界,也从《礼运》寻找根据。这时的康有为虽尊儒,却不反动,而是进步的。后来对抗革命派,站到革命的对立面,他才成了反动人物。

"四人帮"为了影射党内有"儒",才故意造谣,把"儒法斗争"的公式从古代引向当前。1974 年以后,他们连篇累牍,大讲历史,"总结经验",为了一个目的,就是篡党夺权。他们为了打击、陷害周恩来总理、华国锋主席和一大批革命领导干部,诬蔑他们是"复辟派",是当代的"大儒"。他们已透露了杀机。

我们的任务就是要把被"四人帮"搞乱了的事实予以澄清,颠倒了的是非重新摆正。"四人帮"长期窃据舆论宣传阵地,只许"一帮"放毒,不许人民讲理,以致形而上学猖獗,实用主义泛滥,学术界被他们搞得乌烟瘴气。甚至在"文化大革命"前早已被广大群众批驳得体无完肤抛进历史垃圾堆的一些谬论,又一一捡回,贴上新商标,强迫向群众摊派推销。在哲学历史文化领域里造成的混乱、破坏是前所未有的。

"四人帮"对参加过反帝反封建斗争的老干部恨入骨髓,必欲置之死地而后快。相反,他们却把地主阶级的法家捧上了天,说得比共产党还先进。一爱一憎,立场分明。这就说明,"四人帮"这伙新老反革命对我党、对社会主义制度的刻骨仇恨,他们不但要向社会主义革命反扑,而且要向民主革命反攻倒算。英明领袖华国锋主席深刻地指出:"'四人帮'是反共反社会主义的资产阶级在我们党内的典型代表。他们同蒋介石国民党有千丝万缕的联系。"事实已充分说明他们是国民党的残渣余孽。不论如何伪装,他们臀部带着的鲜明的封建、买办的印记,是掩盖不住的,只能欲盖弥彰。我国出现的修正主义所具有的封建性,是我国社会历史条件下,"题内应有之义"。刘少奇、林彪、"四人帮"无一例外。我们要对他们的资产阶级极右实质深入批判,对这一伙的封建法西斯的反动性应有充分估计,不可低估。

批判"影射史学",恢复哲学史的本来面目 *

　　王洪文、张春桥、江青、姚文元"四人帮"继承林彪反党集团的衣钵,接过革命口号,利用他们篡夺的那一部分权力,大搞资产阶级法西斯专政。在思想文化战线上他们喂养了一批"梁效""罗思鼎"之流的无耻文人,虚构一整套所谓"儒法斗争"的模式,伪造历史,践踏马列主义基本原理,把早已破产的资产阶级、修正主义的反动谬论,重加装饰,强迫推销。在整个哲学社会科学领域制造严重混乱,为他们篡党夺权,搞反革命复辟阴谋服务。党中央号召从理论上、思想上深揭狠批"四人帮"反革命修正主义路线,从哲学、政治经济学、科学社会主义进行批判,在各个领域内肃清流毒。对"四人帮"炮制的"儒法斗争"的反革命谬论深入批判,是我们中国哲学史工作者刻不容缓的责任。

---

　　* 　原载《哲学研究》1978 年第 3 期。原注:本文是任继愈主编的《中国哲学史简编》修订本序言(按:出版时未收录)。

一　中国哲学史是唯物主义与唯心主义的斗争史,还是"儒法斗争"史?

在"四人帮"所制造的反革命舆论中,"儒法斗争"问题曾喧嚣一时。春秋战国"百家争鸣"中一度存在过的儒法斗争,到了"四人帮"的御用工具梁效、罗思鼎之流的笔下,竟然成了超时代、超阶级、包罗万象、贯串古今的法宝。从公元前奴隶主反对封建主的斗争,直到20世纪70年代中国共产党内的两条路线的斗争,都被说成是"儒法斗争"。在他们看来,中国哲学史研究的对象不是唯物主义与唯心主义、辩证法与形而上学的斗争,而是所谓"儒法斗争"。

毛泽东主席指出:"科学研究的区分,就是根据科学对象所具有的特殊的矛盾性。因此,对于某一现象的领域所特有的某一种矛盾的研究,就构成某一门科学的对象。"①既然哲学领域的特殊矛盾是唯物主义与唯心主义的斗争,那么,哲学史以这个特殊矛盾在历史上的发展作为研究对象,就毫无疑义。

关于这个问题,马列主义经典作家有过一系列的论述。恩格斯在《费尔巴哈与德国古典哲学的终结》中指出:"全部哲学,特别是近代哲学的重大的基本问题,是思维和存在的关系问题。"②"哲学家依照他们如何回答这个问题而分成了两大阵营。"③列宁指出:"在两千年的哲学发展过程中,唯心主义和唯物主义的斗争难道会陈腐吗?哲学上柏拉图和德谟克利特的倾向

---

① 《毛泽东选集》第1卷,第284页。
② 《马克思恩格斯选集》第4卷,第219、220页。
③ 同上。

或路线的斗争难道会陈腐吗?"①

哲学史只能以唯物主义与唯心主义、辩证法与形而上学的斗争为对象,以区别于一般的政治思想史和其他学科的历史。马克思和恩格斯在处理哲学史问题时贯彻了这个原则。例如在《神圣家族》的"对法国唯物主义的批判战斗"一节中,概述西欧哲学唯物主义的发展,就是把哲学思想与一般政治思想作了严格的区分。对于当时在法国和欧洲政治思想上很有影响的人物,如卢梭、孟德斯鸠、伏尔泰等人,马克思和恩格斯就根本没有提到他们的名字,这显然不是疏忽,而是把叙述限制在哲学思想的领域内,也就是限制在唯物主义与唯心主义的斗争这个领域内。这为我们在研究哲学史对象问题上树立了一个科学的典范。

唯物主义与唯心主义的斗争问题,是对哲学领域内的斗争所做的最高的概括。自从人类把自己和周围外部世界区别开来的时候起,就产生了思维和存在的关系问题。因此,哲学史"简略地说,就是整个认识的历史"②。通过对唯物主义与唯心主义、辩证法与形而上学斗争的研究与阐述,哲学史应当反映出人类认识日益深化的辩证发展过程,总结出理论思维的经验教训,阐明马克思主义哲学基本原理的无比正确。通过对哲学思想变化根源的探求,说明社会经济基础如何决定影响于上层建筑以及上层建筑的反作用,说明社会阶级斗争与哲学思想上斗争的相互关系。这是任何其他学科的历史,如政治思想史,所不能代替的。

一百多年来,马克思主义的敌人,在哲学和哲学史上都首先

---

①　《列宁选集》第 2 卷,第 128—129 页。

②　《列宁选集》第 38 卷,第 399 页。

攻击马克思主义的哲学党性原则。"四人帮"用"儒法斗争"来取代哲学上的唯物主义与唯心主义的斗争,也就是从根本上否认和抹杀哲学的党性原则,他们是被打倒的地主、资产阶级的政治代表,他们一切反革命舆论的哲学基础都是唯心主义。他们否认和抹杀哲学的党性原则,企图搅乱思想,从而掩盖他们自己的唯心主义的实质。他们的一切谬论都不是理论上的失足,更不是认识上的错误,而是他们反动的政治立场和阶级本性的必然暴露。

"四人帮"以"儒法斗争"作为中国哲学史的对象,在理论上是荒谬的,在事实上也是虚构的。首先,儒家、法家的称号,是沿袭了传统习惯的说法。和其他各家一样,儒法两派形成于先秦。"六家"之说始于西汉的司马谈。前人往往以师承传授关系等外表现象作为划分学派的依据,其实,表面上属于同一"家",内部也有唯物与唯心的区别,代表的阶级也不尽相同。随着社会阶级关系的变化,往往某"家"的名称如旧,而思想内容和阶级实质已大不一样。如早期墨家与后期墨家代表不同的阶级,又如韩非所处的战国末期,就已经"儒分为八,墨离为三",在"法家"内部也有重"法"、重"术"、重"势"的区别。因此,根本没有一个持续两三千年之久,以儒家为一方,以法家为一方的所谓儒法斗争。它不能揭示哲学唯物主义与唯心主义的实质,也不能阐明哲学发展的规律,也无从体现人类认识日益深化的辩证发展过程。

在儒法斗争问题上,"四入帮"搞得最乱的是秦汉之际这一段。他们把秦汉时期地主阶级进行政治上统一的斗争说成是反对奴隶主复辟的斗争,把伴随着秦汉之际政治上统一形势,在思想领域内出现的百家交融和儒法合流,也说成是"儒法斗争",这就完全歪曲了历史的真实。

20

毛泽东主席早就指出："如果说，秦以前的一个时代是诸侯割据称雄的封建国家，那末，自秦始皇统一中国以后，就建立了专制主义的中央集权的封建国家"①。说明秦的统一只是结束了诸侯封建割据的局面，开创了封建统一，并不牵涉到奴隶制与封建制的更替问题。事实上，奴隶制的瓦解崩溃和封建制的形成确立，都经历了相当长的历史过程，并不是也不能是由几个君主，几道法令来完成的。正如马克思所指出的，"社会不是以法律为基础的……相反地，法律应该以社会为基础。"②等到法家来立法的时候，封建制的生产关系已经开始确立了。从近年来地下发掘的文物资料来看，中国封建社会形成时期，只能早于春秋战国，而不能迟于这个时期。"四人帮"颠倒了社会与法的关系，把封建制代替奴隶制归结为几个"法家人物"所谓"圣君""贤相"推行的"法家路线"的结果，完全背离了历史唯物主义的基本原理。

用儒法斗争也概括不了当时全部的思想斗争和阶级斗争。儒、法在先秦不过是"百家"中的两家，当时相互斗争的，除儒、法之外，孔、墨、老、庄之间，以及其他各家之间都是曾有过程度不同的斗争。儒、法两家的势力虽然较大，但还有不少既不能归之于儒，又不能归之于法的许多家。鲁迅说春秋战国时哲学流派："当时足称'显学'者实止三家，曰道，曰儒，曰墨。"③如果按照"四人帮"的儒、法二分法来套中国哲学史，在儒、法之外的许多学派，都要被排斥在哲学史外。先秦时期本来十分错综复杂的阶级斗争及其丰富多彩的哲学思想，被篡改歪曲得单调干瘪，面

---

① 《毛泽东选集》第 2 卷，第 587 页。
② 《马克思恩格斯全集》第 6 卷，第 291—292 页。
③ 鲁迅：《汉文学史纲要》。

目全非。

反映春秋战国时期阶级关系的百家争鸣,到了秦汉开创并巩固了封建统一之后,就不再存在,而相应出现百家交融和儒法合流的新局面。正如恩格斯所指出:"对哲学发生最大的直接影响的,则是政治的、法律的和道德的反映。"①由于在政治上实现了中央集权的封建君主专制主义大一统局面之后,统治者必然要求在思想领域内也"定于一尊",建立一套统一的上层建筑和思想体系,来巩固和加强经济和政治上的统治。从秦始皇的"焚书坑儒"到汉武帝的"独尊儒术",尽管作法不同,目的却是一样,即建立一套能够长远维护封建大一统的上层建筑和思想体系。

儒家思想和法家思想都是剥削阶级的意识形态,两者之间有许多相同或相通之处,无论是奴隶主阶级或者封建地主阶级,在政治上都要搞专制主义,在思想上都要搞蒙昧主义,都有"尊君"与"愚民"的要求。曾经是奴隶主阶级的儒家思想,在一定条件下经过适当的改造,完全可以为地主阶级服务。

"理论在一个国家的实现程度,决定于理论满足这个国家的需要的程度。"②"法家"思想在战国时期特别在秦国风靡一时,是因为它适应了当时统一的要求,秦始皇在统一六国之后,很自然地把法家思想定于一尊的地位,实行"以法为教""以吏为师"的政策。然而,法家只强调刑罚法令对人民的镇压作用,以致后来发展到完全不顾社会经济后果,不管被统治者的起码的生存条件,这就加剧和激化了地主阶级和农民的矛盾,秦末的农民大起义在摧毁秦王朝的同时,法家的一尊地位也跟着垮台了。这就

---

① 《马克思恩格斯选集》第 4 卷,第 486 页。
② 《马克思恩格斯选集》第 1 卷,第 10 页。

使得西汉的统治者转而采取"文武并用""霸、王道杂之"的两手策略，吸取儒家的所谓"德政""教化"来弥补法家对人民欺骗性不足的弱点。

西汉初年，统治者为了适应当时经济和政治需要，在思想上崇尚黄老，一度被秦始皇强行禁止的"百家"在汉初几乎都有代表人物在活动，但是由于面临的是一个封建大一统的政治局面，各家各派又都以总结秦亡的教训为提出议论的出发点，以如何维护和加强汉王朝封建大一统的秩序为政治归宿，这样就出现了各"家"相互渗透、交融合流的时代思潮。到了汉武帝时，出现了董仲舒的哲学，儒法就已经完全合流，形成一套统一的封建主义的思想体系。此后，所谓"儒法斗争"就不再存在了。

离开了一定的历史条件和阶级斗争形势，所谓先进与保守、革命与反动就无从谈起。"四人帮"不顾历史真实，把儒法斗争从先秦引向今天，引向共产党内。胡说历史上存在着一个"法家"的先进、革命的"传统"，"四人帮"及其追随投靠者就是这个"传统"的"继承者"，就是现代的"法家"；和法家相对的还有一个儒家的保守、反动的"传统"，一大批参加过民主革命的老一代的无产阶级革命家就是这个"传统"的"继承者"，就是当代的"儒家"。他们大肆宣传"儒法斗争"的政治目的就是要打倒当代的"儒家"，就是要篡党夺权，就是为了推销他们"老干部即民主派，民主派即走资派"的反革命政治纲领。他们的"儒法斗争"论的全部要害也就在这里。

二　历史唯物主义还是历史唯心主义？

"四人帮"厚颜无耻地自吹要用历史唯物主义的观点研究历

史上儒法斗争的阶级内容①。这是一个十足的骗局。

马克思指出："物质生活的生产方式制约着整个社会生活、政治生活和精神生活的过程。不是人们的意识决定人们的存在，相反，是人们的社会存在决定人们的意识"②。这是历史唯物主义的一条最根本的原理。"四人帮"的全部谬论都和这条原理背道而驰。

"四人帮"把儒法斗争说成是中国两千年来历史发展的根本动力，社会制度的更替、朝代的兴亡、政治的治乱、战争的胜败，无不取决于"儒法斗争"。他们极力夸大所谓"法家路线"的作用，例如他们说秦的统一是由于"法家路线"的贯彻，而灭亡是因为"法家路线"的中断；刘邦战胜项羽也是"法家路线"的胜利；汉初的兴盛是尊法的结果；尊儒的结果是西汉的灭亡……如此等等，不一而足。所有这些谬论概括起来不过是把社会变迁、政治变革的终极原因归结为精神领域和意识形态，仅就这一点就完全暴露了他们唯心史观的真面目。恩格斯指出："社会变迁和政治变革的终极原因"，"应当在生产方式和交换方式的变更中去寻找；不应当在有关的时代的哲学中去寻找，而应当在有关的时代的经济学中去寻找。"③"四人帮"的谬论显然是站在恩格斯所阐述的唯物史观的对立面。

人民群众是历史的创造者，"人民，只有人民，才是创造世界历史的动力。"④这是历史唯物主义又一条根本原理。"四人帮"是从根本上反对这一条原理的。他们把"法家人物"捧到救世主

---

① 参看梁效：《研究儒法斗争的历史经验》一文，载《红旗》杂志 1974 年第 10 期。

② 《马克思恩格斯选集》第 2 卷，第 82 页。

③ 《马克思恩格斯选集》第 3 卷，第 307 页。

④ 《毛泽东选集》第 3 卷，第 932 页。

的地位。在"四人帮"看来,"法家路线"的制定和推行,都离不开"法家人物",而"法家路线"能否贯彻,最后只能取决于某个帝王的好恶和选择。哪一个帝王喜欢并听信了"法家"学说,重用了"法家人物","法家路线"得到贯彻,于是国家兴盛,天下太平,"黔首讴歌";如果哪个帝王听信了儒家学说,重用了儒家人物,"法家路线"中断,"法家人物"倒霉,于是国家衰亡,天下大乱,百姓遭殃。这不仅是林彪反党集团"天才论"的翻版,而且是它的恶性的发展。也正是由于这个原因,在"四人帮"控制舆论宣传大权的期间,鼓吹帝王将相创造历史的唯心史观大泛滥,人民群众在"四人帮"御用文人笔下,只是体现"法家路线"的走卒群氓。在批判林彪时,毛泽东主席曾指出,是英雄创造历史,还是奴隶们创造历史,是哲学史上一直争论不休的问题,并因之号召大家学点哲学史。这不但是对林彪反党集团的批判,也正是对"四人帮"的批判,这不但适用于林彪的反动的"天才论",也适用于"四人帮"的反动的"儒法斗争"论。"四人帮"在政治上和林彪反党集团是一丘之貉,在思想上也完全沆瀣一气。他们都是用唯心论反对唯物论,用唯心史观反对唯物史观。

哲学史作为研究认识发展史的一门科学,必须很好地认真地研究社会阶级斗争对哲学发展的影响。研究中国哲学史必须认真研究农民与地主的阶级斗争对中国哲学发展的影响。正是在这些问题上,"四人帮"炮制了一系列的谬论,他们篡改了马克思主义阶级斗争学说的基本原理,也歪曲了我国两千多年来地主与农民阶级斗争的真实面目。他们所讲的"阶级斗争"和马克思主义所讲的阶级斗争有着本质的区别。

马克思主义的阶级斗争学说主要是指,"压迫者和被压迫者,始终处于相互对立的地位,进行不断的、有时隐蔽有时公开的斗争"①。尽管历史上的阶级斗争极其错综复杂,但归根结底总是围绕着压迫者和被压迫者两个始终对抗的阶级展开的。在统治阶级内部各个等级、阶层、集团之间也存在着斗争,但这种斗争是从属于两个基本对抗阶级之间的斗争的。两者不能等量齐观,更不能颠倒过来。而"四人帮"的一系列谬论正是颠倒了这种阶级斗争的主从关系。

"四人帮"把"儒家路线"说成是农民起义的根本原因。在他们看来,在封建社会早期是奴隶主复辟,以后是地主阶级的保守派所推行的"儒家路线"才激化了农民与地主的矛盾,从而引起农民起义。所以农民战争只反"儒"不反"法",农民不是给地主阶级反对奴隶主复辟当附庸,就是给地主阶级革新派当附庸,给"法家人物"推行的"法家路线"开辟道路。只有儒家对人民进行"残酷的经济剥削和政治压迫",而"法家"则是"爱人民"的。从根本上否认了封建制度本身所固有的对抗性矛盾是农民起义的根本原团,也否认了农民起义所打击的对象是整个封建统治,抹杀了农民起义是封建社会"历史发展的真正动力"的伟大作用,掩盖了农民与地主的阶级斗争给予哲学发展的深厚影响。事实上,是农民革命战争直接或间接地影响着哲学领域内的斗争,改变着它的内容和形式,推动哲学向前发展。例如,秦末陈胜、吴广的大起义之后,就出现了百家交融和唯物主义的黄老哲学流行的新局面,唯心主义也以董仲舒的神学目的论的形式取代粗糙原始的天命观。王莽时期的农民大起义之后,唯心主义以谶纬儒学大泛滥,唯物主义则以王充的元气自然论的形式提到一个新的高度。东汉末年黄巾大起义后,形成了魏晋玄学,糅合儒、道,建立起一套客观唯心主义的本体论,这一时期的唯物主

---

① 《马克思恩格斯全集》第 1 卷,第 251 页。

义就形神关系问题有力地打击了唯心主义。这个时期的哲学比较注重抽象思辨、概念分析和逻辑论证,理论思维所概括的深度和广度都有空前的提高。但由于魏晋玄学对下层劳动人民的欺骗性不如佛教广泛普及,在隋末农民大起义之后,唐代统治阶级大力提倡佛教,哲学领域几乎全为僧侣独占。儒、释、道三家有了进一步的渗透融合。唐末黄巢大起义扫荡了门阀士族势力后,在北宋时期出现的唯心主义理学则是融合儒、释、道的产物,是一种体系完整、精巧圆滑的唯心主义。在中国晚期封建社会的思想领域内,唯心主义理学长期占据统治地位。

哲学作为远离物质经济基础的意识形态,如同恩格斯所指出的:"在这里,观念同自己的物质存在条件的联系,愈来愈混乱,愈来愈被一些中间环节弄模糊了。"①弄清哲学发展"同自己的物质存在条件的联系",是哲学史工作长期的战斗任务。研究农民革命战争对哲学发展的推动作用,则是弄清这个"联系"的一个重要方面,还有大量工作要做。

"四人帮"把阶级斗争抽象化,把思想领域内的斗争脱离社会阶级斗争孤立起来。不管社会制度和阶级斗争形势发生什么变化,法家一贯进步,儒家一贯保守,这两个学派的"一贯性"从先秦延续到今天。恩格斯指出:"一切历史上的斗争,无论是在政治、宗教、哲学的领域中进行的,还是在任何其他意识形态领域中进行的,实际上只是各社会阶级的斗争或多或少明显的表现,而这些阶级的存在以及它们之间的冲突,又为它们的经济状况的发展程度、生产的性质和方式以及由生产所决定的交换的性质和方式所制约。"②"四人帮"叫嚷的超阶级、超历史的"阶级

---

① 《马克思恩格斯全集》第 4 卷,第 249 页。
② 《马克思恩格斯选集》第 1 卷,第 602 页。

斗争"，正是一种不受"经济状况的发展程度、生产的性质和方式以及由生产所决定的交换的性质的方式所制约"的"阶级斗争"。这样的阶级斗争，历史上从来就不存在。

"四人帮"既然歪曲和背叛了马克思主义阶级斗争学说，而作为马克思主义阶级斗争学说重要内容的国家学说，自然受到"四人帮"的篡改和歪曲。他们杜撰了一个"尊法反儒"和"尊儒反法"的概念，作为他们虚构"儒法斗争"体系的一个杠杆，篡改和歪曲马克思主义的国家学说。

国家是阶级压迫的工具，为了进行阶级压迫，才有了国家所特有的职能。列宁指出："所有一切压迫阶级，为了维持自己的统治，都需要有两种社会职能：一种是刽子手的职能，另一种是牧师的职能。"①就是说，文武并用，软硬兼施，刑罚镇压与欺骗麻醉相结合是一切反动统治阶级进行统治的一般规律。自从国家产生之日起，这个规律就一直在起作用。中国和世界几千年的历史证明：奴隶主阶级、地主阶级、资产阶级都是这样做的。一般说，在夺取政权或挽救危机时需要应急实用，往往着重采取硬的一手，强调刑罚法令，但即使这样，反动统治阶级也并没有扔掉仁义道德的欺骗外衣。同样，反动统治阶级在政权相对稳定的时期，往往强调"偃武修文""制礼作乐"等软的一手，但即使这时，反动统治阶级也没有放弃刑罚镇压。所有这些，都不过是反动统治阶级及其国家机器两种职能的规律在起作用，根本不是什么对先秦儒法两家的"尊"与"反"的问题。从历史上看，搞刑罚镇压并不从"法家"开始，搞欺骗麻醉也不是"儒家"的创造。"法家"固然强调刑罚镇压，但也提倡"尊君愚民"；"儒家"虽然强调仁义道德，但也主张"宽猛相济"。"四人帮"把凡是搞欺骗

---

① 《列宁选集》第 2 卷，第 638 页。

麻醉的就说成是"尊儒"或"儒家"，凡是搞刑罚镇压的就是"尊法"或"法家"。这显然是把同一个统治阶级同时使用的软硬两手割裂开来，说成根本对立的两派，以此来制造混乱。

"四人帮"的这一套对"儒、法"的"尊、反"谬论，无论在理论上或事实上都是荒唐无稽之谈。历史上根本没有这回事。只要核对一下历史，就可发现：在"四人帮"指定的"法家人物"的全部思想言论中，往往有更多的所谓"尊儒"的内容。例如被"四人帮"封为"法家人物"的柳宗元、王安石、王夫之等人就是如此。柳宗元吹捧孔丘说："夫子之道，阂肆尊显，二帝三王，其无以侔大也。"①王安石吹捧孔丘"圣人道大能亦博，学者所得皆秋毫"②。他还特别推崇孟轲、贬斥荀卿，说："后世之士尊荀卿以为大儒而继孟子者，吾不信矣。"③王夫之的这种思想主张就更突出了。如果按"四人帮"的说法，这些所谓"法家"，岂不更是"儒家"么？可见，"四人帮"炮制的这套"尊儒反法""尊法反儒"的谬论正是用历史唯心主义来篡改马克思主义的国家学说，伪造历史，掩盖反动统治阶级利用国家机器对劳动人民进行经济剥削和政治压迫所表现的既残暴又虚伪的本质。

三　是马克思主义还是实用主义？

学习和研究中国哲学史一个重要方面，是要善于总结历史的经验教训，以利于当前的现实斗争。今天是由昨天和前天发展而来，不能割断历史。"四人帮"大搞影射史学，进行篡党夺权

① （唐）柳宗元：《道州文宣王庙碑》。
② 《王临川集》卷九《孔子》。
③ 《王临川集》卷六十四《周公》。

活动。他们打着"古为今用"的招牌,干着"古为帮用"的阴谋勾当。

"古为今用"具有鲜明的阶级性。司马光写了一部《资治通鉴》,意思是为了把历史上的统治者的成败得失当作当前的一面镜子,从中总结经验教训,主观上也是"古为今用",他们妄图长远维持其封建统治,当然不可能。在马克思主义以前,历史还不是科学,劳动人民也无法用历史来为自己的阶级服务。

马克思主义使历史成为科学,它指出了社会历史发展的方向、规律。只有马克思主义的历史学敢公开讲明为无产阶级的根本利益服务,并经得起实践的考验。

"四人帮"代表反动腐朽的没落阶级,是国民党蒋介石的残渣余孽,他们不敢把他们的反革命阴谋公开讲出来,他们的反动本性又迫使他们不能不活动,于是借古喻今,以古讽今,吞吞吐吐,影影绰绰,他们的"古为今用"必然成为"古为帮用"的影射史学。

有什么样的立场、观点,就有什么样的方法。一切机会主义者、修正主义者在政治上极端孤立,哲学上也极端贫乏,拿不出像样的武器来。只好从反动思想的垃圾堆里拣破烂,贴上马列主义的标签,冒充最新的货色。尽管"四人帮"自吹自擂"要用历史唯物主义总结儒法斗争",他们实际搬来的不过就是早被群众批驳得体无完肤的胡适在旧中国贩卖的实用主义。资产阶级的古为今用,只能是搞实用主义。

实用主义提倡"有用即真理",一切都从主观需要出发,为反动阶级的实际效用服务,历史也是这样。胡适说:"真理原来是人造的,是为了人造的,是人造出来供人用的,是因为他们大有用处所以才给他们'真理'的美名的。"①用在历史上,胡适便把历史比作一堆任人摆弄的铜钱,一个任人打扮的女孩子,所以历史也就成了可以随意编造的了。编造的标准,就是看它是否对他们的眼前利益有用。只要对自己的阶级有用,什么坏事也干得出来,什么谎话也说得出口。"四人帮"的"古为今用",高嚷"联系实际为政治服务"的口号,就是这路货色。他们阉割马克思列宁主义、毛泽东思想的革命灵魂,随意肢解辩证唯物主义和历史唯物主义的体系,用断章取义、摘取只字片语的手法,骗人、吓人、压人,把哲学史当成了他们篡党夺权的阴谋工具。

胡适概括实用主义方法的"名言",叫作"大胆假设,小心求证",有了主观需要,然后才去找材料,作证据,他标榜之为"实验的方法"。"实验的方法便是创造证据的方法","实验的方法,是可以自由产生材料的考证方法"②。"四人帮"使用的也就是这样的方法。在政治上出于篡党夺权的野心,妄图打倒一大批老一代的无产阶级革命家,在哲学史上,就炮制出一个永恒不变的"儒法斗争"的框子,把他们"创造"的"证据"和"自由产生"的材料塞进去。

比如,近几年来,所谓"柳下跖痛斥孔丘"的文章、书籍、连环画到处皆是,好像历史上真有这么一回事。"证据"是什么呢?主要的"材料"就是《庄子·盗跖篇》。人所共知,庄周的许多论文包括《盗跖篇》在内,大部分故事不过是些寓言,即编造一些故事来表达庄周对当时新事物的不满。只要不带有主观成见,根据先秦的史料略加分析便可看出,所谓"盗跖"既不姓"柳下",也不是生活在春秋时期,他至少晚于孔丘一百年,又怎能与孔丘会

---

①　《胡适文存》卷二,第 435 页。

②　同上,第 197 页。

见,怎能作那一套绘声绘色的"痛斥"呢?为了发泄其反革命阶级仇恨,"四人帮"借这个"柳下跖"之口来指桑骂槐,攻击敬爱的周恩来总理。他们自以为用伪造历史、编造史料的办法就可以一手掩尽天下的耳目,其实这就更加暴露了"四人帮"这套实用主义影射史学的反动性。

抽象类比,正是实用主义经常使用的方法。帝国主义的走狗、买办文人胡适就把中国的东周时代比作神圣罗马帝国,把几千年前的《诗经》篇章说成"是描写女工放假急忙要归的情景"。"四人帮"大大发展了这种抽象类比的方法以借题发挥。什么"相隔两千年……使用的竟是一个尊孔反法的武器",什么"凡是有作为的政治家一般都是法家",什么《"571"工程纪要》与没落奴隶主对商鞅的咒骂"一模一样"等,一派胡言乱语。

"四人帮"的抽象类比法,要害就在于不问具体条件,抽去阶级内容,把无产阶级专政混同为资产阶级专政,甚至混同为地主阶级专政,然后向无产阶级和人民群众疯狂地扑来,叫嚷着"暴力""镇压",实行地主资产阶级的法西斯专政。

"四人帮"要尽阴谋,心怀鬼胎,随意抓来一些"历史"事件,借古讽今。他们把宰相比总理,司寇比公安部部长,批周公,批吕不韦,撰写《孔丘其人》《再论孔丘其人》之类的黑文,大搞影射比附。其狠毒手法、险恶用心,跃然纸上,这种影射史学只是为了发射反革命的冷枪暗箭,与历史的研究毫不相干。

马克思主义者不承认有所谓的为学术而学术,我们公然申明,我们的哲学史,乃是党性的科学,是为无产阶级的政治服务的;但是,这与资产阶级的实用主义有本质的区别。我们研究历史,首先就要求把马克思列宁主义同中国的历史事实结合起来,也就是把材料和观点结合起来,这就叫作科学性和革命性的统一。所谓革命性,是说为无产阶级革命和共产主义事业而研究历史;所谓科学性,是说要坚持马列主义、毛泽东思想作为指导原则,探求历史发展本身固有的而非主观臆造的必然规律,经得起实践的考验。恩格斯指出:"科学愈是毫无顾忌和大公无私,它就愈加符合于工人的利益和愿望。"①无产阶级的科学研究的革命性与科学性本来是统一的,这才是马克思主义所讲的古为今用。这是一切剥削阶级所不可能做到的。

无产阶级是历史上最先进最革命的阶级,它所肩负的历史使命,是全部历史发展所赋予它的,因此,从繁杂的社会历史现象中发现它的客观规律,这种科学研究本身就是对于无产阶级革命事业的贡献。无产阶级的阶级利益和政治斗争的要求,都需要我们实事求是,不应回避历史的真相,不许歪曲历史的面貌,只有实在地而不是虚伪地从历史实际出发,才能够从中引出客观固有的而不是主观臆造的规律来。这对于我们加深认识我们国家的社会现状,了解我国社会的革命性质和革命任务,自觉地执行党的路线方针,对于打击国内外阶级敌人的捣乱和破坏,对于增长我们对社会主义伟大事业必胜的信心和鼓舞斗志,都是十分重要的。这就是为无产阶级政治服务,也就是"古为今用"。

哲学史是唯物主义和唯心主义两条路线斗争的历史。研究哲学史,揭示历史上的唯物主义和辩证法是如何同人们的生产斗争和阶级斗争联结在一起,弄清楚为什么唯物主义一般都是社会上先进阶级或进步集团的世界观;而历史上的唯心主义和形而上学的谬误,究竟在什么地方,为什么一般都为没落反动的阶级或社会集团所拥护,这对于我们宣传辩证唯物主义和历史唯物主义,批判唯心主义和形而上学,都是不可缺少的。通过科学的阐发中国哲学史的发展规律,批判、揭露林彪、"四人帮"这

---

① 《马克思恩格斯全集》第 4 卷,第 254 页。

些反革命阴谋家践踏马列主义理论,恣意伪造历史,捏造什么宫廷政变史、儒法斗争史,以及鼓吹帝王将相、"法家路线"创造历史的唯心主义反动本质,对于我们恢复和发扬党的实事求是和群众路线的革命作风,具有严峻的现实意义。而这,正是今天中国哲学史"古为今用"的一个极为重要的内容。

附记:参加本文讨论的有孔繁、汝信、李泽厚、周继旨、杜继文、钟肇鹏。

对哲学史上的问题要作具体分析*

对具体问题作具体分析，这是马克思主义研究问题、分析问题的根本方法。抱住一个框子，到处硬套，削足适履，是主观主义的方法，不能解决任何问题。阴险恶毒的阶级敌人林彪、"四人帮"总是利用马列主义的词句，不顾时间、地点、条件，生搬硬套，这是一种败坏马克思主义的恶毒手法。

《毛泽东选集》第五卷讲到武训这个人时，曾指出："像武训那样的人，处在清朝末年中国人民反对外国侵略者和反对国内的反动封建统治者的伟大斗争的时代，根本不去触动封建经济基础及其上层建筑的一根毫毛，反而狂热地宣传封建文化，并为了取得自己所没有的宣传封建文化的地位，就对反动的封建统治者竭尽奴颜婢膝的能事，这种丑恶的行为，难道是我们所应当歌颂的吗？"毛主席这一分析给我们哲学史工作者做出了光辉的典范。

第一，它告诉人们，看一个思想在历史上起什么作用，要放在当时的社会历史条件下来考察。清朝末年，当时的主要矛盾是广大人民反对外国资本主义侵略势力和国内的封建统治者。

---

* 原载《红旗》杂志 1978 年第 6 期。

第二，当时我国的经济基础是封建经济，它已成为中国社会前进的障碍。那时的当务之急是起来推翻封建的剥削制度，开辟资本主义道路。

第三，封建文化拼命维护封建经济制度。宣传封建文化与反对封建文化是那时思想战线上两军对战的主要内容。

面对这三个主要方面：即政治方面、经济方面、文化方面的激烈斗争，武训都站在革命势力的对立面，与革命人民为敌。情况摆明了，武训这个人物的历史作用以及如何评价他，也就迎刃而解了。

近代是这样，古代也是这样；研究历史是这个原则，研究哲学史也是这个原则。

我们划分哲学上的唯物主义与唯心主义的标准，主要看如何对待思维与存在的关系，是物质第一，还是精神第一？但是，这里也要具体分析，要看时间、地点、条件。欧洲古代希腊哲学家太利士说世界是水构成的，也有人说构成世界的是"火"或"气"，等等。在神话流传、神创世界的迷信思想占统治的时代，人们开始探求世界起源的问题，唯物主义者是在世界内部，从世界本身中寻找原因，唯心主义者是从世界外部去寻找原因。前一条道路是唯物主义的，后一条道路是唯心主义的。中国古代先秦的唯物主义哲学家们，对待世界的起源、构成，也有类似的情况，如《洪范》提出构成世界的是五种基本的物质——金、木、水、火、土。古代印度也有唯物主义者提出构成世界的是"四大"——地、水、火、风。用现代的科学标准来看，他们说的这些构成世界的元素都不对，都与事实不符。但在科学还不发达，人类的三大革命实践还处在幼年阶段的历史条件下，他们这些见解就是最先进的，他们走的道路是通向认识客观世界的真实情况的唯一选择。在人类认识世界、改造世界的道路上，他们起着推动作用,所以人们尊重他们的贡献,承认他们的观点是唯物主义的哲学。科学发展到今天,人类对世界的认识比过去加深了、正确了(但不能说已经到顶)。如果还有谁来主张世界是"水"构成的,或是"五行""四大"构成的,这只能认为是不经之谈,是妄说,是唯心主义。

　　唯物主义与科学总是携手前进、相互促进的。关于上帝是否创造了世界,在古代是个引起争论的十分严肃的大问题。所以春秋战国时期在哲学自然观方面,围绕着"天"这个问题展开的斗争十分激烈。唯心主义者认为"天"是有意志、能决定一切的主宰力量;唯物主义者认为"天"是自然界,可以改造,为人所利用的东西。对"天"所持的态度和立场就成了划分唯物主义与唯心主义的一个尺度。其他方面,比如在认识论方面,还有名、实孰先孰后的争论,知、行孰先孰后的争论,也是划分唯物主义和唯心主义的尺度。但今天争论的中心点已不再停留在是否上帝创造世界这样的问题上,而是表现为对现代科学的成就所采取的立场和解释方面。

　　在社会历史观方面唯物主义和唯心主义斗争得更为激烈,这是唯心主义盘踞的最后一块阵地,资产阶级、修正主义者是不会甘心放弃的。一切公开的敌人反对马克思主义都要对马克思主义哲学的根本原理进行攻击。由于马克思主义的强大,暗藏在内部的敌人则装成马克思主义者,从里面进行篡改、破坏。林彪、"四人帮"是最典型的唯心主义者,他们想事情、看问题,从来不根据客观实际,完全凭主观想象,这一点用不着多说,人们都一清二楚。但是,即使这些猖狂的唯心主义者,他们也认为先有地球后有人类,并不信奉上帝创世说。时间、地点、条件变了,我们研究哲学史,如果死守着过时的老问题不变,就不能说明任何问题。春秋战国时期,可以根据哲学家对待"天"这个问题的争论的态度来划分他们的阵营。今天就不能这么办。

我国战国时期曾出现过法家这样的学派,它是新兴地主阶级的代言人,当时的地主阶级还是生气勃勃的真老虎,有一定的进步性。当时的奴隶主阶级是没落的、保守的以至反动的,孔丘代表这一没落阶级的利益,因而不可能是进步的。"四人帮"出于反革命政治需要,为了打倒一大批革命老干部,把他们诬为"儒家"。"四人帮"不顾具体条件,不要具体分析,臆造了一个歪曲历史的公式:"尊儒必反动,反儒必进步;尊法必进步,反法必反动。"他们连篇累牍地宣扬这一谬论。不愿上当的人们,核对一下历史,便发现不对了。

孔丘这个人在当时是保守的,他属于没落阶级,但没落阶级中的并不完全是孔丘的党羽。庄周也反孔,难道能说他是代表新兴地主阶级利益的"革新派"吗?《庄子·盗跖篇》采用寓言的形式,确实对孔丘淋漓尽致地痛骂了一顿,但这篇的思想并不进步,主张"目欲视色,耳欲听声,口欲察味,志气欲盈。"它希求"说(悦)其志意,养其寿命"。这种思想丝毫没有劳动人民的味道。"四人帮"硬说是起义奴隶的思想,完全是胡说,已遭到人们的批驳,这里不再说它。

清末的康有为写了《大同书》,隐蔽在孔丘的保护伞下,偷运他的改良主义主张,给当时刚刚萌芽的资产阶级造舆论、清障碍。那时的康有为这样对待孔丘不能说是反动,反倒是几个向西方寻求真理的先进人物中的一个。后来革命形势进一步发展了,康有为站到革命的对立面对抗革命派,他才成为反动派。"尊法""反法"也要作具体分析,不能囫囵吞枣。如孔孟之徒王安石称赞商鞅,是看重他能破除旧习,有效地推行革新的政策;曾国藩、蒋介石尊崇法家,是学他镇压人民的残酷手段。事实表明,尊孔的不尽反动,也有进步的;尊法的不尽进步,倒是真有反

38

动透顶的,高喊尊法的蒋介石和"四人帮"就是明证。关键还是要具体分析。"四人帮"炮制的这条"规律",给人们留下的不过是一堆笑料!

"四人帮"利用批林批孔,搞反革命阴谋活动,大批孔丘和周公。孔丘叫嚷回到西周去,是复古倒退的。而历史上的周公则是一个奴隶制上升时期的大政治家、大改革家,他为奴隶制的进一步发展奠定了稳固的基础。周礼是周的法典,废除了商代的一些落后的规定。我们批判奴隶制的残酷剥削是对的,但因此连奴隶制也不加分析地一并否定,不承认它历史地出现及其曾经起过的进步作用,这就不对了。离开具体的时间、地点、条件,就不能说明任何问题。奴隶制的出现和消灭,都是历史现象,是人类社会前进的必由之路。没有希腊奴隶制,就没有近代欧洲文明。没有夏、商、周的奴隶制,也就没有汉、唐的灿烂文化。原始公社没有剥削,没有压迫,共同劳动,共同分配,看起来比奴隶制"合理",但它并非真正合理,它不合于社会发展的理。由于它的落后,才被接踵而来的先进的奴隶制所代替。朴素的义愤代替不了科学的分析,抽象的"自由""平等"观念不能指导历史的研究,只会把科学研究引向邪路,产生混乱。

祸国殃民的"四人帮"与一切修正主义者一样,高喊马列主义的口号,却以最恶劣的手法来篡改马列主义。他们大讲"阶级分析",就是不顾时间、地点、条件,反对具体的分析。流毒很广很深的"儒法斗争"的喧闹,就是这样。世界上哪里会有离开了时间、地点、条件的永恒的学派、政治力量?连最先进的工人阶级及其政党,完成历史任务后,也要归于消亡。可是,"四人帮"炮制的"法家"这个怪东西,居然神通广大,任何规律都管不住它,它可以永远活跃于奴隶制、封建制、资本主义制度直到社会主义制度中,甚至在共产党内。这个"法家"永远进步,一贯正确。和法家相对立还有一个顽固不化的"儒家",它活像"法家"的影子,"法家"在哪里搞革新进步,"儒家"就在哪里搞复辟倒退。这个"儒家"也是超时代超空间的,不受任何条件的制约。"四人帮"哪里是研究历史,简直是把历史当成儿戏,甚至连儿戏也不如。

以华国锋主席为首的党中央号召全党全国人民高举毛泽东主席的旗帜,把各项工作搞上去。为了更有效地打击敌人,肃清"四人帮"的流毒,我们一定要完整地、准确地去理解和掌握毛泽东思想,把毛泽东主席的讲话、指示的时间、地点、条件搞清楚,不是停留在表面的词句上,而是深入领会毛泽东主席指示的精神实质,认真贯彻执行毛主席的路线、方针和政策。干任何工作都要遵循这个精神,研究哲学史也要遵照这个精神。林彪、"四人帮"拉大旗作虎皮,欺骗和吓唬广大革命群众,他们惯于打着毛泽东主席的旗号。大干反对毛泽东主席的勾当。当然,一些上当受骗的同志与搞阴谋诡计的人根本不同,要严格区别。但也必须指出,干革命光凭主观的善良愿望是不够的,动机是好的,方法错了,也会给革命帮倒忙。

克服两个缺点*

解放后,这些年来,哲学史工作者纠正从前不着边际的空谈,贯彻历史唯物主义观点,找出一切思想产生的阶级根源和社会根源。这是哲学史研究的一大进步,必须肯定。

我们研究中国哲学史也还注意到批判地继承,对古代圣贤哲人不是盲目崇信,而是用马克思主义的立场评价古人的是非得失。这也是一大进步,必须肯定。

有了以上两条,就使我们的哲学史研究有了崭新的面貌,从而不同于封建主义和资本主义的哲学史,而是马克思主义的哲学史。

随着这两点成绩的取得,也给我们提出了更高的要求,如果满足于目前的成绩而止步不前,我们哲学史的研究还是不能很好地前进。

先说第一点。

许多研究者的文章,只要找出某家某派哲学产生的根源,指出它是为什么人服务的,就认为任务已经完成了。其实这只是

---

* 据《任继愈学术论著自选集》。原载《中国哲学史研究》1980 年第 1 期。

研究的第一步而不是全部。作为科学研究，还有很多工作要做。中国哲学史有几千年的发展过程，其中绝大部分是在封建社会进行的。而哲学家中，几乎都是封建地主阶级的代言人。因此，我们的哲学史，力求避免千人一面，要写出他们中间的差别来。这样，阶级分析要深入而具体，只用一个"地主阶级"不能真正说明问题。同一个地主阶级，北宋有濂、洛、关学，还有王安石的新学，邵雍的象数学。甚至同一家庭，亲兄弟俩，如程颢与程颐，出身、教育、师承都同，两人年龄只差一岁，他们的哲学思想却不尽相同，这也应有所解释。

光找出哲学家的阶级出身是不够的。哲学史所关心的是哲学家的思想体系。从阶级、家庭出身是不能直接引出哲学体系的。还得进行更细致的工作才行。这一步工作就是思想剖析，或剖析得不够，就没有完成任务。这些年来，我们的工作做得很不够。很长一个时期，人们怕思想分析，好像重视思想分析就背离了阶级分析，犯了从思想到思想的大错误。哲学史讲的是思想，哲学史的发展只能是思想的发展，如果没有把思想的脉络讲清楚，这个"阶级分析"就成了一个空架子，它没有真正贯彻了阶级分析，只有装潢的用处。

现在谈第二点。

有了马克思主义，我们才有了最锐利的工具，中国哲学史的研究，从此进入划时代的新时期。这是大家都看得到的，用不着多说。通过解放三十年的实践，也暴露了一些问题。问题在于混同了马克思主义的词句和马克思主义提供的观点和方法。不懂得马克思主义的词句，不知道词句的确切涵义，就无从了解马克思主义的精神实质；但是也要指出，光靠记诵马克思主义的词句，也不能正确理解马克思主义的实质。十年动乱时期，双方打派仗，搞流血武斗，都抬出"语录"作为武斗的依据，后来想想，双方引用的马克思主义符合马克思主义的立场、观点、方法的地方有多少呢?

所以出现这样的问题,和我们三十年来学习的方法不对头有关。几千年来的封建主义的学习方法束缚了我们。封建主义的学习经典著作,只能允许学习者把《五经》《四书》,圣经贤传死记硬背,照本宣科。如果需要讲解,只允许谈个人对经书的体会和认识,而不能发表与经典不同的意见。经典(《五经》《四书》)是供人们拜读的、奉行的、照办的,它不是供研究、供讨论的,更不能对其中的一言半句提出怀疑,理解的要执行,不理解的也要执行,在执行中加深理解。马克思主义所以无往而不胜,不是有什么法力,而是由于它是科学。科学的一个特点是提倡理性,反对盲从;科学允许怀疑,也经得起怀疑。考验科学结论的真假,不是靠某一个圣哲的指点,而是靠实践。实践是检验真理的唯一标准。

不幸的是学习马克思主义的理论,背离了马克思主义的观点、方法,而是习惯于几千年来封建主义的读经的方法,用记诵代替思考,用引文(黑体字)代替分析,从马克思主义的原话中寻找解决今天面临的新问题的答案。

时代变了,情况变了,还得照搬马克思主义的原话作为行动的准则。三十年来,学术界发表了不少研究马克思主义的文章,名为研究,实为注疏,有的甚至曲解以迎合当时的某种需要。有那么一些人公然宣传世界上的一切事物都有一个发展成长的过程,唯独马克思主义生来是成熟的,不需要由不成熟到成熟的发展过程。马克思主义者只能一贯正确,永远不犯错误。他们用封建主义的学习《五经》《四书》的方法来学习马克思主义,只能背熟了词句,忘掉了精神。三十年来,曾经领导过这一阵地的几位"理论家",后来都被发现是理论骗子。他们长期骗人而不被发觉,居然指挥着广大理论界的行动。这足以证明我们学习马克思主义的方法不对头。马克思主义是指导革命的望远镜、显微镜,能否把它运用得好,直接影响每个行业,每一个部门,也影响到中国哲学史。我们再也不能用封建主义的读经的方法来学习马克思主义经典著作了。

总之,我们中国哲学史工作取得了很大的成绩,为了在现有的基础上大步前进,还要进一步克服这两个缺点,这缺点是前进中发现的,也必然在前进中被克服。

如何看待哲学史上的唯心主义[*]

在马列主义为指导的新中国,对唯物主义给予应有的重视,是理所当然的,而对唯心主义就不予重视。重视,并不等于赞成。

这些年来的实际现象表明,我们对唯物主义虽说重视,但也有些糊涂认识。例如,把唯物主义与农民的哲学画等号,认为农民是直接从事生产的,从不脱离实际,农民的哲学必然是唯物主义的。也有人把唯物主义与政治上的进步、革命等同起来,政治上的进步集团、阶级、阶层一定是唯物主义的。最明显的例子,如对洪秀全的哲学思想,有人认为是唯物主义的,洪氏讲的上帝不过是个形式,实质是唯物主义。也有人把唯物主义的命题看成一成不变的。比如希腊古代哲学家第一次提出水为万物之源,中国古代哲学家提出"五行""气"为万物之源,这种主张都是唯物主义的。如果今天还有人反对近代科学所证实的世界物质性,还主张"水""五行""气"为万物之源,这种主张是唯心论,是荒诞的。

---

　　* 据《任继愈学术论著自选集》。原载《中国哲学史方法论讨论集》,中国社会科学出版社,1980 年 7 月版。

以上这些看法都不利于识别唯物主义。唯物主义不能识别，对唯心主义也不能正确对待。

由于长期以来，哲学史界经常把哲学观点与政治混同起来，给人们造成一种印象：政治进步，哲学唯物；政治反动，哲学唯心。这个毫无根据的主观框框不打破，既不能认识唯物主义，也无法识别唯心主义。

人类是从动物变来的。饮食、男女这些本能活动，动物和人都有。等到进入人类社会，才有了灵魂观念。周口店山顶洞人的随葬物品中有生活用具，也有生产用具。死者周围还撒上赤铁矿粉。赤铁矿不出产在周口店附近，是从较远的地方运来的，可见，不是无意义地随便撒下的，可能表示把死者安放在篝火包围中，保护死者的灵魂不受侵害。西安半坡村小孩的墓葬用瓮棺，留有小孔，可能为了让死去的儿童的灵魂能够出入。灵魂观念不等于有神论，但已可说明当时人类对精神活动的理解水平，这是原始宗教迷信的开始。宗教思想当然属于唯心主义这一范畴，即使拜物教，也属唯心主义的。

人类从没有宗教到有了宗教，表明人类已经有了一个自己异化的精神世界。这个异化的精神世界，动物就没有。从不知道有宗教，到产生了宗教，这应当看作人类的一大进步。动物没有宗教不必说，就连知识发育不成热的儿童也没有宗教、迷信、鬼神观念。

宗教是如此，与宗教相伴而生的唯心主义也标志着人类的进步。进步不等于正确、合理，进步甚至带来新的灾难和罪恶。原始社会，不独亲其亲，不独子其子，共同劳动，共同分配劳动成果，没有剥削，没有压迫。但是这种局面不得不被新的生产关系所代替。终于由原始公社进入奴隶制。奴隶制带来了压迫、剥削、罪恶和阶级的苦难。

随着生产斗争、阶级斗争的开展,社会前进了,人们对客观世界有了比较符合实际的认识,有了自觉地认识世界的行动。这时出现了唯物主义。唯物主义是从古代的宗教神学中摆脱出来的。在唯物主义指导下,人类更有效地、更符合实际地推动了生产力的发展,推动了科学的发展。历史上的唯物主义哲学都能代表它们所处各个时代当时认识世界的先进水平。凡是不符合客观实际的认识,外加的主观的东西,对正确认识世界起干扰作用。像天命观,主张天有意志,能赏罚,那是把人类的阶级意志强加给天的,即宗教唯心主义。

人类的认识,不是一帆风顺的,会遇到主观、客观上各种障碍。即使是正确的认识,如果把它不适当地夸大,也会变成谬误。

以古代的哲学史为例。老庄学派提出天道自然,自然界都是早已安排定了的,人类只能顺应自然界,而不能改变自然界。古代生产力低下,生产工具简陋,在自然面前无能为力,出现这样的思想是可以理解的。这种学说对古代上帝决定一切的有神论也有冲决作用,老庄哲学也涉及哲学上的必然性与偶然性问题。一切都是自然决定的,结果导致宿命论。为了纠正这一倾向,突破宿命论的限制,又有人提出发挥人的主观能动作用。承认人的主观能动性,是符合人类认识的实际的,强调过了头,就成了唯心主义。当人类第一次发现自己的思维活动的范围是那样无限广阔,活动的领域没有边界,不禁赞叹人的思维活动"出入无时,莫知其乡",发出"万物皆备于我"①的欢呼。孟子强调了人的主观能动作用,他比老庄教人屈服于自然,听自然摆布的思

_____

① "万物皆备于我",是一个唯心主义的命题,哲学史工作者多误解为万物品类皆备于一身,《孟子》原义应为万物之理皆备于我。

想高明,他把人的认识水平提高了一步。这种情况下的唯心主义应当被认为起了进步作用。

又如《庄子·养生主》说:"吾生也有涯,而知也无涯,以有涯随无涯,殆矣。"这里已接触到有限、无限这一对范畴。前半句是说生命是有限的,知识是无限的,这句话不算错。后半句说以有限的生命追求无限的知识,将会给人类带来灾难,这就错了。范畴的发现和发展,标志着人类认识事物及其规律不断深化的过程。这个不断深化过程,也是不断抽象化的过程。汉代重要唯物主义者王充,有力地驳斥了当时流行的各种宗教迷信思想,发挥了战斗的无神论的作用。但王充的弱点是就事论事的多,抽象概括工夫较差。比如王充提出元气自然论以反对神学目的论,卓有成绩,把中国哲学史的朴素唯物主义推进了一大步。但是元气自然变化有没有一个更根本的规律?世界上的万事万物自然存在着,自然发展着,哲学家们不免要追问,为什么世界上的万事万物是以这样方式来变化发展而不是以那种方式发展变化呢?现象之后、之上有没有更高一层的规律?一些玄学唯心主义者王弼等人,提出了本末、体用、有无等一系列的重要范畴,本末、体用、有无等范畴的出现,标志着中国哲学的前进,说明人类对世界的认识更进步深化了。他给当时的唯物主义出了难题,唯物主义如果不能解答,就无法继续前进。唯心主义对此做出了解答,而这种解答是错误的。在中国哲学史上的唯心主义的功劳,在于善于提出问题,甚至是一些刁钻古怪的问题,这些问题,他们自己也无力做出正确地解答。

有些唯心主义(而不是所有的)提出的问题,是当时人类无力解答的。但能够提出这些疑难问题,标志着人类认识的前进,人类认识达到了新的水平。提问题,向唯物主义出难题,这种事实本身也反映出人类认识世界的水平的高低深浅。人类正是从生产及社会生活实践中不断发生问题,解决问题,提出问题,解答问题中不断前进着发展着。这是人类认识史上无尽头链条。唯心主义(严肃的而不是任意的)的出现,不能简单地看作故意和唯物主义捣乱,它有时是人类前进道路上必须经历的中转站。

唯物主义力图纠正唯心主义本体论的错误并回答他们(唯心主义本体论)提出的难题,中国哲学史上出现了唯物主义本体论。如张载提出万物以元气为本体的哲学体系就是与唯心主义本体论斗争形成的,到了王夫之又进一步得到完善。

唯心主义在历史上起的作用,有三种情况,第一种是以不符合实际的虚假的认识代替符合实际的认识,把认识引向谬误,造成倒退。这情况在哲学史上是大量存在的;第二种情况是发展了人类认识中的片面性;第三种情况是反映了先进的认识水平,提出了促使认识深化的问题,迫使唯物主义进行解答。这后一种情况,在哲学史上确实是存在的。不论哪一种情况出现的唯心主义,都不能正确地对待认识问题,他们的答案都是错误的。

唯物主义也有与此相类似的三种情况。第一种是正确地揭示人类认识的规律,反映了当时人类认识的水平;第二种是片面强调了本来是人类认识正确的方面,但走向了邪路,陷入唯心主义;第三种情况是重复过去唯物主义的哲学命题,不解决任何问题,对人类认识不起促进作用。这种情况也是有的,如魏晋时杨泉的《物理论》,是唯物主义命题,但落后于他们那个时代哲学发展的形势,没有提出新东西,对哲学史的发展没有积极意义。

也有人认为唯心主义应重视,因为唯心主义中有唯物主义因素,目的在于发掘唯心主义体系中的唯物主义因素;也有人认为唯心主义的体系中有辩证法因素,应取其辩证法,抛弃其唯心主义。以上这种看法,都认为唯心主义一无可取,应当抛弃。这种看法虽有道理,但不全面。我们要看到唯心主义出现的不可避免的必然性,更要看到唯心主义产生的客观性。我们哲学史工作者的任务,是面对一切哲学史上出现的千奇百怪的现象,分析它,解剖它,剔除其糟粕,吸取其精华。这是一个加工场,要付出创造性的劳动,我们不能把辩证唯物主义的基本原理当作驱神赶鬼的符咒,把唯心主义的鬼怪赶跑就算完成使命,何况辩证唯物主义并不是符咒,唯心主义也是赶不跑的。

论中国哲学史上普遍存在
的思想交融问题 *

　　哲学史是在唯物主义与唯心主义两种对立的观点和学派、学说的斗争中发展起来的,这一原则毋庸怀疑。在这一原则指导下,我们中国哲学史的研究取得了很大的成绩,这也是毋庸怀疑的。但同时也要看到,我们还有不足之处。这些年来,中国哲学史工作者讲对立阵线的思想斗争方面讲得比较多,研究收获也比较大,而对思想本身的发展,似乎注意得不够,对思想相近的流派或学说的交互影响大量的现象,注意得也不够。大家思想上有些顾虑,生怕这方面讲得多了,会背离了阶级斗争这个"纲",会挨棍子。应该看到:对立的双方在斗争中各自都在吸取对方的有用的东西来充实自己。相近的思想相互有影响,相对立的思想也相互有影响。相邻近学科领域也相互有影响(如哲学与宗教,本属不同领域)。

　　中国哲学最早的繁荣时期是春秋战国。这是由于旧制度的解体、新制度的形成,出现了百家争鸣的可喜局面。各家在相互

---

　　* 原载《中国哲学史论》,山西人民出版社,1981 年 4 月版。后又载于《中国农民报》1983 年 2 月 22 日。

辩论中,不可能不互相影响。在秦统一的前后,百家之学逐渐走向融合,出现了像《吕氏春秋》这样的著作。吕不韦好大喜功,力图树立其政治势力,这是他个人的主观愿望,姑且不论。但他要把不同的思想体系、政治主张融会贯通在一起,使它为统一的王朝服务,这则是当时历史发展的总趋势。后来秦始皇没有采取吕不韦的主张,而是采取了李斯、韩非的带有强制性的暴力统治。韩非等人的法家集权主张,也还是吸取了儒家的思想的。

到了西汉初年,司马谈的《论六家要旨》特别推重道家,他说道家"因阴阳之大顺,采儒墨之善,撮名法之要。"这里既有司马谈对于思想融合的描述,也表达了他融合各家的主张。他讲的"六家"不是先秦的六家①,而是西汉初在社会上正在流行的六家,先秦并不存在他所讲的六家。

传统中国哲学史的正统派称赞董仲舒是醇儒,其实,董仲舒的儒术并不醇。春秋战国时期的儒,如孔、孟、荀对上帝鬼神的看法很不一致,有的相信,有的怀疑。董仲舒把奉祀天地鬼神当作头等大事,还遵照燕、齐方士设坛祭祀的宗教程序进行宗教活动。董仲舒既是儒生,又是道士,董仲舒的思想是儒家与道士、方士的混合物。

东汉王充也是儒家,他对董仲舒的一派提出了尖锐的批判,用他当时所能达到的科学知识驳斥了社会上流行的宗教迷信思想,他打击了神学目的论,建立了唯物主义的元气自然论。王充受过系统的儒家思想教育,在两汉经学传统极盛的时代,他被归类到古文经学派,但王充实际上除了接受孔、孟、荀的儒家传统外,还有黄老的传统,"虽违儒家之说,合黄老之义也"(《论衡·

---

① 拙著《先秦无六家》。引自《中国哲学史论》,上海人民出版社,1981 年版。

自然篇》）。有人以为王充的《问孔》《刺孟》是反孔孟的,这是一种误解。试看王充所问的、所刺的都是一些具体的、不关重要的小事细节,对于孔孟相传的封建伦理纲常名教,王充与孔孟的立场没有两样。除了孔孟讲的伦理纲常名教以外,王充的“元气自然论”的建立,明显来自黄老,与孔孟无关。董仲舒的儒道合流是儒家与道士、道教的合流。王充也是儒道合流,他是把儒家与道家(黄老之学)合流。可见儒道合流这个趋势在汉代已开始。思想上有这样的合流,就表明汉儒不同于春秋战国时期的儒。

　　魏晋南北朝时期的佛教已不尽属印度佛教原来的面貌。东汉所译《四十二章经》,它究竟出于印度小乘《阿含经》的哪些章节,已无从考察。因为“译所不解,则缺不传,故有脱失,多不出者”①,即使译者认为“能解”的,其理解也往往不符合印度佛教的原义。魏晋佛教经典,经常用“格义”的方法,也是“以经中事数拟配外书”。所谓“事数”,刘孝标《世说新语·文学篇》注云:

　　　　事数,谓若五阴、十二入、四谛、十二因缘、五根、五力、七觉之属。

《魏书·释老志》云:

　　　　故其始修心则依佛法僧,谓之三归,若君子之三畏也。又有五戒,去杀、盗、淫、妄言、饮酒,大意与仁、义、礼、智、信同,名为异耳。(《魏书》卷一一四)

稍后,北齐颜之推《颜氏家训·归心篇》云:

　　　　内外两教本为一体。渐极为异,深浅不同。内典初门设五种禁,外典仁、义、礼、智、信皆与之符。仁者不杀之禁也,义者不盗之禁也,智者不淫之禁也,信者不妄之禁也。

　　三国时,汉地译经有时加入中国固有的某些观念。如吴支

---

① 《法句经序》,《出三藏记集》卷七。

谦译《太子瑞应本起经》卷上：

> 佛言：至于昔者定光佛兴世……寿尽又升第七梵天，为梵天王。如是上作天帝，下为圣王，各三十六反，周而复始，及其变化，随时而现。或为圣帝，或作儒林之宗，国师道士，在所变化，不可称记……

以支谦译文与康孟详译《修行本起经》及吴康僧会译《六度集经》卷八有关文字对照，孟详、僧会两译本都没有"或为圣帝，或作儒林之宗，国师道士"之类的话，可知这是支谦为了适应当时的宗教宣传的需要，私自增加的。

在当时中外思想交融的影响下，不但对佛经的解释要求中国化，甚至有些佛经也窜入了不少中国的思想。如智者大师在《仁王护国般若经疏》卷二所引《提谓波利经》：

> 提谓波利等问佛：何不为我说四、六戒？佛答：五者天下之大数，在天为五星，在地为五岳，在人为五脏，在阴阳为五行，在王为五常，在世为五德，在色为五色，在法为五戒。以不杀配东方，东方是木，木主于仁，仁以养生为义；不盗配北方，北方是水，水主于智，智者不盗为义；不邪淫配西方，西方是金，金主于义，有义者不邪淫；不饮酒配南方，南方是火，火主于礼，礼防于失也；以不妄语配中央，中央是土，土主于信，妄语之人，乖角两头，不契中正，中正以不偏乖为义也。

（参阅湛然《止观辅行传弘决》卷六之二所引《提谓经》文[①]）

唐代，三教合一，已是当时思想发展的总潮流。有人偏重在儒、

---

① 《历代三宝记》卷九："《提谓波利经》二卷，宋孝武世元魏沙门昙静于北台撰……经文旧录别载有《提谓经》一卷，与诸经语同，但静加足五方，五行，用石糅金，致成绝耳。"

佛合流，如柳宗元、刘禹锡、梁肃及僧人宗密等人；有的人偏重在儒、道合流，如傅奕以及许多信道教、服长生药的皇帝，宪宗、武宗等；佛、道合流的现象也很普遍，最典型的莫过于天台宗的慧思。他在誓愿文中称：

> 又复发愿，我今入山忏悔一切障道重罪，经行修祥，若得成就五通中仙及六神通。

> 是故先作长寿仙人，藉通力，学菩萨道，自非神仙，不得久住。为法学仙，不贪寿命。

> 为护法故求长命，不愿生天及诸余趣。愿诸圣贤佐助我得好芝草及神丹，疗治众病，除饥渴。常得经行修诸禅，愿得深山寂静处，足神丹药修此愿，藉外丹力修内丹。

> 誓愿入山学神仙，得长命力，求佛道。

也有儒、佛、道同时信奉的，如白居易等是。这种现象并不奇怪，它是唐代的社会历史条件必然的产物。因为当时从朝廷到地方，都在提倡三教。三教的基本教义都在劝忠劝孝，叫人服从封建伦理规范，奉公守法。三教中儒教是主流。佛、道两教也享有政治、经济特权，佛、道两教的代表人物也能封官食禄①，如诵读

---

① 武后天授元年，僧云宣等九人皆赐爵县公，仍赐紫袈裟、银龟袋(《通鉴》天授元年)；中宗时僧慧范九人，加五品阶(《通鉴》神龙二年)，后因太平公主奏，复加三品，封公爵(《僧史略》)；代宗时，授不空和尚加府仪同三司，封萧国公(权德舆：《大唐兴善寺三藏和尚影堂碣铭序》)；高宗赠道士潘师正太中大夫(《旧唐书·潘师正传》)；玄宗赠道士叶法善越州都督(《册府元龟·帝王部·尚黄老》)。

道教经典可以参加政府的官吏考试①。除了思想上的提倡，又加以政治上的鼓励。这就加深了佛教、道教思想在社会上的影响。

到了宋代，三教融合的条件成熟。三教融成一家，即传统所谓"理学"，理学即儒教。它以儒家的封建伦理学说为中心，吸收佛教、道教的宗教思想而形成的一种新宗教。也有人不认为儒教为宗教而是一种哲学。如果说宋明理学是哲学，这种哲学只能是宗教哲学，即神学。因为哲学讨论的问题是认识论的问题，是精神和外部世界的关系问题，是思维规律等问题，而宋明理学所关心的并不是这些，而是"天理人欲"之辨。宋儒的著作中，不论是哪一家、哪一派，唯心主义的还是唯物主义的，进步的还是保守的，都以极大的注意力来探究"天理人欲"的关系问题。这是中外中世纪流行的神学问题，它不能算作哲学问题。这个问题已专题说过②，这里只是想说明文化融合的问题。

仍以儒家为例，它起源于春秋末年（公元前6世纪），是中国建立最早的一个学派，也是以孔子为标志并为全世界注意的一个学派。人们往往认为儒家或儒学影响了中国文化与政治思想二千年之久。其实，这是一种误解。文化是有生命的一种社会现象，任何文化，都有它的生长、壮大、衰老以至消亡的过程。文化只能是某种社会历史的文化，没有超社会历史的文化。学派，是社会历史的学派，也没有超社会历史的学派。春秋战国时期百家争鸣，反映了当时两种社会制度的大变革（由奴隶制向封建

---

① 《旧唐书·玄宗本纪》：开元二十一年，制令士庶家藏《老子》一本。每年贡举人，量减《尚书》《论语》两条策，加《老子》策；又《通鉴》卷二一四：开元二十五年，初置玄学博士，每岁依明经举；又开元二十九年：制两京诸州各置玄元皇帝庙，并崇玄学，置生徒，令习《老子》《庄子》《列子》《文中子》，每年准明经例考试。

② 参看《论儒教的形成》，《中国社会科学》1980年第1期。

制转变），各阶级、各阶层的主张。秦汉形成中央集权大一统的封建国家。社会变了，秦汉以后的学说也跟着变了。秦朝法家当权，法家大张旗鼓地反对儒家，但秦朝的法家却吸收了儒家的三纲学说，并用政治强制推行三纲的秩序。汉儒董仲舒建立了儒家与方士（道士）合流的新学派。汉初的道家，已包含了儒、墨、阴阳、名、法诸家在内。《吕氏春秋》与《淮南子》都被古人称为杂家，其实，其他各家也不纯，只是有的学派对其他学派进行糅合改造的功夫用得多些，显得不露痕迹罢了。

魏晋玄学以老、庄为旗帜，事实上不是先秦时期的老、庄。有些注释家如王弼所理解的老子，郭象所理解的庄子，不仅与老子、庄子的原意不符，甚至相反①。佛教传入中国，更是百般迎合中国封建社会的旧习惯及封建伦理思想，逐渐使佛教中国化。道教这时也力求与中国封建制度相配合，与佛教争地盘。佛、道双方不断互相影响，互相吸收，儒、道、佛三教也在互相影响，互相吸收，最后达到三教合一的归宿。

中国哲学史的发展好像江河的奔泻，它不停止，不倒流，不断有支流融汇聚合。既融合之后，即形成新的流派。它有旧的成分，但又不同于旧的。水流是上游细小，下游浩瀚，上游清浅，下游浑浊。哲学的发展也有类似的情况。古代思想比较单纯、朴素，后来变得复杂。认为古代哲学比现代更丰富，这种观点是不对的。哲学史上没有什么一成不变的学派和学说。同属一个学派，从上一个时代到下一个时代，它的思想必然要改变。某种思想从甲地区传播到乙地区，如印度的佛教传到中国，它的思想

---

① 如庄子明显反对人为，反对名教对自然的破坏，郭象则主张只有贯彻名教，推行封建文化制度才是更好地发挥人和物的本性。王弼认为老子不及孔子博大。

也要起变化。哲学史上也没有什么不掺杂其他成分的纯粹的学派和学说,一个学派和学说总要带有它以前的思想遗迹,也常有它所属的社会历史的特点的烙印。像儒家主张的孝、弟等宗法思想,并不是孔丘的创见,它实际上继承了周代的封建宗法制度。孔子提出的仁,好像是一大发明,其实是周道亲亲,以血缘关系为纽带的伦理关系的系统化。我们研究哲学史,不但要熟悉了解哲学史发展的前因后果,还要熟悉了解哲学史发展的社会历史状况。也就是说哲学史的研究,除了了解有关的"哲学",还要兼顾到与哲学有关的其他上层建筑,还要了解那些不属于上层建筑的意识形态。

建国三十年来,中国哲学史的研究方面有很大成绩,但是也还存在着许多空白或薄弱的环节。形成这种薄弱环节的原因自然是多方面的,但我们哲学史工作者过去喜欢用一家一派的旧观念来衡量哲学,如指定某某为儒家,某某为什么家,对他标举的旗帜过于相信,有时忽略了它的内容。我们的研究工作还习惯用"六家"来给哲学家们分类,这个分法本身就不科学。因为不论什么家,都不是一个整体。儒家有唯物与唯心,荀、孟的对立,法家中唯心主义的也不少,反动的思想也不少。同是儒家,有早期的、有后期的分别。两汉时期,有与道教结合的儒,如董仲舒;有与道家合流的儒,如王充;唐朝有与佛教合流的儒,如柳宗元、刘禹锡等;宋明有混合佛、道的儒,如周、程、朱、陆、王等。

思想一经形成体系,并在社会上发生影响,它必然与其他思想发生交流、融合的关系。这种关系的存在,既影响了自己,也影响别的学派。今后,如何正确对待这种交流和融合的关系,并如何善于分析这种交流和融合的关系,是一个十分艰巨的任务。即使从现在开始着手,没有十年八年的艰苦努力,是见不到明显的效果的。但是,一旦见到效果,则必将使中国哲学史的研究面

貌大为改观,它将促进文学、艺术、宗教,以及许多有关部门的研
究大步前进。

老子研究的方法问题 *

一

《老子》一书,虽只五千多字,由于它的时代较古,是用诗的形式写成的哲学著作,有的地方意思表达得不够清楚,容易引起歧异的理解。因而历来学者们对于这部书以及老子其人聚讼纷纭。

解放后,哲学史工作者开始学习用马克思主义的观点、方法研究哲学史,认为全部哲学史是唯物主义与唯心主义的斗争史。为了阐明哲学的发展状况及其规律,就必须把每一派哲学家的性质搞清楚,不属于唯心主义,即属于唯物主义,没有一个中立地带。研究哲学史,并不仅限于把哲学家分类,而分类则是研究哲学史的第一道工序。解放后老子的研究也脱不出这一窠臼。应该说,解放后关于老子的研究是有成绩的,并通过研究而引起比过去更为广泛和深刻的争论,这也是十分有益的。正常情况

---

* 据《任继愈学术论著自选集》。原载《中国哲学史研究》1981 年第 1 期。

下,争论可以把问题弄清楚,至少可以把问题深化,为后来的研究准备条件。也有学阀式的人物,借讨论之名,行讨伐之实,这只是一股逆流,可以不在这里评论①。

解放后关于《老子》的争论,我也是参加者之一,当时集中于探讨老子的哲学是唯心主义还是唯物主义。学术界曾一致认为这是个十分重要的问题,这个问题不解决,先秦哲学史就写不下去。各方面参加者争论是热烈的,态度也是认真的。主张老子属于唯心主义的,和主张老子属于唯物主义的,都写了不少文章,结果没有争出个分晓来,任何一方都没有把对方说服。十年动乱以后,学术界又提出了这个问题,第二次开展了关于老子哲学的讨论,由于十年动乱,人们还来不及深入钻研,从发表的文章看,还没有看到有什么重大的突破,只是双方的主张者,从人数方面看,似乎主张老子属于唯物主义的人,比五十年代第一次讨论时略为增加。

我自己多年来对老子的哲学十分关心,认为老子哲学思想比孔子、孟子都丰富,对后来的许多哲学流派影响也深远,总期望把它弄清楚。1963 年出版的《中国哲学史》教科书认为老子是中国第一个唯物主义者;1973 年出版的《中国哲学史简编》(是四卷本的缩写本),则认为老子属于唯心主义。主张前说时,没有充分的证据把主张老子属于唯心主义者的观点驳倒;主张后说时(《简编》的观点),也没有充分证据把主张老子属于唯物主义者的观点驳倒。好像攻一个坚城,从正面攻、背面攻,都没有攻下来。这就迫使我停下来考虑方法对不对。正面和背面两方面都试验过,都没有做出令人信服的结论来,如果说方法不对,问题出在哪里? 我重新检查了关于老子辩论的文章,实际上是

---

① 详见《老子哲学讨论集》,中华书局,1959 年版,第 1—12 页。

检查自己,如果双方的论点都错了,首先是我自己的方法错了。

<h1 style="text-align:center">二</h1>

对老子的哲学体系没有讲清楚,或者说从主观方面认为讲得很清楚,但没有很好地解决反对者提出的质难,等于没有讲清楚。我不得不从头考虑从何处入手。

既然研究历史,必须进行历史的考查,要用历史唯物主义的观点、方法。这一点,我过去注意得不够,运用这一方法也有偏差,欠准确。根据历史唯物主义的观点,实事求是地回顾我过去的两种主张(老子属于唯物主义或唯心主义),看来都有问题。

老子的哲学,时代较早,老子哲学用的是诗的形式。诗是一种形象思维的表达方式。形象思维并不是不深刻①,而是区别于抽象思维的逻辑分析方式,和抽象思维可以具备同样的洞察事物的深度和广度。如果《老子》只是诗,那就简单了,问题它不仅是诗,而且是"哲理诗"。说老子的哲学是"哲理诗",我已指出过,但未深究它的特点。

坚持历史唯物主义,还要"知人论世",这一点我也曾指出过,但对老子所处的时代的社会历史特点认识一般化,虽然也指出过老子思想和他的阶级地位有关系,但没有拿出十分充足的根据来。还有一个更大的疏忽,就是没有注意文化发展的地域差别。我国地域辽阔,民族众多,在他们生活聚居的传统中心所产生的文化,必然带有地区的特点。近代意大利、法国、德国,近在比邻,尚且由于民族的、地区的不同而形成各自的文化和哲

---

① 有人误以为形象思维偏重表象、印象,而不具备高度概括抽象思维深度,这是不对的,这里不深沦。

学。在古代,经济、文化交流的机会远不及近代各民族国家频繁,由地域带给哲学家的烙印是深刻的。以春秋、战国为例,当时在中国范围内,至少有四个地区的文化各具特色。有邹鲁文化(孔孟学派),它保持周代的传统最多;有三晋文化(申、韩),是法家思想的策源地;有燕齐文化(管子、稷下,五行学说),成为后来黄老、方士的故乡;有荆楚文化(老子、庄子、屈原等思想家),通过形象思维表达深邃的哲理。

倘不具体分析,只笼统地讲奴隶主阶级与地主阶级,则不足以说明各家各派的个性。荆楚文化长于以文艺手法讲哲学。老子的著作中不少这种表达方式。如借用水的品质说明柔弱胜刚强的道理;用星辰运行讲天道,等等。诗的语言,文约义丰,也是《老子》的特色。这就给后来的研究者带来一种特殊困难,不易掌握解释的分寸。回顾二十年来关于老子的研究文章、著作,没有讲透的地方固然不少,但更多的失误,不是没有讲透,而是讲得太"透",以至超出了《老子》本书及其时代所可能达到的认识水平。因而讲得越清楚,离开《老子》本来面目越远。例如,主张老子是唯物主义的人们,把"道"解释为"物质实体",就不对,至少不确切。春秋时期,不可能有近代哲学的"物质实体"的观念。《老子》不可能有这样明确的唯物主义观点。例如,主张老子是唯心主义的人们,把"道"说成"绝对观念"或"超时空"的观念。"物质实体"或"绝对观念"不仅老子本人没有,先秦任何一个哲学家都没有。我们哲学史工作者的任务在于把古代哲学思想用现代语言讲清楚,既不增加,也不减少。我们替古人讲了他们还没有认识到的一些观念,这就造成了方法上的失误。历史唯物主义者要把古人所不大清楚的观念、范畴,如实地、准确地把他们的"不太清楚"的地方讲出来就对了。我们过去,往往失去了分寸,替古人讲清楚,反而造成了混乱,主观上要求有科学性,客观上造成不科学的结果。这个毛病不止表现在老子的研究方面，而在老子研究中所暴露的问题则最明显。

三

用全局观点来看局部的问题，就比较容易公平地对待古人。寻章摘句，深入分析，容易讲得很有条理，给人的印象也深刻，这是今人胜过古人的地方。讲哲学史必须牢牢抓住发展观，缺少发展观，往往只看见个别哲学家的言论，而忽略了哲学家所起的作用。三十年来，我们牢记着必须用唯物主义与唯心主义的斗争作为哲学史发展的主要线索，贯串古今。我们取得了巨大的成绩。但是没有真正理解马克思主义的哲学史的精神实质。唯心主义与唯物主义清清楚楚地分成两大阵营，应当是近代哲学的特点。在古代，有唯物主义与唯心主义的阵营，但不像近代哲学这样壁垒森严。这两大阵营各有各的体系，如自然观、认识论、方法论、逻辑学，在各自的体系内占有一定的位置，它们之间基本上是协调的，不协调的是例外。而在古代，更多的情况是不协调，比如认识论和自然观有时不一致，这方面是唯物主义的，另外方面则是唯心主义的。同一个哲学家的思想体系里，自己和自己矛盾的情形也是有的，这就是我们常说的"不彻底"性。不彻底的唯心主义哲学家随处都是，这就要求哲学史工作者慎重地来划分阵营，"一刀切"的办法，不但不能搞好当前的生产管理，处理古代的哲学家也不能这样办。

老子研究也容易犯"一刀切"的毛病，"一刀切"在唯物主义一边，往往给唯心主义那一边造成困难；反过来也是一样。这也是长期双方争论不得很好解决的一个原因。有的句子，老子自己没有讲清楚,更多的情况下,连老子自己没有想到过,我们一定要把它分类、归档,就难免生硬处理。《老子》书中有些话,一望就知是唯心主义或唯物主义的,这个好办;但是确有一些话,可以这样理解,也可以那样理解,而这一类的话在《老子》中占有相当数量,远不止一句两句。如果这类的话恰恰是关键性的、结论性的,那就更增加了研究中的麻烦。过去我的处理办法是看它的基本倾向性来定它的唯物主义或唯心主义。这么办,自己运用时不失为一个办法,也能言之成理,但用来说服对方,往往无效。因为基本倾向性毕竟不能代替确凿的结论。

如果把哲学史看作人类认识发展史,按照马克思主义的研究哲学史的指导原则,我们就有了较多的主动权。衡量某哲学家或某学派的作用、地位,主要看它在认识发展中所起的作用,提出了什么新的范畴,解决了什么新问题,在人类认识世界的过程中有没有贡献,贡献是大是小。那么,即使遇到像老子这样难以划分唯物主义或唯心主义的哲学家,也不难给他安排一个适当的历史地位。在认识史上有贡献,该肯定就大胆肯定,不必因为他有唯心主义的观点,就缩手缩脚。没有贡献,只是重复前人的结论,又不能推动认识的前进,即使是唯物主义者,也不能在哲学史上把他摆在重要的地位。

从哲学史的发展来衡量老子,看他提出的命题,如无神论的天道观,如强调自然规律必然性,第一次提出"无"作为万物之本的负概念——无的范畴,都是人类认识前进的重要里程碑,这就用不着被唯物主义和唯心主义的长期纷争所困扰而不能前进。

当然,对老子的哲学是唯心或唯物,还可继续探讨,可以在不同部门中(如自然观、认识论……)分别定性;也可以根据它的总倾向概括定性。只要不再像过去那样,替古人说他还没有可能想到的话,不拔高古人来为今人论证,老子研究还大有潜力可挖。

　　成功的经验固然是知识的财富；亲身走过的弯路，只要认真总结，往往可以更有利于指导人们迅猛前进①。

---

　　①　上述几个方面都有许多具体的例证，为了行文精简，只把个人的基本的看法提纲式地提出来，供批评指正。

访问加拿大与美国观感 *

　　1980 年 1 月 16 日至 4 月 29 日,我应加拿大多伦多大学宗教研究中心的邀请,在该校讲课一学期,给研究生及青年教师讲授中国哲学史及道教两门课程,都是讨论班,也有老教授旁听。在学期终了时,又应美国几所大学的邀请,用了三个星期时间,从美国的东部到西部,参观访问研究中国文化的几所重点大学,有哈佛、耶鲁、哥伦比亚、威斯康星、密西根、加州海湾的几所大学,包括伯克力、斯坦福、加州州立大学、加州圣他巴伯大学。

　　在多伦多大学讲学期间,参加了汉弥尔顿市的麦克马斯特大学宗教系的佛教学术讨论会,参观了加拿大中部的瑞吉那市的瑞吉那大学的历史系及萨斯克通市的萨斯克纯大学的东亚系。另外,与多伦多大学的有关教师去华盛顿参加了北美一年一度的亚洲学会第三十二届年会,会期三天,结识了北美不少有关中国哲学史、中国佛教及道教方面的专家学者多人。

　　这次是以个人身份出国活动,不是代表团,活动比较自由,时间较长,接触的面也较广泛,有大学教授、大学生、中学生、家庭妇女,社会上其他行业的知识分子,如工程界、医生、艺术家

　　＊　原载《中国哲学史研究》1981 年第 1 期。

等。与加拿大、英国两国的同行建立了初步联系。在接触中,也向他们介绍了我国社会科学院及世界宗教研究所的研究工作及方针任务,促进了中国与北美学术界人士的互相了解。

一 加拿大的宗教研究

加拿大多伦多大学有一百多年历史,是加拿大历史最长、规模最大的大学,学生七万多人,有三所天主教神学院,五所基督教神学院。该校还有个宗教学研究中心,成立于1976年,是一个跨系的联合组织,由各神学院以及哲学系、东亚系、历史系、近东系的一部分教师组成。在这个宗教研究中心担任指导研究生的教授有五十位,他们分别属于各有关学院。

第二次世界大战以来,宗教研究逐渐脱离传教士和神学院的垄断,在各大学中开设宗教研究的课程,近十年来,这种倾向更加明显。这种现象可称之为"宗教研究的学术化"。西方学者力图把宗教这一社会现象,与历史、哲学、社会学、人类学、语言学等学科联系起来考查。这样,给人们一种印象,他们宣称的宗教已不再与科学为敌,而是一种与科学互相补充的学问。有关宗教研究的一些著作,不再重复那些古老的"灵魂不死""意志自由""上帝永存"那类争论,而是通过研究宗教与历史、社会、道德、艺术等关系来说明宗教。他们宣称,研究宗教是一种学术研究,要抱客观态度,也愿意与不信宗教的无神论者"对话"。

每一个宗教系大学生必须学习下列课程:(1)人类学,(2)宗教经典著作,(3)英文,(4)艺术,(5)历史,(6)心理学,(7)社会学。大学毕业后如要深造,再分专业。

北美一般大学宗教系研究生的课程分若干专业方向。如比较宗教学——儒与基督教、基督教与伊斯兰教等;宗教史——犹太教、印度教、锡克教、耆那教、佛教、道教、伊斯兰教的历史;宗教有关的边缘科学——宗教艺术(音乐、绘画、建筑)、宗教心理学、宗教社会学等;专题研究——断代研究,如中世纪宗教、初期犹太教、伊斯兰教以前的阿拉伯宗教,阿奎那、奥古斯丁等,古代语言——希伯来文、拉丁文、希腊文、古英语;地区研究——近东、东亚、中东、远东、俄国等,这都注重现状研究。

关于宗教的研究,加拿大多伦多大学有比较悠久的传统,而且有一系列的学科相配合。拿对中世纪的研究来说,既有如宗教史、文学史、艺术史、语言史等这样的专史,又有按地区和国别进行的研究,如欧洲及国别史,中东、近东、远东研究,还有宗教艺术如建筑、绘画等研究,甚至连困难很大、不易捕捉的中世纪音乐,也有人进行探索。在多伦多大学里,我曾听过一次中世纪的音乐演奏会,有五位中古音乐研究者,既是理论的探索者,又是熟练的演奏家。有些乐器,也是几经探索才制作出来的。还有十四五世纪的声乐演唱,其中有颂神的,也有歌颂爱情的民歌,男声的唱法有点像中国京戏的小生,则假嗓、高音。他们为摹拟古代乐器进行了艰苦的创造,制作了一大批管乐器、弦乐器,还有原始的风琴,有如我国古代的橐籥。如果没有对中世纪文化、艺术、宗教、社会、历史的广泛基础,以及各个学科的互相配合,那末关于中世纪音乐的摹拟恢复是不可能的。相形之下,我国的历史科学的研究,各方面配合得不大好。学术界的专家们着眼通史多,专题研究少,而且有些工作互不通气,重复劳动,造成人力、物力的很大浪费,这是我们应该克服和改进的。

现在北美的宗教研究系,已与过去有所不同,不是培训神职人员,而是成为与哲学系、历史系、社会系相配合的学术研究机构。毕业生的出路也是多种多样,除了个别留在大学教书外,不少人在中学、商业及政府机关工作,改行的是多数。应该说这是个不小的变化。

二　美国研究中国哲学史的现状和趋向

从 4 月 29 日到 5 月 19 日,我在美国的一些大学进行了参观访问,重点是了解美国研究中国哲学及宗教的情况及研究人员的实力。

美国研究中国哲学的水平,近十年有很大的进展。尽管这几年经济停滞,与战后复员那几年相比,人口相对减少,大学生人数也减少,各大学也停止了发展。而美国对中国的研究,依然是人才多,学科门类齐全,断代研究及专题研究方面投入的人力和设备都超过了欧洲各国,仅次于日本。

以 1980 年北美亚洲学会三十二届年会为例,除少数来自美国以外的亚洲国籍学者外(有个别日本、南朝鲜、印度等地学者),绝大多数是美国人,到会的竟有一千多人。听说前几年有时达二三千人。在这些人中间,有老专家也有新手,人才比较齐备。

从讨论的范围看,美国对中国的研究,有历史、地理、军事、哲学、民族、宗教等方面。中国佛教、中国道教、中国哲学,都有比较专门的论文。如关于朱熹的研究,在一次分组讨论会上就有好几篇,关于华严宗的研究及道教的研究都有好几篇。在各种论文中,有历史叙述方面的,也有校勘考据方面的,如马王堆帛书《老子》的校勘,这次讨论会上就有一篇论文,并有一定的见解。在中国历史分组讨论会上,我看到一篇讨论福建和江西客家人口迁移规律的论文,直接运用我国地方志的材料。文章分析了人口迁移的规律性,还列举了迁入的人口与土著人口的矛盾和斗争,及当时政府采取的政策等等,文章虽然不是最后的定稿,却有一定水平。

密西根大学的历史系,只教中国史的教授(从古代到近代)就有四人。我们国内规模小一点的大学,历史系的师资力量未必有这样齐全。

再拿哥伦比亚大学东方系来说,有一个以第伯瑞教授(Wm·Theodore de Bary)为首的研究集体,十来个人,重点研究明代历史,包括明代的文学、经济、哲学、历史及明代时期朝鲜、日本的历史。这种用集体的力量,分工合作,从各个方面共同探讨中国明代历史的做法,是一个比较先进而有效的方法。他们每年5月第一个星期五下午,开会讨论东方哲学问题。同一天的晚上讨论东方宗教问题。1980年没有对宗教问题的讨论,会议只开了一个下午就结束了。有的来自波士顿,有的来自匹兹堡,有的来自西雅图。还邀请加拿大多伦多大学的一位教师,这个人因故未来。这样的讨论会一般只用半天或一天,当天结束。可见他们是很讲究会议的效率的。

哥伦比亚大学东方系从五十年代起,注重东方宗教思想及新儒教(宋明理学)的研究,并邀请台湾学者到美国讲授理学。1964年起,重点研究明代思想,每年开一次国际性的会议,并出一种书,已完成及正在进行中的研究课题有:明代名人传,明末清初研究,中日关系,以及元代思想研究。领导人第伯瑞教授是前任哥伦比亚大学副校长,是个专家,他又有组织才能,这个学术研究集体搞得有声有色,引起美国学者的重视,一批有才干的青年人也在迅速成长。

西部加州海湾区的几个大学,也有像这样的学术组织,只是研究的问题和方向不像哥伦比亚大学那样集中。

美国研究中国问题有成效、有基础的几所重点大学,他们研究中国哲学史所着重的断代和问题,是因时而异的。从目前的发展趋向看,对先秦的兴趣逐渐谈下来,对汉以后的几个断代的兴趣,则在逐步增长。哥伦比亚大学对明代思想的研究,除了采用西方一般的概念分析,及社会学、比较历史学等常用方法外,还听取了台湾学者的建议,结合中国理学传统的方法,注重对伦理思想、道德修养的所谓身心性命之学的分析。这条研究的道路,是个值得讨论的问题,但可以看出他们的态度是十分认真的。

还有的大学的研究重点在近现代(如斯坦福大学),有的对汉、魏、隋、唐兴趣较多,如加州圣他巴伯大学,有的则对中国宋明理学的某些重要范畴有兴趣,如密西根大学的孟禄教授。孟禄和第伯瑞都是美国自己培养出来的白人学者中第一流的哲学史家,与借用客卿华裔学者不同,从他们身上可以看到美国对中国哲学的研究已经取得一定实效。

美国研究中国哲学史的著名学者和有成绩的研究者,都不在哲学系,而是在历史系或东方系、东亚系。如著名中国哲学史家余英时教授就是耶鲁大学历史系的主任,他有深厚的汉学根底,接受过老一辈学者的严格训练,又掌握有现代西方的科学方法,因此就其能力来说,已超过了西方老一辈的学者,今年才五十岁左右。像这样年富力强的学者,美国有一批,而不是一、两个,相形之下,我国这一代的中年学者有些青黄不接,基本功和写作能力明显的超过老一辈学者的,人数不算多。

哈佛大学的历史最长,基础也厚,如哈佛大学的杨联升教授、芝加哥的何炳棣教授在年长的教授中很受重视。芝加哥大学,加州大学伯克利分校,以及威斯康星大学都在不同的方面有它的特长,而各大学都有自己的传统。美国研究中国哲学的人力多,门类齐全,这种情况也是在竞争中为了谋得生存而逼出来的。在世界范围内,研究中国的哲学和历史,美国的实力仅次于日本。欧洲的许多汉学家往往偏重于一门一科或一个时代,从研究的广度和实力来说,都不及美国。

进入70年代,美国人口减少,上大学的人数也减少,教授的数目也相应地缩减,再加上石油危机以后造成物价上涨、通货膨胀,这不能不影响到科学研究的正常开展。我们看到的一些现代化的图书馆,都是落成于60年代到70年代之间。有的学校由于经费不足,不少想兴办的项目,也只好缓办。有的图书没有地方摆,只好放在库房里,使用效率就受到了限制。

和美国朋友谈起来,他们十分盼望能再有个经济繁荣的时期,以便学术上有个更大的发展。

美国知识分子的生活一般说是比较过得去,但也有些下降。比如现在的青年教师(相当于讲师、助教这一层的知识分子),据他们自己估计,等他们当上教授时,也赶不上现在的教授的生活水平。"重理轻文"的风气在美国也很普遍,中国哲学史这门科学在美国不是热门,一些研究者也要甘于寂寞才行。技术书在美国出版很快,但哲学、历史的专著,出版周期就相当长,交稿后一两年才出版,也是常有的。

三　加强中国与北美学术交流的展望

这次在北美停留了三周,有机会把我国现在社会科学(只限于中国哲学史和中国的佛教、道教)的研究水平,与外国作一番比较。可以这样说,我们的水平不算低,或者说,我们有我们的优点,北美有北美的长处。加强中国与北美的学术交流,这不仅有益于中国哲学史和佛教、道教研究的开展,而且对于加深中国人民和北美人民的相互了解,增进友谊,也是很有好处的。

加拿大和美国地域相接,在经济上联系紧密,在学术上也十分接近。加拿大学者的观点也往往是美国学者的观点，加拿大的大学很多有名的教授是从美国去的，他们采用的教科书也多是美国通用的。从整个北美学术活动的情况看，有许多长处是值得我们重视和借鉴的。

不管是美国还是加拿大，他们的学术讨论会比我们多，活动比较灵活，不拘形式。开会主持人致词最多不超过二十分钟，学术讨论会的发言，要有稿子，一般不照着稿子念。以三十二届亚洲学会年会为例，一千多人，近七十个分组讨论会，三天之内就结束了。每个分组会一般有四个人宣读论文，宣读论文后，还要留一部分时间给到会的人提问题，论文作者还要进行简短的答辩。最后还要有主持分组会的评论员对会上的论文提出评论的意见，也包括提出质疑性的问题。这样的会，如果照我们的习惯开法，恐怕十天半月也开不完。年会的工作总结，是在秘书处及主席团中间进行，不在全体会上报告。因此，他们没有大会开幕词，也没有大会闭幕词，没有首长接见，也不招待看戏。把大家的主要精力用在讨论问题和会下的个别接触上。参加者参加哪一个分组，完全由自己决定。

他们的讨论会，提问题的人没有什么不必要的客气话，而是直截了当。或者指出论文中所存的疑难点以及自相矛盾的地方，或者指出引用资料不当，解释有误。学术讨论就是学术讨论，不绕弯子。他们的立场、观点我们可以不一样，他们的工作效率值得学习。他们把会议开得有效率，不拖沓，节约时间。

开短会，发短言，就可以省出时间开展更多的学术交流活动。全国性专业性的学术活动他们经常有。博士考试和答辩，各个有名的大学年年举行。照规定，都要邀请国内专家参加考试委员会，这也使得专业科学家们不断地有交流学术观点的机会。美国的学会组织、学术会议很多，有的人开会开不过来，就

74

今年去开这个会,下年去开那个会,时间错开,既可省点时间,又不至影响学术观点的及时交流。

在图书资料方面,北美也有许多值得我们重视的地方。过去有人觉得,研究中国的历史,不了解外国问题不大,其实这是很大的偏见。研究外国的东西固然要精通外国,研究中国的文化、历史,也不能关上门自己搞自己的。比如说,研究"鸦片战争"的历史,过去我国学者利用的资料多是我们的档案资料,现在要写出比较丰富可靠的鸦片战争史,如果不利用英国大量的档案资料,就写不出高质量的科研成果来。研究甲午前后的中国维新运动史,如果不同时参照欧洲,特别是日本的资料,也不能写出高水平的著作来。就是研究中共党史、中国革命史,也不能忽略国外的有关资料。这次在美国和加拿大,我就看到了国内见不到的第一次革命战争时期江西苏区的档案资料。这些资料是用显微底片保存的。很多图书馆(我所看到的有六所大学的图书馆)都可以公开借阅。在海禁大开的今天,任何一门科学,都不是一个国家所包办得了的。这不是说一个国家不可以研究自己一国的问题,而是说只有取精用宏,放眼世界,才能更上一层楼;而孤陋寡闻,蔽于一曲,是难以产生第一流科研成果的。

美国和加拿大虽然对中国哲学以及佛、道二教的研究取得了相当的进展,但从北美与中国在这方面的学术交流来说,却不够充分,不够全面,还有待于改进。三十年来,我们不大了解北美学者的情况,北美学者也不大了解中国,这是长期互不往来造成的。我国建国三十年来,在中国哲学史和佛教、道教方面的研究成果,极少在北美得到反映,北美现在流行的一些关于中国哲学史的著述,不少还是我国学者 30 年代的作品。就连沟通思想的语言,北美研究中国哲学史的学者都不大习惯我们现在的表达方式,我们习用的一些概念和范畴,他们不大理解。而他们接触和了解较多的,则是台湾和香港的情况。拿多伦多大学的东亚图书馆来说,一半的藏书是中国图书,如果不算解放前的旧版书和古书,仅看 1949 年以后出的书刊,台湾、香港的约占百分之九十,大陆的只占百分之十左右。学者的交流也是这样,北美研究中国学问的人,一多半是从台湾、香港去的,每年都有相当多的港台学人在北美定居;另外,台湾当局也积极参加一些国际性的学术活动,他们为增强中外学术交流做了不少努力,无疑是可取的。而我们这些年,由于极"左"路线的干扰和破坏,极少参加国际性的学术活动,自己把自己封闭在一个狭小天地里。这在无形中造成一种错觉,似乎台湾代表中国文化,是中国传统文化的继承者。台湾、香港学者们的学术著作,当然也代表中国的文化,但毕竟不是中国的主体,更不能看作中国学术文化的全部。可以这样说,不了解以九亿人口的大陆为主体的中国,就不可能真正懂得中国的文化。

加强我国与北美的学术交流,是件有许多工作可做,而且意义重大的事情。我们还应看到,任何一个民族的有价值的文化,都不应看成这个民族的私产,它应为全人类共同的财富。正如莎士比亚不仅属于英国人民,歌德不仅属于德国人民,李白、杜甫也不仅属于中国人民一样。加强不同民族的文化交流,是打破隔膜、增进友谊的重要手段,加深了解则是加深友谊的基础。就中国哲学史的研究领域来说,我们可以把建国以来的一些有价值的研究成果,通过图书交流等渠道介绍出去,也可以编辑一些取材恰当、注释准确的资料,供海外学者参考。另外,还可进行学者交流,一方面我们经常派人出去参加有关的国际性的学术讨论会,及时掌握国外研究中国哲学史的动态;另一方面,可以邀请海外学者来我国讲学,邀请港台学者来内地研讨学问,或者请他们参加我们的讨论会,顺便到与中国哲学史有关的名胜古迹参观访问,比如白鹿洞、鹅湖、阳明故居、船山遗址等。像这样的活动,国外及港台学者是乐于参加的。做好这项交流工作,不仅会大大推动中国哲学史这门学科的进一步开展,而且会对加深中国与北美人民的相互了解和友谊,促进祖国的统一,发挥积极的作用。

1980 年于北京

张立文《朱熹思想研究》序 *

张立文同志勤奋好学,研究朱熹的哲学有年。他的《朱熹思想研究》最近完成,要我写一篇序。我高兴地接受了这一任务。这是因为:

朱熹这个人很重要,应当有专门研究的著作问世。解放后学术界缺少这方面的系统研究,现在有了这方面的著作,是件好事。在政治运动接连不断的年月里,社会风气不鼓励读书,甚至打击读书的情况下,张立文同志居然挤时间,甘于寂寞,埋头读书,不怕坐冷板凳,这种好学态度值得提倡。四十二年前,我写的毕业论文也是《朱子的哲学》,对这个题目一向有兴趣,也很关心,看到中青年一代的成长,我很高兴。

由于以上的原因,借写序的机会谈一谈关于朱熹研究的一些看法。

中国哲学史的研究,从"五四"算起不过六十多年,六十多年的社会变迁之大超过了过去的几千年。这六十多年又可分为两大阶段。1949 年中华人民共和国成立以前为第一阶段,新中国

---

　　* 张立文《朱熹思想研究》,中国社会科学出版社,1981 年 9 月版。本序曾收入《任继愈学术论著自选集》《念旧企新——任继愈自述》。

成立以来到现在为第二阶段。第一阶段的学术研究打破了几千年的封建传统和"圣人"经传的教条，这是一大突破。像孔子这样的"圣人"，在"五四"以前，谁敢评论他？"五四"以后才把他从"圣人"的宝座上拉下来，恢复了他先秦诸子之一的本来面目。这是打开封建禁区的第一步，使哲学从经学中独立出来另立门户。当然，封建禁区打开得很不够，突破旧传统也很不彻底，但无论如何，"五四"以后的学术界开了新生面，这是事实。

随着"五四"带来的思想大解放，学术界活跃起来了，大量的西方外来的文化及各种思想体系被引进，特别是马克思主义的传入。不过，那时在人们的眼里马克思主义还仅仅是百家中的一家。又经历了三十年的实践考验，马克思主义的理论已在广大革命群众中扎下了根，它不但指引中国革命走向胜利，而且在它指导下，中国的社会科学也真正成为科学。这就使得过去看不清楚的一些历史现象能够看清楚了，不易理解的一些问题可以理解了，因为人们手中有了唯物历史观这个工具。在历史科学领域里取得的成绩尤为显著，这些成绩当然也包括中国哲学史的研究。

近三十年来，我们已有了十来部大小不同规格的哲学史和思想史，也造就了一大批人才。但是也应看到，现在的哲学史著作的科学性和体系的严密性还不能满足社会的要求。要写出高水平的哲学通史，必须有大量的专题研究作为支柱。通史要求上下相通，即通古今之变，找出哲学发展的总规律。还要求左右相通，即和每一时代的思潮相呼应，与宗教、文学、艺术、科学等意识形态挂上钩。只有对上下左右进行一番全面的探索，才不会把哲学流派的活动、哲学范畴的出现、哲学问题的论战看作一些偶发事件。近三十年来由于我们对一个一个的人、一个一个的问题的研究做得不够，也妨碍到哲学通史的水平的提高。这应是一条治史的原则。因为个别的、局部的问题没有搞清楚,总体和全局也难以看得分明。这些年来我们忽略专题的研究,对哲学家的原著没有花大力气去钻研,空议论比较多,可以说是走了弯路。

像朱熹这样的关键性的人物,是中国哲学发展史上一个重要的里程碑。旧的理学家称朱熹致广大、尽精微、综罗百代,也并非全是夸张,朱熹在哲学史上确实有其重要性。不论人们是喜欢或不喜欢他,对他应当认真去研究,这是无可争辩的。

张立文同志以他多年的功力,在他的著作中,从朱熹的生平到学术活动,从哲学世界观、方法论到经济思想、政治学说都进行了探讨。对朱熹哲学的重要范畴,如理、气、性、命,他都做了严密的分析。这部著作对于多年来重观点不重视史料的空疏学风有所矫正。这些都是值得欢迎和肯定的。

当然,对朱熹这样一位后期儒教集大成者,还有许多更细微曲折的地方有待于继续发掘,要求在一部书里解决很多的问题是不现实的,也不是短期内三五年内可以办得到的。因为,朱熹一生所涉及的学术门类相当广泛,他自称心传唐虞道统、明伊洛渊源、崇洙泗、黜二氏。有识之士早已指出他于释、道两家,阳挤之而阴受之。这些问题不是三言两语可以说清楚的。

现在一般看法,认为朱熹的哲学体系是客观唯心主义,本书对此也做了认真的剖析和论证。朱熹的客观唯心主义体系的特点及其内在的逻辑发展层次,每一个研究者还可以有不同的剖析方式,也应当有不同的出发点和落脚处,对朱熹的许多重要哲学范畴的理解也应当允许仁者见仁,智者见智。由此连带引出的对朱熹哲学体系不可避免的内在矛盾都大有从不同角度深入钻研的余地。对朱熹的历史地位和作用,应当有各种高下不同的评价同时并存,不宜强求一致,也不能强求一致。

　　还必须看到,朱熹一生心血凝聚于儒家经典注释中,他于《五经》《四书》用力最勤,与王夫之的《尚书引义》《周易》内外传、《读四书大全说》同样是寓创造于注疏之中。朱熹的注释,有的开始于中年,有的贯穿他的全部著述生涯,有的直到晚年尚未完成。其著述的先后过程与他思想的发展脉络至为密切,如细加分疏,必将对于了解其哲学全貌有所裨益。

　　朱熹文章信札保留下来的数量很多,其中也有属于信手酬答、仓促急就的,如仔细分别,尚有自相牴牾之处,就中如何取舍,均须全面斟酌。《朱子语类》分门部勒,明白易晓,为学者们喜欢援引。却也应当看到他对弟子们问答,有时为了强调某一方面,其间详略、轻重时有歧异,或出于应机答对,不尽周详,故《语类》所记未可尽从,朱子的及门弟子已有过疑问。此中取舍标准,尚须进一步研究。这也是研究朱熹思想的人们容易忽略的。

　　朱熹多才多艺,遗留文学作品不少,其中有吟风弄月的,有感事咏怀的,也有通过形象思维发挥他的哲学观点的。这也是宋诗不同于唐诗的一个特点。如能适当注意,取精用宏,那么我们对朱熹的哲学的理解又增加了一个侧面。哲学、文学都是朱熹的思想的表现,若能合并考察,就更可以加深了解朱熹思想的全貌。

　　朱熹学术活动时间较长,约有半个世纪,与当时思想界、文化界、政界上层人物交游至广,其门生弟子遍布朝野。当时重大论战朱熹曾亲身参与,随着双方以至多方辩论的逐渐深入,问题的矛盾也一步一步展示出来。倘能把这些论战进行整理、排比,不但可以说明朱熹的思想,还可勾勒南宋中期一代思潮概貌。《宋元学案》著者虽有见于此,惜囿于时代,蔽于儒教,浅尝辄止,掘井不及泉。深入探究,尚有待于后来研究者的共同努力。

　　这里只是随手略举研究朱熹哲学思想尚有待于发掘的几个方面,实际上当不止这些。我只在于说明研究朱熹这样的哲学家,不是仅仅从一个角度就能一眼看透的。即使看到了,也未必一眼就看得准。对朱熹的历史评价,是非功过,更不是一部书就能得出确定不移的结论的。现在有了第一部专著,就不愁第二部、第三部以至更多的有关这一方面的著作问世。百家争鸣、群星灿烂的局面终将到来。学问无止境,有如登高山,攀登愈高,所见愈远;有如探幽谷,行程愈深所见愈奇。研究无止境,研究就是学习,活到老,学到老,愿与中青年同志们共勉。

中国哲学史的特点 *

——在"《中国哲学史稿》讨论会"上的发言

　　中国哲学史断断续续地研究了许多年了,但越研究觉得问题越多。关于中国哲学史发展的规律,我在 1964 年写了一篇东西,但那时没有像现在的自由空气,特别是三中全会以来的气氛,因此后来也就没有搞下去。再说,规律还得从实际出发,如果我们对断代、对个人或者对个别问题研究得不够,那么这个规律未必真是规律。当然心中无数也不行。这里我想只讲一个问题,即中国哲学史的特点。这个规律以后再讲,或者我们这几卷书写完以后,再回顾一下,也许可以更清楚一些。

　　中国哲学史是怎样一门科学? 我们是这么一个提法:中国哲学史是中华民族的认识史,在这个认识的基础上进行中哲史的探索。怎么叫中华民族呢? 因为以前写成的多半是用汉文写的,以后我们还要利用汉文以外的其他兄弟民族文字和材料。

---

　　*　原载《南京大学学报(哲学社会科学)》1982 年第 4 期。

中哲史所反映的内容,我觉得不能说就是汉民族的认识过程。因为我们这个国家是个多民族的国家,经过长期多民族的交流和融合,互相往来,有些哲学家究竟是什么民族,很难说清楚。就拿老子来说吧,据记载他是楚人,楚人是否就是汉族呢? 看来下不了这个结论。再比如屈原,他是思想家和哲学家。屈原是楚国的贵族,但不能说他就是汉族的前身或者是汉族的先辈。他是兄弟民族的另外一支。这在先秦是这么一种情况。再如讲到后来,孙叔平同志的《中国哲学史稿》上讲到了元朝的许衡,许衡是汉人,但他的思想体系却反映了蒙古贵族的利益和要求。汉人写的东西反映的是蒙古地主阶级的利益,你说他是什么族? 再比如说李白这个人,他是什么族呢? 也不大好说。再如元朝的文学家萨都剌《登石头城》①的诗词,情调不能说只是反映蒙古知识分子的一种怀古感叹,他代表的是当时广大知识分子的一种兴亡之感。因此说,我们中华民族是多民族长期融合的结果。

民族的交流、融合是不断的过程,从历史上看,隋唐两代说是汉族的历史,其实隋唐两代的统治者,都是包含少数民族的血统,所以我们称"中华民族的认识史"。只是就现存的情况来看,用汉字写出来的哲学史并不能看作仅仅是汉族的认识史。文化、艺术、哲学、宗教都带有民族的特点。它与自然科学不同。我们中华民族与世界上其他民族相比较,它经历的过程有共同之处。这共同之处就是社会发展史上所讲的,有五种社会发展的阶段。当然共产主义社会还没有到,从已经经历的来说,由原

---

① 石头城上,望天低吴楚,眼空无物。指点六朝形胜地,唯有青山如壁。蔽日旌旗,连云樯橹,白骨纷如雪。一江南北,消磨多少豪杰。 寂寞避暑离宫,东风辇路,芳草年年发。落日无人松径里,鬼火高低明灭。歌舞尊前,繁华镜里,暗换青青发。伤心千古,秦淮一片明月。

始公社、奴隶制、封建制、到资本主义社会,这是共同的。不管是中华民族,还是其他民族,都要经历这几个阶段。经历这几个阶段,就要受这几个历史阶段的制约。我们从文字记载上来看,我们已经有了近四千年的历史,在这四千年的历史中间,有两千多年是在封建社会中度过的。就是采取战国封建制的说法,也有两千多年,要是采取西周封建制的说法,封建制就更长了。总之,封建社会的时间维持得很长,在世界上也可以说是最长的,这就是一个特点。社会历史的特点就决定了我们哲学史的特点。

再比如说,中国的封建宗法制度发展得比较完备,这也是个特点。

再比如说,中国长期处在大一统的局面之下,中央集权的专制主义比较强大,这也是一个特点。中国经常是统一的强大的封建专制王朝,分裂的局面也有过,但总的看来,那是暂时的。从历史上看,中华民族认为这是不正常的现象,认为正常的现象应该是统一的局面。就拿分散的、割据的局面来说,比如南北朝,分裂成两半,但那还是很大的王朝,而不是像欧洲那样的小国。这是讲统一维持得长久,比较稳固。

还有个特点是农民起义次数多、规模大。《毛泽东选集》中提到这个问题。这个特点与长期的封建专制主义、封建统一的国家是相联系的。因为封建专制的国家力量强大,如果农民的力量小,当时就被镇压下去,起义就不成功。一旦起义成功,势力就很大,燎原之势,不可收拾,成为改朝换代的推动力量。在小的国家就不是这样,只有在大的国家才可以造成大规模的农民起义。

还有一个特点,就是中国的资本主义没有得到发展,这与欧洲相比,是很明显的。欧洲从十六世纪开始就逐渐地萌芽,发展到现在的资本主义。

以上这些特点，就决定了中国哲学史要认真地面对这些历史情况来进行工作。仅仅分析某个哲学家怎么讲，那是很难找出规律性的东西来的。这是从历史的特点来看，决定了中国哲学史有它的特点。

中国封建宗法制维持得较久，发展得比较完备。宗法制度并不是封建社会的产物，它在原始社会氏族公社的后期就已经有了。在一般的情况下，在生产落后、产品的数量十分缺乏的情况下，社会上财富的分配，在很大程度上受血缘关系的支配。一个氏族，它组织生产、维持生产以及分配这些生产成果，都是以氏族为中心。等生产发展以后，达到了更高的水平，它就往往冲破血缘关系的束缚，建立起按地区划分的国家组织。国家组织建立后，以血缘关系为中心的宗法制度就冲淡了，起的作用也就不大了，由国家组织来承担这方面的职能。可是，中国不是这样，国家组织形成以后，从历史上说，从夏朝开始吧，国家形成以后，宗法制度没有被抛弃，反而不断地发展成为社会上一种固定的组织形式，对国家，对社会，起着调节的作用。出现了阶级以后，通过宗族的关系、宗法制度来使得阶级矛盾有所缓和，起着这么一种作用。宗法制度到了阶级社会里，它仍然以血缘关系为纽带，把社会成员联系在一起。共同的生活，共同的风俗习惯，共同的心理状态，共同的行为规范，形成一种民族共同体，在这方面，儒家对维护宗法制度起了重要作用。儒家不断地利用旧的形式，填充新的内容。

为了说明这个问题，我们不妨从西周说起。周族战胜了殷民族，取得了全国的统治地位，这个局面，是少数征服者统治多数统治者。周民族从人数来说是少的，从原来发展的地区来说，也是小的。它从西方到东方，进了函谷关，一直往东发展，征服了好多东方的民族。他们用什么办法来加强统治、维护统治呢？那就是利用血缘关系的宗法制度，封土建国，把周民族的亲属和贵族分封在山东、河北、山西、河南等东方一带重要的战略地区，这样它就稳定了七八百年之久。秦统一以后，分封制就终止了，秦的时间比较短。汉朝以后恢复了以血缘关系为纽带的宗法制度。它是在新的形势下，让它保持，并得到发展。因为从氏族公社，经过奴隶制，就是西周，到秦，汉初，这个社会的变革是很大的，经历了两种社会制度。这时候它要对宗法制作出新的解释。我们看汉朝的礼书，它是西汉初年的东西，这里头那些制度不是编造出来的，而是从氏族公社沿袭下来就有这些制度。有人说《礼》这本书是后人造的，不能这么说。从地下发掘，从社会调查来看，证明这些《礼》书是有根据的，它是原始氏族遗留下来的一些制度，但在新的社会条件下又给予了新的解释。在这个问题上，我还要声明一点，就是哲学起源于宗教，是从宗教分化出来的。这个问题在此就不多讲了。

　　原始宗教产生得很早，它在有了人类以后不久就有了。原始宗教与后来的人为的宗教有什么区别？原始宗教是全族的，整个氏族都是宗教的信仰者，它没有职业的神职人员，氏族的领袖就是教主，他可以主持宗教的仪式。比如祈求丰年、禳除病灾、求雨、祈祷等等，都是由氏族领袖领导进行。据记载，商汤遇到七年之旱，汤自己就当作牺牲，跪在那里祈雨。这是个宗教活动，一个民族的领袖带头做这件事，这就说明原始宗教的头头与政治上的领袖是一回事。再从少数民族的社会调查来看，据古书记载，我们可以看到，它的生产、社会活动、宗教活动、文娱活动、体育活动等等，都是结合在一起的。庆丰收，是一个祭神的仪式，也是一个文娱活动的节日。战争也是这样，对外族的战争也是在宗教仪式的引导下来进行的。比如在《礼记》上，这些都有规定。这些活动的规定,都可以在原始宗教中找到根据。

从西周经过东周、春秋、战国长期的演变,周朝王室失去了领导地位,鲁国还保持了一套完整的礼乐文物。儒家创始人孔子、孟子出在山东邹鲁,不是偶然的,邹鲁文化继承了西周的传统。《六经》是否为孔子的著作,有些不同的看法,应继续探讨,但是《六经》经过儒家的整理、解释、传授,是大家所公认的。儒家整理礼乐,就是在新的历史条件下对原始宗教的活动做出新的解释。《六经》中间就体现了宗教作为核心的天人观、社会观、伦理观等等。比如说"敬天法祖""尊尊、亲亲""敬德保民"的思想,都可以找到原始宗教的痕迹。后来,对《六经》的注解越来越多了,不断地注入新的时代的内容,但它始终不能摆脱其宗教性。原始宗教没有阶级压迫的内容,它反映了民族公社的共同劳动、共同分配的生活面貌。所以在儒家思想中也有一些平等互助一类的东西。这类思想也是从原始宗教中保留下来的。

秦汉以后,到了魏晋南北朝,儒家在哲学方面、理论方面,像董仲舒的神学目的论有所削弱,而在宗法制度方面,非但没有削弱,反而加强了,形成了魏晋时期的门阀士族制度。魏晋时代门阀制度讲究孝悌,讲谱系。谱系学是过去所没有的新学问,这说明宗法制度加强了。在当时,民族矛盾带来的政治混乱,给宗教造成了蔓延传播的机会,佛教、道教得到了发展。到了唐朝,正式由国家提出了"三教"这个名词,即儒教、佛教、道教。每逢国家大典,就让三教的学者来各自宣讲他们的教义。唐朝的儒者也不否认自己是个"教"。

唐朝以后,从北宋开始直到南宋的朱熹,理学兴起,理学就是儒教。儒教成为中国特殊形式下的宗教,占据正统地位。我们说过,中国哲学史是中华民族的认识史,哲学是关于宇宙、社会、人类思维规律的总的看法的学问。我们从人类认识的发展过程来看,最早是有宇宙论、宇宙构成论,即世界是什么做的,诸如"精气说"这类东西。后来才有本体论。从人类的认识程序看,宇宙论在前,本体论在后,再从认识的深度、广度来看,也有它的不断发展的过程。最早从天道观开始,引导人类打开了哲学的大门。以后,政治问题、社会问题越来越复杂了,阶级矛盾越来越深刻了,人们就被更复杂的问题所吸引,向认识的深度和广度进军。人类先从认识自然开始,然后再回过头来认识人类自己。

比如人性问题,就是认识自己。孔子讲过"性相近也,习相远也"。后人的解释就深奥得不得了。我看不能替孔子来解释。孟子就讲得多了一点了,说是人"性善",荀子说人"性恶"。后来董仲舒讲"性三品",扬雄讲"人之性也,善恶混"。再往后,再进一步发展,人性问题就更深化了,涉及人类与社会的关系,人性与生理机能的关系,人性善恶的根源,人性是否可以改变,即人性的可塑性问题。这些问题都是后来提出来的,在先秦是提不出来的。这些问题是对人性的间接探索,对人的感情的分析,对人的意志的分析,对人的心理活动的分析,都是比较晚的事了。佛教传到中国以后,这个问题就讲得更多了。

再比如说,人生在世上是为了什么? 人死了以后又到哪里去? 这些问题早期的人的认识还没有考虑过这么多。考虑了这么多也没有一个好的答复。后来随着认识的发展,那就讲得具体多了。"三世说"提出:"人为什么有富贵? 人为什么有贫贱?"解答这些带根本性的大问题,在古代,只有哲学及宗教自以为能够解答这些问题。我们还要看到,哲学与宗教真正划分领域,是从近代开始的。在产业革命后有了现代的工业,有了新的阶级,体现新的生产方式的阶级,才有能力使哲学从宗教中划分出来。在中世纪的时候,不可能这么做。进入近代,标志着人们从长时期的中世纪的冬眠状态中觉醒过来。中世纪的认识水平是比较低的,当时的科学水平就只那么高,哲学是宗教的附庸。哲学上有些问题解决不了,就靠宗教来帮忙。两者分不开,它自己也没有想到要分开。哲学与宗教划不清界限,不仅是中世纪,直到今天也还有些哲学家,资产阶级哲学家划不清,只有马克思主义才能正确对待这一问题。

这就又回到开始提出的问题:中国社会的特点决定了中国哲学的特点。中国的封建社会时间特别长,封建社会的意识形态发展得比较完备。我们说中国封建社会发展得比较完备,那是指在封建的生产关系之下,生产力得到了比较充分的发展。在阶级社会里,生产力的发展总要受到生产关系的束缚,不能得到完全的发展。甚至在社会主义社会,还有些旧的框框在限制生产力的发展,在阶级社会就更是这样。比较的说来,中国封建社会发展得比较典型。在这种生产关系下,生产力在封建社会生产关系允许的范围内得到了比较充分的发展。比起外国来说,在汉朝、唐朝,那时中国的生产力的发展在全世界是走在前面的。科学技术也比较发达。中国无神论思想比起外国来比较丰富、比较成熟。我看这是一个特色。外国历史说他们的封建社会一片黑暗,也许说得过分了,像我们这么灿烂的封建文化,世界上是少有的。

从"五四"以来,很多著作谈到中西文化问题,西方哲学给人一种知识,富于推理,注重理性,注重逻辑推演。中国哲学注重体验,不大注意逻辑论证。中国哲学给人一种安身立命的本领,给人以生活上、精神上的指导。学了西方哲学,它可以给人一种知识上的满足,但不是给人一种感情上的满足和心理上的满足。中国哲学则可以给人一种精神上的享受。这是大家所经常说的,事实上确实如此。我看是不是这么看:进入近代以后,哲学

90

和宗教分了家,它们的任务也划分开了。哲学就管推理、思维、理性思考、逻辑推理等等;精神上的安慰、安身立命、解决思想上的苦闷,就由宗教来管,哲学不管。外国有些科学家经常在实验室做实验,星期天进教堂去个把小时,轻松一下,使心情舒畅。我国长期以来处于封建社会,这二者没有分工,哲学与宗教浑然一体。

为了便于说明,我们和西方的神学家比较一下。西方神学家安瑟伦,生卒年代是1038年到1109年。他有好多著作。他说信仰是理解的基础,他的著作里好多推理、论证,但最后落脚点归结为对上帝的信仰。安瑟伦生活的时代相当于北宋仁宗到徽宗的时代,也正是理学建立,北宋"五子"周、邵、二程、张的时代。再往后一点,西方托马斯·阿奎那,这个人生活在1225年至1274年之间,相当于南宋理宗到度宗的时候,比朱熹晚一点。从安瑟伦到托马斯·阿奎那,这些人讲的就是辨天理人欲,也是讲安身立命之学。神学是用论证的方法论证上帝的存在,通过它的哲学的方式来达到宗教的目的。宗教神学是封建社会特殊的产物。我们看世界上的三大宗教——基督教、佛教和伊斯兰教成为世界性的宗教,都是在封建社会完成的。这也不难理解。因为在奴隶社会,统治阶级对于奴隶不要求讲太多的道理,就是用鞭子管好,不让他跑掉就行。封建社会农民得到一部分土地,他们是分散的、个体的经营,不是由人拿鞭子去管,而是自己分头去干活,这就需要一种精神上的枷锁,要讲一些必须服从、安于命运的道理。封建社会真正是宗教兴旺的土壤。如果说中国哲学史的特点,那就不能不说到哲学与宗教不分家这个特点。但是由于阶级斗争的复杂性,人的认识的不断深化,这种宗教的形式、内容就不断修改、补充、发展。中国哲学史是不是和西方完全一样?朱熹是不是就等于安瑟伦、托马斯·阿奎那呢?中国哲学有自己的特点,因为中国的封建社会以宗法制度为基础,中国的哲学、宗教必须适应中国的封建宗法制度。如果适应不好或适应不了,这种宗教神学就没有发展的余地。我们随便举一个例子。在印度,只要一个人出了家,他就是佛的弟子,佛、法、僧是三宝。出了家,他的父母见了他也得行礼、跪拜。中国就不一样,和尚不拜父母、不拜祖先、不拜皇帝,在中国就行不通。因为封建宗法制度力量太强大了,太顽固了。谁要触犯了它,就站不住脚。佛经的翻译比较严密,因为它有宗教信仰,如果有意翻译不准确,就要下地狱,歪曲了佛的教义,就是大逆不道。有些汉译的佛经,与梵文一对,发现触犯了宗法制度的词句都被删改了。佛教徒宁肯冒入地狱的惩罚,也不敢碰三纲五常。这个问题陈寅恪有文章,近来日本学者中村元也讲到这个问题,题目叫《佛教的思想对汉译佛经的影响》。和尚庙里的章程,按说出家人举行宗教仪式应该先祝愿佛、歌颂佛。但中国修改后的宗教仪式,每逢举行宗教仪式先祝愿君王长寿,然后祝佛祖,这都说明三纲五常力量之大。

理学的兴起从北宋开始,理学开始时正是北宋王安石变法的时候。这时整个的宋朝比较多灾多难,有民族矛盾,有阶级矛盾,王安石提出变法,目的在于解救当时社会危机。统治阶级内部要想办法来补救。后来变法有很多人议论,说王安石哪些措施不当,所以不成功,或者说别人不帮忙,或其他种种原因。事实上,北宋的危机,变法也解救不了,不变法也解救不了。王安石不能扭转乾坤,无力改变这个局面。王安石变法的同时,理学兴起了。理学想从哲学上解决社会问题,王安石想从政治措施、经济管理上解决社会危机。南宋时期,危机加重了,国家小了一半,人民头上负担反倒增加了一倍,所以日子更不好过。社会是一个有机体。黄巢起义以后,中国的封建社会开始走下坡路,它不同于生气勃勃、上升阶段的社会。这个危机谁也解决不了，必须等到新的生产关系出来才能改变。由于中国封建社会持续时间比较长，统治阶级统治经验比较丰富，哲学理论上也从各个方面给统治者提供了一些规范，而且宗教与哲学配合较好。所以，让中国的封建社会能够稳定，能够维持，它的危机能够缓解。例如，在宋以前，包括宋在内，取天下是通过宫廷政变的方式，赵匡胤就是黄袍加身，篡夺了后周的政权。但是他也总结经验，从今以后不能这样搞了，他就从哲学、道德各方面制造理论，防止这样搞。所以朱熹的《通鉴纲目》说蜀是正统，曹魏是篡位。通过长期的教育、宣传，的确也有了一定效果。可以从反面论证，宋以后的确没有发现大臣篡位、用宫廷政变方式夺取政权的。改朝换代是有的，那就是农民或少数民族的革命。他们不念哲学、不念《朱子语录》。这就是上层建筑维护旧制度起了作用。有人说中国封建社会为什么这样长？上层建筑拉住它，不让它前进，不让它改变。当然，决定社会前进的力量主要是生产力与生产关系的矛盾和生产力发展水平，但也不能说思想方面没起作用。它解决、调整了统治阶级内部的关系。

理学，我们说它是儒教，因为它有宗教的内在的本质。一切宗教都有一个共同的特点，它承认两个世界，一个是彼岸世界，一个是现实世界。中国的儒教，更多的是从禅宗那儿来的，它缩短了彼岸世界和现实世界的距离，把宗教世俗化，这是它的一个特点。如果说理学不是宗教，禅宗也不是宗教；如果说禅宗是宗教，理学也就是宗教，它使宗教世俗化。如果仅仅讲哲学命题、概念，它是哲学。可是理学家不把他的哲学停留在概念分析上。如他讲天与自然的关系、人性与自然的关系、天与人的关系，他讲的比过去都完备。性善说通过理学家的解释，就有了神学的内容。孟子讲人性里头包含着仁、义、礼、智，这是讲人的社会属性,他把人的社会属性说得很具体。但是,从二程到朱熹,在人性论方面,讲仁、义、礼、智之外,他还讲元、亨、利、贞。他说,人性要真正实现的话,光懂仁、义、礼、智并不能真正理解人性,还必须把天地之性和人性结合起来考虑,天地之性就是元、亨、利、贞。他们讲的天,不像董仲舒那个人格化的天。理学家把天讲成人性化,使人性理性化。朱熹讲最高的理,太极,是极好的、至善的道理。我们说自然界是如何发展的,如何变化的,我们不能说自然界应该如何变化,应该如何发展。"如何"这个问题是哲学上、科学上来解答的问题。"应该"怎么做的问题,是道德上、宗教上要回答的问题。科学问题不同于宗教、道德问题。自然界不能说它是善或者是恶。天地自然就是客观存在。可是,我们看看朱熹讲的仁,他说:天地是以生物为心,创造万物是天地的心,是天地的仁,天地也有仁爱之心。天地的仁,人类的仁爱之心,与天地创造万物的心是一致的。同一个道理表现在天地上就是元、亨、利、贞,表现在人就是仁、义、礼、智。儒教虽然讲好多格物致知的道理,观察外界、认识外界,讲得很详细,最后它不是叫你认识世界而是教人一定要善于体会天地的仁。人心的本性、本质就是天的本质、自然的本质,他把天地自然与人联系在一起。比如程颢,程颐的哥哥,喜欢养个小鸡,小鸡活泼气象,可以体会天地的仁,"观鸡雏可以观仁"。周敦颐不锄窗前草,说是窗前草"与自家的生意一般",从中体会生物之性。理学家特别强调要善于体会天地之心,认为不体会天地之心,这个学问就是不到家,没入圣门。

我们看朱熹那个时代,人民灾难深重。可是,看看他们的哲学和他们的著作,宋朝理学家那个世界是一片生机,生意盎然、活泼泼地。把他们说的与当时内外交困的现实加以对比,就感到是很大的讽刺。结合当时的艺术、哲学及其他上层建筑综合考察，就会发现中华民族自宋以后变得单调、不活泼、拘束，对外来的事物一般是采取拒绝的态度。与汉、唐气魄很不一样。中华民族本来能歌善舞，经过宋儒长期的教育，搞得发呆、发傻，体质也下降。如果说中国哲学史的特点的话，宗教与哲学混合在一起就是它的特点。儒教用宗教神学把哲学与宗教混合得十分巧妙，显得没有痕迹。儒教还打着反宗教的旗帜，批佛教、批道教。因为打着反宗教的旗号，就更容易迷惑人了。其实，它是用新的宗教代替旧的宗教，用更世俗化的宗教代替出世的宗教。儒教灌输给人们以虚幻的精神境界。宣扬僧侣主义、禁欲主义、蒙昧主义，歌颂贫困，不注意发展生产，在这一点上，不管是程、朱还是陆、王，他们没有什么区别。儒教的影响，一直到今天，对我们的四化还有影响。我们说衡量事物的是非，马克思主义最基本的原理是：实践是检验真理的唯一标准。中世纪宗教盛行时，它是什么标准呢？圣人的话是检验真理的标准。看看《五经》《四书》上有没有，只要有，这就能办，只要没有就不能办。这种经院式的学习的方法也影响到我们解放后的一些马克思主义者，我们有人学马克思主义，用了朱熹的《四书集注》的办法，搞的是章句之学。我们的革命是靠马克思主义指导才取得成功，这是人所共见的。但是，也不能忘记，这个封建社会遗留下来的，特别是封建哲学儒教留下来的包袱，还是很沉重的。我们当年民主革命的时候，沾了封建经济的光，我们的游击区、解放区，为什么不怕敌人封锁包围，就是因为我们是自然经济，我们不靠交通发达的交换经济。可是，建设社会主义，我们又吃了封建经济的亏，一步跨到社会主义，好多东西来不及清理，来不及结算，就出现了一个新局面。面临这个新局面，我们感到很不容易应付。

　　所以讲到中国哲学史的特点，要看到哲学起源于宗教，它一开始就企图从宗教的束缚下分化出来,独立出来。可是,在长期封建社会,由于科学,由于技术,由于种种限制,不可能使它彻底地分化出来。哲学要分化出来,宗教则不让它分化,揪着它不放,在斗争中产生了唯心主义与唯物主义的斗争。封建社会有它的产生、壮大、衰亡和消失的过程,为这么一个社会长期服务的哲学和宗教起的作用也不一样?同样是宗教思想,当封建社会上升时期,如果宗教促进封建社会的巩固、促进封建社会的统一,它在这方面的作用还可以肯定。董仲舒的神学对汉武帝的统一起过推动作用。朱熹的儒学与董仲舒的神学应有所不同,当然,不是全部没有用。如果把它作为人类认识的过程的话,把它作为人的认识过程中间的一个环节,给予充分的研究,把它放在适当地位,这是可以的。当然,同样的唯心论、唯心史观里边,也有高下精粗的区别,也有为后来借鉴的地方,这都可以总结深入研究。人类认识的历史,对搞中国哲学史,对封建社会的特点,是应该好好地来研究,这也不是咱们几个搞哲学史的人所能解决得了的,它要配合经济、政治、文学、艺术等许多方面,就像探讨一个病情要医生会诊一样。要写一部真正科学的哲学史,需要各方面都会诊下来以后,大家都承认是这个病,才算是有了比较接近真相的一个结果,这需要探索。

推荐一部哲学入门书
——《通俗哲学》*

　　《通俗哲学》(韩树英主编,中国青年出版社 1982 年出版)是
一部值得向读者推荐的哲学入门书。它浅显易懂,道理讲得比
较透彻。马克思主义哲学的基本原理,这本书都讲到了。它不
仅对青年读者适用,而且对干部自学哲学也有用,对一些专业哲
学工作者也有参考价值。

　　不久前,我在《中国青年报》上写过一篇短文,介绍艾思奇同
志主编的《辩证唯物主义和历史唯物主义》教科书。有些自学青
年觉得那本书深了一些。的确,那是为大学生编的哲学教科书,
对于初学哲学的青年来说,学起来可能有不少困难。现在有了
这本《通俗哲学》,刚好作为艾思奇同志主编的教科书的配合读
物。这两本书的体系结构大致相同,两书配合相得益彰。

　　《通俗哲学》用通俗、科学的语言,用人们生活中经常遇到的

---

　　*　原载《光明日报》1982 年 4 月 24 日。

事例,用历史上人所共知的故事,说明唯物主义和辩证法的基本道理,配有寓意隽永的插图,读起来引人入胜。这本书还有一个长处,它不是教人背诵教条,而是启发人从哲学中汲取生活的营养,从中学习观察世界、改造世界的本领。改造世界,既包括改造自然界,也包括改造人类社会和改造自己。这本书使人们在同各种错误的哲学比较中学习马克思主义哲学的基本原理,理解哲学的基本范畴,接受哲学的指导。读了它固然可以增长知识,更重要的还在于帮助人们树立正确的世界观和思想方法,使读者在工作中、在行动中少走弯路。由于这本书是在粉碎"四人帮"之后写成的,对清除"四人帮"的思想流毒也给以充分的注意,因此具有时代的特点。

文字表达做到通俗并不容易,作者们在这方面取得了可喜的成绩。马克思主义哲学本来是群众的哲学。对革命群众来说,好比布、帛、黍、菽,人人离不开它。它是真理,所以平凡无奇,它平正通达,所以群众容易接受。这是马克思主义哲学的一个重要标志。

历史表明,每当社会生活发生重大变革的前后,往往伴随出现哲学的高潮。原因是社会上出现了新问题,要求有新的指导思想、指导原则。在这种情况下,哲学往往更被人们所关注。

"五四"前后,中国社会面临着一场巨大的变革,当时资产阶级和无产阶级的哲学流派都提出了认识世界、观察社会的方法,对许多事物给以新的价值判断。

30 年代初,中华民族处在生死存亡的关头。马克思主义哲学经历了长期的实践的考验,逐渐被广大革命青年所接受。当时艾思奇同志写了《大众哲学》。这本书前后发行了三十三版。许多青年受了它的启发而走上革命的道路。艾思奇同志的书受欢迎,固然由于他写得好,但更应当看到,他书中讲的道理,正是广大革命群众所需要的。革命的理论一旦与革命群众结合，便立刻产生了光和热。

人民共和国的成立，是我国历史上空前的大变革。建国以后，翻译出版了马克思、恩格斯、列宁、斯大林的全集，出版了多种文字的《毛泽东选集》，还编写了一系列的辅导教材。我国千千万万的群众都在学哲学，马克思主义哲学得到了空前的普及。

但是，同其他事物一样，哲学普及的道路也不是平坦的。一九五八年以后，马克思主义哲学的"实事求是"原则被忽略，辩证法的原则也受到损害。在十年动乱期间，"四人帮"更是打着马克思主义的旗号，破坏马克思主义的原则，败坏了马克思主义的声誉。

十一届三中全会以来，党中央进行了一系列拨乱反正的工作，实事求是的好传统逐渐得到恢复，全国人民开始同心同德地进行社会主义现代化建设。我们又面临哲学普及和提高的新形势、新任务。《通俗哲学》在这种形势下出版，无疑地将对哲学的普及和提高做出贡献。

《通俗哲学》是一本哲学入门书。入门之后，向哪里走，走多远，这要看各人的客观条件和主观努力。学了哲学，要善于运用学到的理论去解决实际生活中遇到的各种问题，这里的学问是没有边际的。

马克思主义哲学从创立到现在已有一百多年的历史。一百多年来，世界上出现了许多新的问题，阶级斗争的形势也有了新的变化。有些问题是马克思主义的创始人所经历过的，有些问题却是他们未曾经历过的。因此，我们必须运用马克思主义哲学的原理、观点、方法，去独立地分析、处理当前的问题。只有这样，才算真正学懂了哲学。

中华民族是一个优秀的，有高度文明的民族。哲学是一个民族智慧的集中表现。没有哲学的民族不能成为伟大的民族。我们中华民族具有深厚的哲学素养。今天,建设社会主义的精神文明,离开了马克思主义哲学,那是不可想象的。学哲学先要入门,但是不能止步。丰富和发展马克思主义哲学,是我们大家的责任。

伟大的唯物主义者王夫之 *

　　王夫之(1619—1692),字而农,号姜斋,湖南衡阳人,晚年隐居衡阳石船山,学者称他为船山先生。

　　王夫之是我国封建社会一位伟大的唯物主义哲学家,在中国封建社会历史上,王夫之建立的唯物主义体系达到了封建主义哲学的高峰。他不仅发扬光大了中国固有的朴素唯物主义传统,而且对历史上各种唯心主义流派也能做到批判继承,即通过扬弃吸收其中的合理内容。宋明理学家称朱熹的哲学为"致广大,尽精微,综罗百代",其实,这个赞语,用于王夫之更恰当。

　　王夫之思想可贵之处,是他勇于和善于创新,他自称"《六经》责我开生面",多方面地发展了中国古代学术思想。他所建立的朴素唯物主义体系是中国思想史上的杰出贡献。纵观世界哲学史上的一切朴素唯物主义流派,都没有达到王夫之所能达到的水平,更不用说超过了。王夫之称他建立学说不顾"得罪于先儒",也表明他不受传统的束缚而勇于创新的精神。但是王夫之把创新和继承辩证地结合起来了,他是在继承以往优秀传统的基础上突破传统而达到创新的。他提出:"推故而别致其新",

---

　　* 原载《求索》1982 年增刊"王船山思想研究专辑"。

"学愈博则思愈远","非学不知,非博不辨"。王夫之敏而好学,勤奋刻苦,孜孜不倦,将自己造就为极为博学的学者。他一生坎坷,在极端艰难困苦的条件下,写出大量的不朽的著作,可以想见他治学的毅力。历史上像他这样博学的人,只有朱熹可以和他相比,而他所建立的哲学体系及见识的深度和视野广阔远远超过了朱熹。王夫之大量著作在他生前并未得以传播,而是在他死后阅两个世纪才刊印流传于世。这时中国封建社会已经解体,民主革命方兴未艾,新兴的资产阶级思想家大多仰慕王夫之的唯物主义思想,从这里也可以看到他所建立的博大精深的唯物主义体系具有不朽的历史功绩。

王夫之的唯物主义思想极富战斗批判精神,他在清算总结程、朱、陆、王的宋明理学的斗争中完成了自己唯物主义元气本体论的体系。他提出的一些重要的哲学范畴,大都和程、朱、陆、王理学针锋相对。如他在理气问题上明确提出"气外更无虚托孤立之理";在道器问题上,他提出"无其器则无其道",反对"悬道于器外";在体用问题上,他主张"体用胥有而相需以实",反对"妄立一体而消用"。这些结论性的看法,充分证明他在哲学基本问题上彻底清算了理学唯心主义,以他的唯物主义的元气本体论驳倒了唯心主义的本体论。为了深入批判和揭露理学的唯心主义理论基础,夫之还向哲学史纵深发展,对老庄哲学、魏晋玄学、佛教哲学等上下几千年来各种唯心主义思潮进行了总结性的清算,这就使他建立的体系前无古人。王夫之哲学之突破历史传统的创新意义,还在于他概括了明末自然科学的成就,提出"实有"即"诚"的观念,从物质实体上去探讨自然界的存在,因而使他的思想高出于以往的朴素唯物主义,某种程度上带上实证科学的色彩。他提出初步的物质不灭的思想,较之西方近代唯物主义物质不灭学说为早,正是由于王夫之的唯物主义思想有不少接近近代哲学的命题,近代资产阶级思想家对他仰慕崇敬就不足为怪了。

王夫之唯物主义思想别开生面之处,还表现于他的体系中包含有丰富的辩证法。可以说他在某种意义上达到了朴素唯物论和朴素辩证法的结合,而将中国古代的辩证法思想发展到一个高峰。他将对立统一的矛盾观作为批判形而上学的思想武器。通过批判周敦颐和朱熹的太极说,提出"太极阴阳固有之蕴","乾坤并建以为大始",明确认为宇宙既没有一个无矛盾的开始,也没有一个无矛盾的终结。他发展了张载的"一物两体"的思想,提出"合二以一,既分一为二之所固有"。指出世界上没有不包含矛盾的事物,反对朱熹的"破作两片",强调矛盾对立面的两个侧面彼此不可离析,所谓"孤阳不生,孤阴不成"。既然宇宙间无处不包含矛盾,无物不包含矛盾,而由矛盾推动运动发展,这就打破了唯心主义本体论长期占统治地位的形而上学的"主静"主张。在动、静问题上承认运动是绝对的,静止是相对的,宇宙乃是一个生生无穷、变易不息的运动洪流。并且由此得出变化日新的发展观,无论是自然界或人类社会都处在不停地变化日新当中:"世益降,物益备",总是后来居上。这种变化发展观便成为他变法革新主张的理论根据。王夫之痛恨明末的腐败统治,他指出:"守其故物,而不能日新,虽其未消,亦槁而死",这不止是对明末政治的针砭,也是一切改革的总原则。

王夫之在认识论方面亦多有创见,他用反映论批判程、朱、陆、王理学,从而丰富了自己的唯物主义认识论体系。王夫之对思维和存在的关系有精彩的见解。他批判地改造了佛教的"能""所"之说,提出"因所以发能"和"能必副其所",辩证地论证了主观("能")客观("所")的关系。思维是存在的反映,存在是第一性的,思维是第二性的。首先必须有被反映的对象,然后才能引起反映,而认识必须与客观对象相符合才是正确的。唯心主义认识论的通病即在于取消客观世界的独立存在,而将认识归结为纯粹主观头脑的产物,即所谓"消所以入能,而谓能为所"。在这一批判的基础上,王夫之进一步从知、行问题上批判了朱熹的"知先行后"和王守仁的"知行合一"学说,指出前者是"先知以废行",后者是"销行以归知"。这一批判击中了理学和心学的要害。在民族危机的关头,王夫之重视行在认识中的作用,强调实行,反对空谈,从自己切身的斗争实践中体会到"行可兼知,而知不可兼行",痛斥"离行以为知",强调知必须由行来检验,明确主张"知也者,固以行为功",这是以往任何知、行学说所未能达到的。

王夫之在历史观方面也有超过前人的见解。他提出历史发展进化的观念,并将历史的发展进化归结为不以人的意志为转移的客观趋势。他提出"理势合一"论,主张在"势之必然处见理",试图探讨历史人物动机背后的真正的历史动力。他发挥柳宗元的"封建非圣人意也,势也"的思想,观察到历史虽是由历史人物在活动,但历史的必然趋势并不由历史人物的意志所决定。他以秦始皇废封建改郡县为例,指出是"天假其私以行其大公"。这里所说的"天"即"势","势"不受人的意志支配,但它可以支配或促成人的动机。他看到一些封建王朝是被农民起义推翻的,虽然农民起义没有成功,而封建王朝也随之灭亡了,认为这也是天假手于农民起义而使王朝覆灭,他说:"陈涉吴广败死而胡亥亡","杨玄感败死而后杨广亡,徐寿辉、韩山童败死而后蒙古亡"。这也是"天将亡秦、隋、蒙古而适承其动机也"。王夫之所说的"势",具有朴素的直观性。他看到"势"一旦形成之后,便形成一股看不见的不可抗拒的力量,人力无法扭转。如他认为"郡县之制,垂二千年而弗能改矣"。他还试图从历史运动的内部矛盾说明"势"的必然性,这即是他的"势所必激"的思想。"势所必激"是指社会矛盾发展到一定限度便会激起大的变动,例如明末土地兼并的激烈,贫富两极分化的加剧,使广大农民被掠夺一空,无法再生活下去,于是农民起义便势所难免了,所谓一夫揭竿而天下响应,统治者想要弭阻也不可能了。王夫之生活在唯心史观占绝对统治地位的封建社会中,他能够猜测到历史人物的动机背后还别有不以人的动机为转移的必然趋势。当然这种见解还属于唯心史观,没有找到历史科学的规律。但必须指出,这种努力在人类认识史上迈出了可贵的一步,在封建时代的历史学中,达到了当时可能达到的最高造诣。王夫之的封建主义立场使他反对农民起义,但由于他把农民起义也看成势所难免,为着从根本上消除促成农民起义的"势",因而要求统治者减轻对人民的经济剥削,反对土地兼并,主张人们的正当的物质利益不应受到损害。因此,他在政治上反对唯心主义理学家提倡的"存天理,灭人欲",反对把天理、人欲摆在绝对对立地位的僧侣禁欲主义,主张天理即在人欲中。"随处见人欲,即随处见天理"。这种思想对后来进步的思想家反对"以理杀人"和冲破封建的"网罗",也发生了直接的影响。

王夫之生活在明末封建社会大动荡的年代,与他同时的进步思想家黄宗羲曾经形容那是一个"天崩地解"的时代。王夫之也认识到像明王朝那种专制、腐败已不可挽救,但他受儒教的夷夏之辨的影响极深,有严重的大汉族主义的种族偏见。他认为朝代可以更替,但是政权应保存在汉人手中。王夫之的这种观点,今天看来是不对的。但我们必须指出,历史人物的主观意图和历史实践的客观效果往往是不一致的。在儒教思想和封建传统长期熏陶下的王夫之,不能不带有时代和阶级的烙印,他以"刘越石之孤愤"来激励自己。明王朝的覆灭,在他同时代的知识分子看来,成为"天崩地解"的头等变故。当时的政权更替、民族矛盾、阶级斗争极其尖锐地、无情地、不容回避地摆在面前。面临这一天大的变故,具有深刻见解的哲学家力图探寻造成这一变故的根源。深刻的矛盾促使他们的辩证法思想深化,严酷的现实,迫使他们现实主义地对待现实。这样,像王夫之等人有可能突破天下承平时期(即封建统治秩序得以正常维持时期)的思想框框,而从根本上对封建制度、君主专制,以及平时不曾被怀疑到的传统道德规范及一切旧传统的价值,做出新的估价。

我们说王夫之是伟大的唯物主义哲学家,并不意味着他的哲学主张和哲学体系中没有错误和薄弱环节。我们是历史唯物主义者,必须历史地看待过去的哲学家和哲学流派。历史唯物主义科学认为人类社会历史的发展共经历了原始社会、奴隶社会、封建社会、资本主义社会和社会主义社会五种生产方式。社会主义社会是共产主义的准备阶段。中国奴隶制不及古希腊罗马发展得完备和典型,资本主义社会没有近代欧洲各国发展得完备和典型,只有封建社会在中国历史最长,发展得比较完备和典型。中国社会历史的特点决定了中国哲学史的精神面貌。在中国奴隶社会的哲学不及欧洲发达;近代资本主义社会的哲学,更要推欧洲独步。因为中国的资本主义没有得到成长的机会,全世界就进入帝国主义时期;资产阶级哲学还没有来得及形成体系,社会发生了巨大的变革,很快跨入了社会主义阶段。只有中国封建社会的哲学,无论从体系上、实践上都走在当时世界的最前列,中国哲学史也以这个时代最完备,达到了世界封建社会哲学的高峰。王夫之集中国封建主义哲学的大成,所以他在哲学史上的历史地位,不言而喻,当然是卓越的。

我们也要指出,奴隶社会、封建社会的唯物主义,只能是朴素唯物主义;只有资本主义社会,有了大工业、大生产,有了现代科学,才可能产生机械唯物主义;到了工人阶级成为一个觉醒的阶级的时代,才有辩证唯物主义哲学出现。王夫之的唯物主义伟大、超逸绝伦,只是指他在朴素唯物主义这一方面的成就说的。他比起机械唯物主义来,毕竟落后了一个历史阶段,和辩证唯物主义更不可相提并论了。这一重要区别,不可忽略。

中国哲学史是中华民族的认识史,王夫之在中国哲学史上地位之所以重要,就在于他曾站在中国封建社会时代人类认识的最前列,正确地提出并解答了当时的哲学问题,达到了当时人们所能达到的最正确的认识水平。就这一点来说,他是伟大的,他的历史地位也是不朽的。

评孙叔平著《中国哲学史稿》*

最近教育部在南京召开了关于孙叔平同志的新著《中国哲学史稿》(上、下卷,上海人民出版社出版)一书的讨论会,讨论中多数同志提议向大学推荐该书为大学教材,我也同意这个意见。借这个机会谈一点关于中国哲学史教材编写和教学的看法。

这本书的作者不是先带着一个框框来论证古人,而是根据原始材料说话。古人没有的,不硬凑。正如作者说的,"论点一定要是他本人的","逻辑也要是他本人的,而不是我妄加的"。我们已出版的有些著作,往往在这些地方不慎重,把不属于古人的论点强给加上,这就失去了科学性。这样的著作即使很多,也没有什么价值。

《史稿》是一部运用马克思主义观点写成的中国哲学史。孙叔平同志自己很谦虚,说是"半路出家","不是科班出身"。其实,他的前半生致力于马克思主义原理的教育和宣传工作,长期的锻炼使他运用马克思主义原理比较熟练,这种条件恰恰是所谓科班出身的一般从事哲学史研究工作的人所缺少的。还因为作者从事革命工作多年,有生活经历的磨炼,不易犯所谓科班出

---

* 原载《人民日报》1982 年 7 月 2 日第 5 版。

身的一般从事哲学史的人的毛病。当然,这并不意味着我对孙著的见解完全同意,有许多问题是可以讨论的。同样是马克思主义者,在学术上可以有不同的看法。历史界有范文澜的西周封建说,有郭沫若的战国封建说。此外,还有秦汉封建说,魏晋封建说,也各自成家,各有一些支持者。广大读者并没有因为他们学派的不同而指摘他们不是马克思主义者。"四人帮"横行时期,曾流行过一种错误的观点,好像学术上只允许有一家是正确的,只要有人表示不同意,那就是非马克思主义的,甚至是资产阶级的。号称百家,只允许有一家。哲学史只允许"儒法斗争史"一家之言。那种无知、愚蠢的事,再也不容许出现了。

过去编书不少是集体合作进行的,这当然是一种很好的协作方式。但也不能说只有集体写作才是社会主义的编书方式。在农村中也办过一些蠢事,好像只有集体上工、集体收工才是走社会主义道路。推行责任制时,有人产生抵触,说是"单干",走回头路。写书不论是个人执笔还是集体协作,只要是有利于社会主义的,方式上完全可以百花齐放,用不着一刀切。

大学教材必须有,各学校的师资力量不同,学生水平也不同,教授时间有的多些,有的少些,在一定范围内还应允许有一定的机动。只要教材是力图用马克思主义的观点写的,有它的特色,是学术著作,不是东抄西凑,就值得向大学推荐作为教材。根据我在大学教书的经验,同一个大学里,同一个系里,同用一种教材,讲课的教师在讲授时也应该有机动权,可以提出和教材不同的意见。讲课内容的详略、重点也不能要求完全一样。讲课也要百家争鸣,才能启发学生的思路,活跃学术思想。

各大学正在使用的有关中国哲学史的教材,公开出版的大约有好几种,各大学自己编讲义尚未公开出版的还有不少。现在又新增了《中国哲学史稿》,这是祖国学术界繁荣的好气象,值得鼓励。中国之大，人口之多，作为大学教科书的《中国哲学史》不是多了，而是太少。只要与欧美各大学的教科书相比较，就可看出我们的教材品种少，规格也不全。以古希腊哲学史为例，他们各大学使用的教材不下数十种，而我们的先秦哲学史是不是也有几十种呢？

教材，是用来参考的，不是让教师照本宣科，让学生死记硬背的。再好的教材，只能供参考，教员不能照教材一字一句地讲，这样的讲授学生听不下去，也限制了学生的思路。世界上不可能有一种教材完全适应学生的要求的，也没有一种教材完全满足教师的需要的。教学也是一个再创造的过程。教材只能供参考，代替不了教师创造性的劳动。

二十年前，各大学的教材尚未建设起来。当时中宣部由周扬同志主持编写大学文科教材，集中全国人力，历时二三年，编成教材数百种，从而减轻了千百位教师人人写讲义的负担，也保证了教学的质量。今天的条件不同于过去，只要发现有什么学校或个人的著作有被大学采用的可能，由有关单位召集会议，请在教学第一线的教师们提出意见，推荐为教材，国家既可节省人力物力，又能收到采优选用的效果，这是一个值得提倡的好办法。

总之，只要是在马克思主义指导下编写的、言之有据的、有一定科学价值的著作，都有被推荐提名的资格。各大学也有选择的自由，没有必要要求全国都采用同一种教材。编写方式也允许多种多样，可以个人写，也可以集体写。反映着有生命力的阶级的思想，总是有生命力的。在正确方针指引下，假之以岁月，我国学术界将会日益繁荣昌盛的。

阶段分析方法之一例[*]

——如何看待中国古代哲学中的民族哲学家

　　研究中国哲学史,不可避免地要遇到民族问题。近年来学术界提出要大力开展我国少数民族哲学史的研究,北方和南方都已先后有了群众性的学术团体。这是十分必要的,我也全力支持这一工作。因为中国是一个多民族的大国,虽说汉族人数众多,而少数民族是中华民族大家庭中的成员,少数民族的哲学应当成为中华民族的哲学的组成部分。

　　现在的问题不是要不要开展这一工作,而是如何开展这一工作。

　　中华民族历数千年之久,克服无数艰难险阻,融合了多种民族的优秀文化,如百川汇归大海,最后形成中华民族文化。中国哲学史是中华民族的认识史。中国哲学是中华民族优良精神文明集中表现。中华民族中汉族占多数,实际上,汉族是许多兄弟

---

　　[*]　据《任继愈学术论著自选集》。原载《南京大学学报》1982 年第 4 期。

民族长期融合的结果,历史上并不存在"纯汉族"。

中国哲学史上的优秀哲学家、思想家,不应当只看作汉族的,他们也属于所有兄弟民族的哲学家和思想家。比如,春秋战国时期的荆楚文化对中华民族的文化有过重大的贡献,荆楚文化的代表人物屈原、宋玉,哲学家的老子是什么民族,现在还查不清楚,但可以断定,楚国贵族(屈氏、熊氏)不是汉族的前身。但是中国文学史、中国哲学史都把屈原、宋玉、老子写上去,因为他们都是中华民族的文学家、思想家。由此上溯,仰韶文化、龙山文化、大汶口文化、南方的河姆渡文化已被公认是中华民族文化的基础,但这些文化的创造者是什么民族?至少可以断言这些古老的文化属于中华民族,而不仅属于汉族。

从春秋战国以后的历史也表明,社会在前进,历史在进步,而推动历史前进的力量决不止是汉族,而是中华民族的全体。秦汉时期四五百年间,六国贵族及边区牧主贵族的大迁徙、大融合,才形成了今天的汉族。南北朝时期北方的汉族地主阶级与北方少数民族贵族共同组成封建政权,史称北朝。南迁汉族与当地土著大姓相结合,共同组成封建政权,史称南朝。南北朝统治时间约三百年。这是一次更大规模的民族融合,无论南朝或北朝,都不存在有所谓纯汉族政权或纯拓跋氏、鲜卑等政权。

隋唐皇室是汉族与北方少数民族混血的后裔。唐王朝实际上是我国多民族地主阶级共同专政的封建政权。李氏王朝自称为老聃的后裔,是受了门阀士族的社会习惯势力的影响,攀援老子以抬高身价。其实老子是什么族,出身如何,还难于找到历史凭据。

宋元明清四朝的哲学史,也是多民族不断融合,共同进步的历史。北宋时期,同时存在的还有辽与西夏。南宋时与金朝对峙。元代最高统治者为蒙古贵族,但共同统治中国的是广大汉族地主阶级。统治中国的思想工具是孔、孟为代表的儒教宗法制度。元代的哲学家不一定出身于蒙古贵族。许衡、吴澄、苏天爵、姚枢、孙安、郝经都是汉族儒者，但他们代表了蒙古贵族地主阶级的利益。耶律楚材，非蒙古族，他是元代的开国功臣，可以而且必须列入蒙古哲学史。清代的哲学家，如李光地、张伯行、陆陇其，陆稼书也都是汉族，但他们代表了满洲贵族地主阶级的利益，可以列入满族哲学史。同样的道理，元朝的诗人萨都拉《金陵怀古》表达的是当时知识分子的发思古之幽情，并不特别代表蒙古民族的特点，其性质在思想感情上和刘禹锡《西塞山怀古》差不多。纳兰容若的《饮水词》在中国文学史上有一定的地位，但不能说他的作品体现了满族的特色。

　　看一个哲学家代表什么阶级、什么民族，最基本的标志是看他的作品反映哪个阶级的利益，对哪个民族有利。而不是看这个哲学家个人的出身和民族血统。马克思是德国犹太人，他的哲学并不是德国犹太民族的利益的反映。恩格斯出身资本家，并经管过工厂，但他的哲学不代表日耳曼民族，也不代表英国曼彻斯特资本家的利益，马、恩的哲学代表全世界无产阶级的利益，也是全世界被压迫民族的代言人。中国工人阶级经历了几十年的革命实践，逐渐形成具有中国特色的马克思主义、毛泽东思想。毛泽东同志是湖南人，他的革命战友多为湘、鄂、赣等地区农民、工人、知识分子，但毛泽东思想已成为中华民族的共同精神财富，决不能把毛泽东思想看作湖南汉族的哲学体系，这也是不言而喻的。

　　再以欧洲哲学史为例，欧洲大陆有荷兰的斯宾诺莎、法国的笛卡儿、德国的莱布尼茨，人们研究欧洲哲学史，并不因为他们分属于不同的民族就否认他们各自代表的时代精神和当时欧洲各族人民共同达到的先进认识水平。

　　中国哲学史,实际上是历史上中华民族精神文明的一面镜子,它以逻辑范畴的形式记录了中华民族认识世界的经历。哲学史上重要人物和学派的贡献,就在于他们曾经站在当时人类认识世界的最前列,体现了当时的思想高度,他们把当时人类认识推进到了一个新水平,无愧于他们各自的时代。有贡献的哲学家们建立的哲学体系,不应仅仅看作他们个人的见解,他们是阶级的代言人、集体的代言人。他们代表着当时先进的阶级、先进的政治集团的集体智慧。每个具体的哲学家虽然属于一定的民族,但我们研究哲学史,却不应把他看作仅仅属于某一民族的哲学家,同时也要看到它代表着全人类的先进思想。上面我们所列举的马克思、恩格斯、毛泽东、斯宾诺莎、笛卡儿、莱布尼茨等哲学家,都足以说明凡是有贡献的哲学思想家都代表着他们的时代精神,而不只限于他们自己的一个民族。

　　后人看前人的理论,不难发现他们有这样那样的缺点和错误,但更应当去发现他们比前人提出了哪些新的命题,进行了哪些有意义的探索,揭示了哪些范畴。这样,哲学史就不是一系列的错误观念的积累,而是人类认识世界、解释世界前进道路上连绵不断的里程碑。先进的哲学家或哲学流派所以称为先进,就在于他们站在当时人类认识的尖端,给后人提供了精神财富。

　　这里并不是说不要注意各民族的哲学家。不论兄弟民族的哲学家或汉族的哲学家,只要是有贡献的,都要重视。我们要指出的是,哲学是阶级社会里的产物。哲学家的民族性与阶级性要结合考虑。民族性不能混同于血统论,不能光看哲学家的民族出身,还要看他代表哪个阶级、哪个集团,及其文化传统源流。哲学史不是从古到今的流水账,有闻必录,而是讲明人类认识前进的轨迹,中国哲学史即中华民族的认识史,只要是反映当时先进的认识水平的,不论是出身于哪个民族的哲学家,都要把他写上。他们都是中华民族的代表人物。正是由于这个理由,我们的中国哲学史,不去追究屈原、老子是否属于汉族,那是没有意义的。如果不是这样,我们五十六个民族,每一个民族专立一个户头,从古到今往下写。其结果,势将出现许多空白,或者雷同的思想,对于中华民族的融合、团结、前进的光荣历程反而看不清楚,找不到规律性的东西,失去研究中国哲学史的意义。

《中国少数民族哲学思想史论集》
序 *

1949 年全国解放后,全国各族人民都得到了新生,我们的中国哲学史这门学科也出现了前所未有的新气象。可以说是十分兴旺发达。美中不足的是对少数民族的哲学史研究得很不够,它不能如实地反映我国各民族的哲学史现状,显得中国哲学史的内容不够充实。

中国哲学史,是中华各民族共同创造的认识史,民族有大小,各族人口有多有少,但各民族都对中华民族的文化建设做出了各自的贡献。过去的华夏族,是中原地区众多兄弟民族不断融合的结果。汉民族也是秦汉以后,经历了若干世代众多兄弟民族不断融合的结果。我国民族在历史上有多次大的融合。殷周时期为第一次大融合,当时主要是东方、西方各民族的大融合;秦汉时期为第二次大融合;隋唐时期为第三次大融合;宋元明清为第四次大融合。由殷周上溯,龙山文化,仰韶文化,已经说不出是汉族的前身还是其他兄弟民族的前身,应当是黄河流

---

　*　据《任继愈学术论著自选集》。曾载《哲学研究》1983 年第 6 期。《中国少数民族哲学思想史论集》,中国社会科学出版社,1985 年版。

域各族共同创造的。我国古代习惯地列为汉族的一些哲学家、文学家,实际上他是否属于汉族,大成问题。比如屈原,他是楚贵族,至少他不是汉族的前身。楚人老子,虽说当过周朝的史官,他是不是汉族的前身,也难说。从他的思想表现看,他更富有荆楚文化的特征,与当时的中原文化格格不入。

　　总之,中华民族的形成是多民族融合的结果,它还在不断发展中。中华民族的文化,也是多民族共同的创造,它也在不断发展中。历唐、宋、元、明、清,千余年间,各民族都一直在互相学习,取长补短,继续前进,都有贡献。

　　在阶级存在的社会里,掌权的是剥削阶级贵族,人民群众不能当家做主。过去的历史上,民族之间也有矛盾,也有过暂时的不和。但民族之间的关系,正像大家庭中兄弟之间的关系,虽有矛盾,不难解决。人民群众的愿望代表着"天心"。民族之间,融合、和解、经济交换、文化交流,是客观需要,是历史的潮流,任何力量也阻挡不住。中国的音乐史、舞蹈史、建筑史,都表明民族之间的互相吸收、取长补短是它的总趋势。仅以乐器论,胡琴、琵琶、箜篌、七弦琴、羯鼓、唢呐,又有谁可以说只属某一个民族专有、专用的乐器,别的民族不许染指呢? 本民族的音乐、艺术又有多少不是为众多民族共同欣赏、赞美的呢?

　　今天是中国共产党领导下的新中国,各民族之间处在完全平等的地位。现在没有剥削阶级从中制造不和,大家在马列主义、毛泽东思想指导下,呈现了民族大团结。过去各民族间互相学习的好传统在继续发扬,过去的剥削阶级制造的不和的因素已不复存在。在党的正确民族政策指引下,各民族的文化繁荣昌盛,学术兴旺发达,为前所未有。

　　这一本文集的出版,就是中华民族团结、进步,互相学习、取长补短的具体证明。

　　作为一个中国哲学史工作者,看到少数民族哲学论文集的出版,心中的兴奋自不待言。我相信只要我们从各民族发掘有价值的文化遗产,无疑地会丰富中国哲学史的内容。各兄弟民族的社会历史发展情况不尽相同,前进的步伐也不尽一致,这是社会发展史上正常的现象。这些不同的哲学思想反映了各民族的时代思潮,对各民族的哲学思想研究得越彻底,思想资料掌握得越丰富,将来我们写出的中国哲学史的内容就越充实,从而做到名副其实的"中国哲学史"。各民族,不论大小,都对中国哲学史添砖加瓦,也就是对中华民族的认识史做出了贡献。

　　由于我们的科研工作进行得不平衡,这次的论文集搜集的文章还不能说很周全,论文的写作水平也不平衡。"物之不齐,物之情也",这也是很自然的,何况我们这一工作还是开天辟地第一回呢! 万事开头难。我们的工作经验还有待于积累,我们的写作队伍,特别是少数民族的写作队伍正在发展、成长中。瞻望前途,光明无限。愿与同志们共勉。

1983 年 5 月

研究中国哲学史的基本功*

　　学习中国哲学史,研究中国哲学史,要有一定的基本功。速成的办法是没有的。如果能够少走些弯路,也是一种节约时间、提高学习成绩的办法。研究哲学史(包括中外哲学史),顾名思义,它要包括两个方面,一方面是哲学,一方面是历史。学术界一般情况下,研究哲学的不一定对历史有兴趣;研究历史的不一定对哲学有兴趣。哲学史处在哲学与历史两个学科的边缘。它要求研究者既要有历史的知识,又要有哲学的知识。不管研究者对这两方面有无兴趣,却非下力气,打下一定的基础不可。

　　哲学是世界观的学问,世界上从古到今曾有过许多流派,当前仍然学派林立。今天我们国家占统治地位的是马克思主义哲学。中国人找到马克思主义可不容易。"五四"时期,许多西方哲学派别蜂拥而来。当时除了旧有的传统封建主义哲学外,还有来自西方和东方的许多流派。学术界五光十色、百家争鸣的热闹局面远远超过了春秋战国时期。当时马克思主义哲学只是百家中的一家。经过了长时期的思想交锋,长期的实践考验,人们参照比较,最后才选择了马克思主义哲学。马克思主义哲学

---

　　*　原载《中国哲学史研究》1983 年第 2 期。

是无产阶级十分严整而彻底的世界观,指导着全世界革命人民的行动,并在世界各地取得大小不等的胜利。中国革命的胜利,社会主义的建设也是在马克思哲学世界观指导下取得的。

在旧中国,我在大学里读书,学的是西方资产阶级哲学和中国古典哲学,还有东方的印度哲学。回顾一下全国解放前的哲学史界,在各大学占统治地位的思想是资产阶级的哲学和封建主义的哲学。也有个别进步教授讲授马列主义哲学或用历史唯物史观讲授哲学史的,那是在极少有的情况下进行的。社会上进步青年中已有人宣传马克思主义哲学,如艾思奇的《大众哲学》曾发行过三十三版之多,很多进步青年从中受到鼓舞,参加了革命。总的说来,当时的国民党统治下,不具备系统学习的条件,马列主义的重要著作还没有很完整的译本,更不用说全集了。在那种环境下,解放区除外,研究中国哲学史的人多是贩运西方资产阶级哲学作为指导思想来研究中国哲学史。也曾出版了一些著作,有成绩,但成绩不大。

全国解放后,马克思列宁主义、毛泽东思想大普及,在普及的基础上大提高。全国哲学界有了一支用马列主义、毛泽东思想武装起来的大军。中国哲学史这门学问从此开了新生面。在此以后,中国哲学史这门学问终于打开了出路,建立了真正的科学的哲学史,因为它符合历史发展的规律,符合实际。一些学过旧哲学后来又学了马列主义的人,对这种变化更有特别深刻的感受。把两种哲学对比,更加相信真理在马列主义这一边,正如劳动人民经历了旧社会的苦,才深刻感受新社会的甜。

研究哲学史,必须学好马列主义哲学,因为它是指导思想。有了辩证唯物主义和历史唯物主义才能有剖析历代哲学思想的武器,才能提高判断是非的能力。指导思想不明确,工作就无法开展。马克思主义哲学就是研究哲学史的指导思想。学好哲学,是研究哲学史的必要条件,所以说这是基本功。当然学哲学不是要求人们死记硬背几条原理,而是要求把马克思主义哲学的原理与所研究的哲学史的具体实际相结合。结合得好,成绩就大;不结合,就没有成绩。不能理解为今年学好哲学,明年再去结合哲学史的实际。

其次是要学好历史,要有系统的历史知识。任何哲学流派的发生发展都是在一定的社会历史条件下产生的,它不是孤立的现象,更不是无因而起。历史上有的学派兴起了,有的学派消灭了;外国传入的学派有的发展了,有的湮没了;有的学派发源于某一地区,而流行在另外地区。这些复杂的现象,如果不去深入分析,不懂得历史规律,不深知事变的源委,只会增加困惑。

历史这门学科,它包括中、外、古、今。研究历史,总不能把中、外、古、今的知识一口吞下。研究哲学史的人学历史,更不能陶醉在历史的纷然杂陈的海洋中不能自拔。学历史要抓住历史发展中的若干重要环节。所谓重要环节,即社会历史转变时期的关键问题。比如说,一种制度由不发达到发达,或是相反的过程;一个朝代由兴盛到衰亡,或是相反的过程;一个民族由弱小到强大,或是相反的过程;社会由纷乱到安定,或是相反的过程;国家由统一到分裂,或是相反的过程,等等。哲学史的进程,总的说来,和社会历史发展的进程是互相影响、互相配合的。不懂得历史,哲学史研究就无从着手。当然,也不能机械地看待历史与哲学的关系,把它们看成亦步亦趋,如形影不离,这也不符合实际。因为社会历史现象是十分复杂而且变化多端,对任何具体问题都要具体分析。

研究历史不光是注意重大政治事件,制度变革,还要关心文化史、科学史许多方面,知识面不宜过狭窄。研究历史不但“通古今之变”(这是古人早已提出过的要求),还要贯通中外(这是现代人的要求)。不了解世界史也无法更确切地了解本国的历史,有比较才有鉴别。有的问题只站在中国的角度考虑,有时不够完整,与外国历史一比较,就更清楚。有些社会现象,我们也许司空见惯,不以为意,与外国的情况相比较,有时会受到很大的启发。正和反,同和异,这些相反的范畴构成人类加深认识不可缺少的手段,取得任何知识都离不开它们,学历史当无例外。

有了哲学和历史的训练,还不够,还要掌握表达的工具和接受的工具,要有完整的收发机器。接受工具包括阅读别人、前人写下的经验的本领。对今天的研究者来说,要掌握语文工具、古文工具。语文工具中又可分为国内外各民族的语文。虽不能尽通,至少除本民族语文外,要通晓本民族以外的语文一到二种,多了不限。古文工具指现代人生活中已不使用或不通用的文字,既包括本民族的,也包括外民族的。古人不像我们今天遇到的问题复杂,他们的工作比较省事。史学家哲学家司马迁用不着通晓外文,而无害于他成为第一流的学者。他那时已遇到阅读古文的问题,《史记》引用的《尚书》是经过他今译的。更古的古人,如周公就用不着古文,可是他那时也不需研究哲学史。在某种意义下,好像古人占了时代的便宜,也可说古人吃了时代的亏,因为他们的眼界不及今天的人广阔,他们使用的工具不及今天的工具好用。

不断收到一些青年朋友来信问如何学习哲学史,一个统一应用方案是没有的,但是作为这门学问的基本功,却有共同的要求。好比唱京戏,有生、旦、净、末、丑各个行当,各行当有各自的要求,但也有它们共同的基本功。

哲学史上的问题,因时代不同、地区不同而有所差异。但是,既然问题上了哲学史,它必然是人类当时认识过程中遇到的最难解决的问题,都是些老大难的问题,都是其他任何研究具体问题的学科所不能承担的。不是这样，那就提不到哲学家们关心讨论的议程上来。比如说，灵魂不灭，贫贱富贵的原因，人类命运受什么力量支配，人类认识世界的能力有多大，等等。看上去，这些问题相当玄远，与人们日常生活中天天接触到的柴米油盐、生儿育女等具体问题相去甚远。实际上，玄远的问题都有它最具体、最现实的生活依据。研究哲学史，不能不关心当前现实社会的现实生活。我们很难设想一个对现实社会都不了解，他却能懂得二三千年前的古人讲的道理。如果对当前的农村、城市生活一无所知，或者熟视无睹，要求他能懂得孔、孟、老、庄，要求他不受宗教迷信的欺骗，那是不可能的。有的数学家有一支铅笔，通过精严的推演能发现定理，并被社会所公认，这样的情况是有的。哲学史的研究者不能置身世外，不能隔岸观火。我们社会主义社会的研究者首先是革命群众中的一员，是社会主义精神文明的建设者。

社会主义社会里，我们的哲学即马克思主义哲学，这种哲学本身已经包含了建设世界、改变世界的内容，我们的历史科学也包括推动社会历史前进的任务在内。袖手旁观、坐而论道的态度学不了哲学，也学不了历史，当然也学不了哲学史。这个道理本来是不言而喻的。只是因为多年来讲空话的风气还没有刹住，学术界还有人把哲学史仅仅当作知识来对待，而轻视社会实践。我在这里把参加社会实践作为一种基本功提出来，为了引起注意，看来还是必要的。

魏晋玄学研究如何深入 *

多年来,学术界对魏晋哲学的研究,似不及对先秦的兴趣大,成果也比先秦的少些。这有两个原因,一是这方面的问题难度大,首先文字关就不好通过。对有些青年同志来说就更是如此。魏晋文体不同于先秦两汉,也与隋、唐、宋、明的文体迥异。二是历史学界对这一阶段的社会经济状况研究的成果也少。历来历史学界对盛世注意得多,对乱世注意得少。魏晋时代治少而乱多。这种情况,使哲学界在作思想分析时缺乏必要的根据。

魏晋时期与秦汉不同,最明显的一点是它有了系统的宗教哲学思想,佛教、道教都在这时建立起自己的营垒,在社会上发生了各自的影响。儒教的垄断地位被打破,它的宗教哲学已吃不开了。形势逼得它改弦更张,另谋出路,以维护它的存在。玄学、佛教、道教互争地盘,思想活跃,思路清新,不似汉代思想的滞重。但是儒家并没有退出历史舞台,儒学也并未让位于玄学,儒家的纲常名教思想仍然是魏晋社会的神经中枢。

哲学和宗教与其他上层建筑不同的地方,就在于它们远离其经济基础,而归根结底仍为它那个基础服务。过去的哲学史

---

* 原载《文史哲》1985 年第 3 期"魏晋玄学笔谈"。

工作者离开了各个时期的经济基础,悬空地讲概念及思想体系,其流弊容易陷于游谈无根。历史唯物主义今天已被广大学术界所接受,又有人力图从哲学家的每一个概念或命题中挖出它的阶级内容,这也不妥当。一定要指出"我思故我在"如何为法国资产阶级服务的?"存在是被感知"又是如何为英国资产阶级服务的? 这并不是历史唯物主义的方法。魏晋玄学的许多命题表现为玄远、虚阔,把它看作与当时的阶级内容无关固然不对,如果把每一个命题都注入阶级内容也不妥。正如某些文学史研究者解释李义山的"无题"诗时,把每一首都看作诗人在牛李党争中的矛盾和苦闷的反映一样,都行不通。

研究魏晋玄学,应当着力去发掘。而我们尚做得不够的地方,就是三教关系。过去的著作有的已注意到它们的关系,但今天来看,值得更进一步把三教关系作为一个打开新局面的钥匙,作为一个重大课题来对待。还有一个环节也很重要,就是理一理从魏晋到南北朝这三四百年的全部思想发展线索。过去学术界对魏晋注意得多,对南北朝注意得不够。实际上,魏晋这一段时间不太长,更长的一大段时间是南北朝。魏晋时期的思想是从前代蜕变出来的新思潮,是个思想转捩点,绝不可不深入研究,目前的研究远远不够;同时也要看到,南北朝这个阶段,直接孕育着隋唐大统一的新局面,隋唐思潮承继的是南北朝,魏晋思潮对隋唐思潮的产生,则隔了一层。对南北朝思想的研究还得花大力气才行。

哲学史工作者经历了不少风雨,甚至可以说是灾难,今天的学术空气、政治环境是建国以来最好的,愿为开拓这个新领域和国内外同行们共同尽力。

瞻望中国哲学史研究的前景*

哲学史有没有规律？国际学术界向来有两派意见，一派认为没有规律，一派认为有规律，我属于有规律派。这两派一直到目前还在争论中，主张哲学史的发展有规律的，提出的规律有多种。多年来曾经引起国内学术界的重视的，至少有两派，有主张规律表现为唯心主义与唯物主义两军对垒的，有主张规律表现为螺旋式上升的圆圈运动的。这两种看法都举出不少事实为依据，都曾引起过我的兴趣，也做过一些探索。最近看过冯契同志的新著，他以大量史实来阐明圆圈上升的发展规律，并取得很大的成就，这是可喜的收获。

哲学史界需要繁荣，这是时代的要求，也是学科本身的要求。繁荣不能只是停留在号召上，而是要见诸作品。运用规律说明的问题越多、越透彻，就越能推动学术的前进。

什么样的规律最有权威，现在还没有一致的结论，看来，似乎难以选出定于一尊的结论，将来还可能有其他规律被发现、被运用。总的来说，哲学史界都认为哲学在变化，在前进，这一点认识大家是一致的。前进、发展，沿着什么轨道，还没有一致的

---

* 原载《华东师范大学学报（哲学社会科学版）》1986 年第 1 期。

看法。总的来说，都认为哲学的前进发展，不是直线式的，有曲折，有波动，有时会有倒退，这一点认识也是大家一致的。未来的新哲学是个什么样子，现在还难说。总的说来，它是在继承优秀传统的基础上，融合新体系的产物，这一点认识，哲学界的同行们可能有相近的认识。至于未来的哲学的细枝末节，很难未卜先知，推测过多，反而荒唐。

哲学史的发展规律，可以有很多的设计，从中可以产生很好的设计，冯契同志的《中国古代哲学的逻辑发展》，就是一个实例。

建国三十多年，哲学史工作者做了大量的工作，有不少有科学价值的著作，无须多说。但是也应看到，我们国家在建设中也有过几次严重失误，政治上的、经济上的"左"的势力的干扰，学术上也未能幸免。出于政治上"左"的需要，于是要求，甚至迫使学术界为它找论据。要找论据，必然要引经据典，引发出许多"空"议论，这些空论，善于以势压人，但经不起实践的考验。一个"左"，一个"空"，这两大不正之风害死人。多年来，人们见得多了，似乎见怪不怪了。

杜甫说过"老来渐于诗律细"，说的是他自己写诗的一种心情和比较成熟的创作态度。杜甫的经验既包括为诗，也可包括为文。几十年来，一直和哲学史打交道，有时再回头来读一读古人原著，时有新义被发现。有的是由于当时注意重点不在此，而被忽略了的；也有由于压根儿未被注意而被忽略了的。因此，决心重新清理一下过去读过的古代哲学原著，把它重新过滤一遍。这么一来，果然有所发现。近年来和几个中青年同志共同搞哲学发展史，就是抱着这一目的，对中国哲学史进行一次"再认识"。

这次讨论冯契同志写的书，为百花齐放、百家争鸣的新局面带了一个好头。只要大家各自努力,付出艰苦劳动,哲学界丰收有望。祖国的兴旺发达必将与学术界的繁荣昌盛比翼齐飞,前途无量。

论魏晋南北朝社会思潮的交融[*]

　　从事中国哲学史的研究,不难发现魏晋南北朝时期的哲学,上不同于秦汉,下不同于隋唐宋明。魏晋时期的玄学思想在中国哲学史上的地位,越来越被重视,这是可喜的现象。同时不能不指出,学术界对南北朝时期的中国哲学的发展注意似乎不够。从时间上看,魏晋哲学(即玄学)的发展、流行,约在魏晋政权更替之际,为时不过五十年。东晋时期,已不完全是玄学当令,佛教的思想深受儒教、玄学的影响,又有它独特的时代色彩。

　　魏晋玄学的主要代表人物,早期的如何晏、王弼,较后的如郭象等人的哲学体系及运用的范畴,看不出他们与佛教思想有什么瓜葛,事实上当时佛教已十分流行,只是没影响到玄学内部。相反,魏晋时期佛教的翻译及著作却不免带有玄学的影子,有些佛教独特的概念、范畴;往往用当时人们所熟知的玄学的概念、范畴去理解,并用这种理解向中国介绍。

　　东晋朝廷偏安江南,后来与东晋相衔接的南朝四代的主要思潮,呈现为玄学、佛教、道教与儒教思想混合交融的形势。

---

　　[*]　据《任继愈学术论著自选集》。原载《中国文化与中国哲学》,东方出版社,1986 年 12 月版。

与东晋相对峙的五胡十六国及后来北方建立的北朝与南方学风不同，它具有中国北方学派和少数民族的特色，佛教、儒教的成分较重，玄学、道教的色彩较南朝稍淡。即历史上所说的北学繁芜、南学简要。繁芜，是指它玄学成分少，而汉儒解经影响大；简要是指玄学影响大，汉儒解经的影响少。若进一步细分，还可以举出更多的南北差异。如果把魏晋南北朝这段历史四百年的中国哲学发展全局来看，这四百年间也有它共同特点。因为这一时期，中国属于"乱世"，而不算"治世"。秦汉以来，中华民族已奠定了大一统的政治格局，大家已确认统一是正常的，分裂是不正常的。东晋及南朝有作为的几个统治者多利用恢复中原为号召，往往得到朝野的拥护。北方有为的统治者也认为不统一全国，不算真正的帝王大业。苻坚淝水之战大败而归，以至亡国。如果摆脱成败论功过的旧观念，苻坚统一全国的指导思想，符合中华民族秦汉以来的传统观念。中国应当统一，至于应当由谁来统一，要看民心向背、国势强弱，不是皇帝及贵族们的主观愿望所能决定的。

总之，魏晋南北朝虽属乱世，乱世也要有政府，也要建立适应乱世的统治秩序，否则人们一天也活不下去。因此，魏晋南北朝时期哲学社会思潮能在"乱世"这个总格局下面做文章。相对于全国大一统的盛世，我们称这一时期为"乱世"。

这个长期分裂近四百年的"乱世"，放在整个中国历史发展的长河中，它有哪些特点？简单地说，概括为"交融"时期，有五个方面的特点可说：

第一，汉代经学的变革；第二，多民族社会制度、生产方式的交融；第三，宗教思想弥漫；第四，多民族文化与多宗教文化的交融；第五，国际文化与中华文化的交融。

一 汉代经学的变革

神学经学经历了汉末的政治混乱,已失去了它的神性的光辉。经学的训诂章句之学,作为一种纯学术,已流为繁琐,作为统治之术,更是缓不济急。魏晋经学演变趋势,在太学的讲习中已有所反映。它不满足于汉代传统讲述方式。高贵乡公曹髦,幸太学,与众博士论经学。先论《易》。曹问:

"圣人幽赞神明,仰观俯察,始作八卦,后圣重之为六十四,立爻以极数,凡斯太义,固有不备,而夏有《连山》,殷有《归藏》,周曰《周易》,《易》之书,其故何也?"

《易》学博士淳于俊对曰:"包牺因燧皇之图而制八卦,神农演之为六十四,黄帝、尧、舜通其变,三代随时,质文各由其事。故《易》者,变易也,名曰《连山》,似山出内(云)气,连天地也;《归藏》者,万事莫不归藏于其中也。帝又曰:若使包牺因燧皇而作《易》,孔子何以不云燧人氏没,包牺氏作乎?

俊不能答。

帝又问曰:"孔子作彖、象,郑玄作注,虽圣贤不同,其所释经义一也。今彖、象不与经文相连,而注连之,何也?"

俊对曰:郑玄合彖、象于经者,欲使学者寻省易了也。

帝曰:"若郑玄合之,于学诚便,则孔子曷为不合以了学者乎?"

俊对曰:"孔子恐其与文王相乱,是以不合,此圣人以不合为谦。"

帝曰:"若圣人以不合为谦,则郑玄何独不谦邪?"俊对曰:"古义弘深,圣问奥远.非臣所能详尽。"

帝又问曰:"系辞云,'黄帝、尧、舜垂衣裳而天下治,此包牺、神农之世为无衣裳。但圣人化天下,何殊异尔邪?"

俊对曰:"三皇之时,人寡而禽兽众,故取其羽皮而天下用足。及至黄帝,人众而禽兽寡,是以作为衣裳以济时变也。"

帝又问:"乾为天,而复为金,为玉,为老马,与细物并邪?"

俊对曰:"圣人取象,或远或近,近取诸物,远则天地。"①讲《易》毕,复命讲《尚书》。

帝问曰:"郑玄曰'稽古同天,言尧同于天也'。王肃云'尧顺考古道而行之'。三义不同,何者为是?"

博士庚峻对曰:"先儒所执,各有乖异,臣不足以定之。然《洪范》称'三人占,从二人之言'。贾、马及肃皆以为'顺考古道'。以《洪范》言之,肃义为长。"

帝曰:"仲尼言'唯天为大,唯尧则之'。尧之大美,在乎则天;顺考古道,非其至也。今发篇开义以明圣德,而舍其大,更称其细,岂作者之意邪?"

峻对曰:"臣奉遵师说,未喻大义,至于折中,裁之圣思。"

次及四岳举鲧,帝又问曰;"夫大人者,与天地合其德,与日月合其明,思无不周,明无不照,今王肃云'尧意不能明鲧,是以试用'。如此,圣人之明有所未尽邪?"

峻对曰:"虽圣人之弘,犹有所未尽,故禹曰:"知人则哲,惟帝难之。'然卒能改授圣贤,缉熙庶绩,亦所以成圣也。"

---

① 《三国志·魏书》卷四,中华书局,第136页。

帝曰:"夫有始有卒,其唯圣人。若不能始,何以为圣?其言'唯帝难之',然卒能改授,盖谓知人,圣人所难,非不尽之言也,《经》云:'知人则哲,能官人。'若尧疑鲧,试之九年,官人失叙,何得谓之圣哲?"

峻对曰:"臣窃观经传,圣人行事不能无失,是以尧失之四凶,周公失之二叔,仲尼失之宰予。"

帝曰:"尧之任鲧,九载无成,汩陈五行,民用昏垫。至于仲尼失之宰予,言行之间,轻重不同也。至于周公、管、蔡之事,亦《尚书》所载,皆博士所当通也。"

峻对曰:"此皆先贤所疑,非臣寡见所能究论。"

次及"有鳏在下曰虞舜",帝问曰:"当尧之时,洪水为害,四凶在朝,宜速登贤圣济斯民之时也。舜年在既立,圣德光明,而久不进用,何也?"

峻对曰:"尧咨嗟求贤,欲逊己位,岳曰'否德忝帝位'。尧复使岳扬举仄陋,然后荐舜。荐舜之本,实由于尧,此盖圣人欲尽众心也"。

帝曰:"尧既闻舜而不登用,又时忠臣亦不进达,乃使岳扬仄陋而后荐举,非急于用圣恤民之谓也。"

峻对曰:"非臣愚见所能逮及"。

于是复命讲《礼记》。

帝问曰:"'太上立德,其次务施报'。为治何由而教化各异,皆修何政而能致于立德,施而不报乎?"

博士马照对曰:"太上立德,谓三皇五帝之世以德化民,其次报施,谓三王之世以礼为治也。"

帝曰:"二者致化薄厚不同,将主有优劣邪? 时使之然乎?"

照对曰:"诚由时有朴文,故化有薄厚也。"①

曹髦当政时,社会上已出现了玄学思潮,这股思潮已冲决长期定于一尊的神学经学传统。当时国家教育机构(太学)思想比较保守,对新生事物(如玄学)还不能接受,皇帝曹髦(高贵乡公)也不属于代表新思潮的人物。尽管如此,从曹髦和太学博士们的问答讲论中,已看出传统经学已经失去它的统治优势,对数百年沿袭下来的师承、家法的旧经义,提出了疑问。

东汉末年中央政权堕落,失去权威性。当初被描绘得十分神圣的天子皇权,在人民的眼里已经破产。名不符实的现象十分普遍。从当政者的言行到社会风气、取士的标准,政府所提倡的和它实际所干的,完全不对号,社会出现了一股对传统价值的怀疑与批判思潮②。批判思潮的兴起,已经标志着玄学萌发酝酿阶段。对旧的社会失去信任,新的社会应当是一种什么形态,思想体系如何,还提不出一套完整的方案。总之,人们认为,从政治制度到道德标准,从宇宙论到人生观,非改变不可,旧章程无法维持下去了。

二 多民族的社会制度、生产方式的交融

我们编写《中国哲学发展史》(秦汉卷),已经指出,中国秦汉开始,开创了我国多民族大一统的新局面。今天全国人口占绝大多数的"汉族",是秦汉以后,逐渐发展壮大的。如果追溯这个汉族的起源,可发现它不是从来就存在的单一的民族。号称"汉族"的民族,它是春秋战国以来,以中原文化为中心的华夏族发

---

① 《三国志》卷四,中华书局版,第135—138页。

② 《中国哲学发展史(秦汉卷)》,《东汉末年的社会批判思潮》。

展的结果。华夏族也不是单一的民族，它以华夏文化为中心长期形成的民族共同体。华夏族有共同文化语言文字，共同的经济生活，共同的心理状态。其中血统的联系，对汉族倒不占主要地位。

魏晋南北朝，是中华民族以空前规模进行大融合的时期。西晋统治集团内部混战，引起五胡十六国在北方连年混战，战争无疑给人民带来了灾难。同时战争迫使人民进行大规模的流动。民族大迁移又促使民族间的婚姻关系变得复杂起来，从而打破了在族内近亲的蕃衍的常规。由于民族的不断交流融合，北方少数民族在汉族影响下，加速了生活方式到生产方式的变革，处在奴隶制前期的一些民族，吸收了汉族先进文化（封建制社会对奴隶社会以至部落社会，无疑是先进的）按常规需要千百年的社会变革，在短短的几十年内就完成了，它们很快进入封建社会。少数民族以它本身固有的青春朝气，傅以先进的社会制度，它会开创意想不到的新局面。落后的蛮族在欧洲建立了生气勃勃的罗马文化，我国南北朝时期的历史发展与西欧的罗马文化有某些近似。北朝的生产发展、国家财力都超过南朝，后来以北方人力物力为基础的隋朝轻而易举地征服了南朝，为隋唐大一统的新局面打下基础。

南方各民族也有不同程度的融合。上层贵族，有南方土著顾、陆、张、朱等大姓与南渡后的北方大族王、谢、郗等士族结为联盟；南方少数民族也在大量开发生产的过程中有了新的交融。

经过了南北朝近四百年的民族融合，中华民族内部增加了新内容，以华夏文化为中心的汉族文化浸润了当时的各民族，各民族也以吸收中华文化为荣。如北魏的迁都、文化改革、改易姓氏，又给中华民族增输进新鲜血液。

民族间的融合过程，在当时并不是自觉进行的，历史往往以它独有的"诡恢"通过某些偶然事件完成了必然的使命。南北朝的战乱,无疑给人民带来了深重的灾难,灾难的背后,却伴随着新的成果——中华民族壮大了,社会发展的步伐加快了。为下一步大一统创造了条件。

三　宗教思想弥漫

中国的土生土长的宗教,在秦汉以前为巫术。汉末政治黑暗,社会混乱,朝野上下充斥着一种不安定的意识,在今存的东汉古诗中有不少反映。地主阶级中,有表现仕途失意、异乡漂泊的;有咏叹光阴易逝、伤悼自己地位卑下的;有表达人生有常、寿命有限的。在东汉古诗中有大量失志、伤时作品流行。

社会不安定的局面,黄巾起义后,汉王朝名存实亡;到魏晋时期,社会危机日益严重,西晋八王之乱,不但老百姓遭受战争灾难,上层贵族也朝不保夕。现实社会的动乱,给宗教活动提供了滋生的土壤。中国的道教就是在这个社会条件下加快发展起来的。外来的佛教早在西汉末、东汉初就传入内地,但影响仅限于皇室及上层贵族。魏晋以后,佛教、道教风靡全国,南北朝时,佛教更加发展。梁武帝时,"天下户口几亡其半"(这里的"天下"只是指梁朝境内)。北朝佛教发展的迅猛更甚于南朝①。《洛阳伽蓝记》所述塔庙建筑的宏伟壮丽,不难想见佛教在当时的势力。北周灭北齐,齐旧境内寺院四万余所,僧尼二百多万;周武帝建德三年(574)和建德六年(577)两次下令禁断佛道两教,焚经毁寺,没收寺院财产,强令三百万僧尼还俗(按当时禁断佛道

---

① 　参看《魏书·释老志》。

两教的政策,其中也当有道教)、归乡编户①。这样庞大的僧徒,在全部人口所占比例之高,可以说空前的。

魏晋南北朝佛教信徒与佛经译著几乎同步增长。凡是印度及西域佛教经典中已有的,中国都有相应汉译本。佛教小乘、大乘、空宗、有宗、史传、目录、戒律、经论都有代表性的译著。南朝刘宋以后,译事停滞(也是趋于饱和),转向著述。此后佛教典籍中,译述的比重下降,著述的比重上升。著名僧人不再是外国的翻译家,而是中国的佛教思想家。这时期的道教,既有为上层王公贵族养生、修炼的著作,也有为下层民众设置的符水及祈禳的巫术。因而得到上层的重视和下层的支持。北方有寇谦之建立了进一步为上层服务的道教流派,南方道教有葛洪、陆修静、陶弘景等人为代表的南方流派。南方道教更多地从理论上融合玄、佛、儒的思想,构造体系。"三洞""四辅"的道教经典分类方法,反映了南方道教各流派综合整理、总结的实况。

佛道两教虽然都宣传出世,但都力图为当时的门阀士族地主政权服务,从出家人的立场强化儒家纲常名教思想。

魏晋南北朝时期佛教道教反映了各宗教内部许多流派的理论的分歧,同时也反映了各类宗教为封建统治者服务的基本教义,如忍让、禁欲、苦行、服从等奴化人性的教条。有利用宗教掩护农民起义的活动;也有政府内部的不同集团的武装斗争。其中成员有道教信徒,那是政治斗争,与宗教信仰没有必然联系。

---

① 这次对佛教的打击甚于唐武宗会昌五年(845)的废佛运动。会昌废佛,拆寺 4600 所、兰若四万所,僧尼还俗者 260500 人。

四　多民族文化与多宗教文化的交融

中国古代社会的基本支柱是封建宗法制,纲常名教是它的核心。封建宗法思想的代表人物是孔子为首的儒家。南北朝时期,北方少数民族过去不曾接触华夏封建文化,生产方式还处在前封建主义阶段。佛教本来是外来宗教,在少数民族地区,佛教因果报应宣传比儒家思想更容易被接受,"佛是戎神,正所奉祀"。佛教对协调我国多民族的关系,促进北方民族间的交往,曾起过积极作用。

但文化在人类社会生活中是个有机体,与民族的发展密不可分。宗教文化与民族文化有时一致,有时不尽一致。民族不断发展,生产方式不断前进。北方少数民族很快进入封建社会,在中原地区执政后,又不得不与当地汉族门阀士族发生联系,争取得到他们的合作与支持,才能维持中原地区的长治久安局面。从五胡十六国到北朝各代,事实上形成了汉族与少数民族的地主阶级的联合政权。南北朝的后期,政府设施、官制建置更多采用中国传统的《周官》。《周官》真伪学术界有争议,但当时的少数民族容纳了北方汉族门阀士族的建议,并付诸实行,则是事实。

外来宗教到了中国,要做一些改变,以求适应新的环境①。南北朝后期的佛教也不同于汉魏初期的佛教,同时南北双方佛教也会相互影响。佛教与道教的长期争辩也促进双方交流、融合。佛道两教又同为门阀地主阶级服务,因而不能不受儒家文

①　参看任继愈主编的《中国佛教史》第一卷,中国社会科学出版社,2014年版。

化的影响。出家人本来不应参与政治活动，可是东晋庐山慧远为儒家讲《丧服经》；陶弘景身在山中，随时备政府咨询，号称"山中宰相"。这些交融只是形迹上的、政治上的。更深刻的多民族的文化与多宗教的文化的交融表现在哲学思想内部。

宗教之间的交互影响，随处可见。南北朝时期出现了大批"伪经"，如《须弥四域经》称伏牺、女娲为佛二弟子、两个显化菩萨，《清静法行经》称佛遣二弟子；震旦教化，儒童菩萨，彼称孔子，光净菩萨，彼称颜渊，摩诃迦叶，彼称老子。《老子化胡经》则把释迦当成老子西出关教化的弟子。这两类都是抬高自己的宗教地位，贬低其他宗教地位的伪经。又如《提谓波利经》，流行于北方，以五戒、五常、五行、五星、五方、五色、五味、五脏相配伍。这正说明汉代的阴阳五行的宇宙论框架在玄学流行的南方逐渐消逝、北方保留的汉代经学传统观念较多。讲到佛教的"八关斋"与《礼记》的《月令》相结合，认为积善功德可以"增寿益算"。增寿益算之说来自道教《太平经》及《抱朴子》①，还有一些宣扬儒家忠孝的伪佛经，如《佛说父母恩重经》等。

如果作更进一步的发掘，还可以发现，佛教、道教经典中某些概念范畴的作用、涵义，已经不限于佛教、道教内部，它已渗透到中国哲学内部，实际上改变着中国哲学内容。佛教得到了儒教的支持而扩大了势力范围，儒教得到佛教的渗透而增加它们的抽象思维的深度。例如北朝流行的经论中有《十地经论》（世亲）和《摄大乘论》（无着），这两者都是印度大乘后期的作品。《十地经》原为《华严经·十地品》（鸠摩罗什译）。该经把成佛的过程分成十个阶段，一个阶段为一地（等级）。"十地"是由低级到高级进行精神修养的层次。《十地经》有"三界虚妄，但是一

---

① 《抱朴子·微旨》："天地有司过之神，随人所犯轻重，以夺其算。"

心作"。《十地经论》对此"一心"提出了解释,认为造作三界的这个心("一心")即阿赖耶识,这是一种不灭永存的精神实体。这个实体是"净",它就是成佛的根据,要扶持它;这个实体是"染",它就是成佛的障碍,要消除它。而《摄大乘论》讲"无尘唯识",讨论的也是成佛的途径和世界构成的最后根源的问题。佛教中一派认为这个"识"是第八"识"(阿赖耶识),是染污的根源,另一派则认为这个"识"是阿摩罗识(唯一净识,又称第九识)。这些问题是深入探讨涅槃佛性问题引发出的新问题。它涉及一个根本问题:佛性是善,是真,那么罪恶从何而起?人性是善,恶从何来?佛教这个外来宗教关于佛性的辨析,直接联系到中国哲学史的人性论,而且把中国哲学史上讲了近千年的人性论深化了。后来的佛教华严宗,倾向于自性清净;法相唯识所讲的阿赖耶缘起,则认为第八识与生俱来,它是万恶之源,必须消灭它才能成佛。

佛教把得到最高精神境界叫作"成佛"。中国古代哲学把得到最高精神境界叫作"成圣"。名称不同,宗旨没有什么两样。

中国哲学史研究者,比较注意佛教思想与中国哲学思想关系。不少人指出,宋儒的月印万川、理一分殊的说法导源华严,心性之学来自禅宗,都言之有据,毋庸多说。朱子攻击陆九渊,说陆子近禅,陆子也说朱子近道教,陆朱两家都讲天理,讲心、性、情。宋儒关于人性论最重要的范畴是"天命之性"与"气质之性",朱子称自从张载提出了"气质之性"与"天命之性",才使儒门论性之说趋于完备。"论性不论气不备","论气不论性不明"。"气质之性"之说,于儒家经典无任何根据,但一切正统宋儒学者,对此完全接受,并有所发挥。把它和尧、舜、禹相传的"十六字真传"同样奉为至理名言。

我们可以说儒佛两教的互相渗透,有的有形迹可寻,有的无形迹可寻。有形迹可寻的容易看出儒家与二氏的凭据,无形迹可寻的真赃实犯不容易被人捉住。上面所举的例子,"气质之性"这一重要范畴出现后,立即完全为儒家所接受。这也就说明儒佛思想的交融已是水到渠成,双方心照不宣。

此外,如关于儒佛、儒道之间的类似情况还多,这里不必一一列举。

五　国际文化与中华文化的交融

一种外来文化与本土文化接触后,由于主客观的条件不同,产生的结果往往很不相同。文化不是抽象的,更不是无根的。文化必具有民族性,也必具有地区性。文化还具有继承性,没有从天而降的文化。

中华民族秦汉以前,是在中国内部范围内进行广泛的长期的交流而形成华夏文化。秦汉以后,由丝绸之路沟通了中西文化。先是经济的、商业的和政治的需要,逐渐打开了对外开放的门户。中国当时是个高度发达的封建大国。经济发达,物产丰盛,文化悠久而开明,远出于四邻之上,中华民族以自己的悠久灿烂文化而自豪。当时,我们主要来往借助于陆上的丝绸之路。佛教的发源于东方文明古国,有它自己产生发达的社会历史背景。中国与当时西方文化接触后,经历了一个长期融合的过程。两种不同来源的文化相接触,有三种可能:(一)如本土文化先进,外来文化落后,两相接触,落后的一方往往被先进文化的一方消融;(二)外来文化先进,本土文化落后,外来文化引进后,很少本土文化不被外来文化消融的;(三)双方文化先进程度大致相当,两种文化接触后,经长期激荡、摩擦,造成相互渗透、相互吸收的情况。佛教传入中国,略相当于第三种情况,又不全同于上述第三种情况。因为中国传统文化是中国封建宗法制度下长期积累的产物。它根深叶茂，支干扶疏，对外来文化无所畏惧，信手拈来无所容心，以我为主吸收其所当吸收以为我所用。因此，佛教文化传入中国后，中国传统文化对佛教文化不是闭门不纳，而是对它进行改造，以求其适应中国封建宗法制度。而佛教文化也有它的深厚根基，要把它改造得完全适合中国的需要，并非轻而易举。

我们可以说，佛教传入中国二千年的历史，也就是佛教不断改变它的精神面貌以期适应中国封建宗法社会制度的历史。先经过翻译介绍，然后中国人自己阐释发挥，有些发挥在印度有某些经典根据，也有些中国佛教著作与印度传统佛教全不相干，完全是自己的创造。历史表明，完全创造的流派，其影响反而胜过有外来经典依据的流派。佛教毕竟是一种体大思深的宗教思想体系，虽屡经改造，但仍能维持自己的门户不使隳灭。我们也曾看到进入古代中国的还有其他宗教，却被中国传统文化逐渐消融，最后归于消失的也不少。

再以佛教文化为例。东方哲学、东方宗教与古希腊传统迥异。即以认识论为例，认识论都是探讨主体与客体关系的学科。这是共同的。但认识方式、思维方式，都不得不受言语、民族的文化传统的制约。同样讲到"认识"，在西方感性认识、理性认识的分辨层次井然，心内主客之间也界划分明，西方把道德、感情、感受之类与认识能力有分明的界限。东方的"认识"论，包括中国的、佛教的哲学理论所涉及的认识，像佛教所讲的"识"，就它具有分别辨析的作用来说，它有着认识论的共性。任何哲学流派的认识论，涉及主客观关系，都承认有分别、辨析才有认识作用。但佛教的识（包括大乘后期提出的八识）的对象，不止限于识别主体外物、感知的精神活动。它的"识"的内容丰富得多，佛教的识,绝不限于观察、反映的活动,它还包括痛痒之感,苦乐之情,善恶价值判断,行为追求,是对宇宙,对人生,对社会的总判断。如果说这也是认识论,这个认识论既包括西方传统哲学所公认认识论的内容,又有西方传统哲学认识所包不尽的内容,如道德观念、美的欣赏品鉴、宗教情操体会,都是属于"识"所涉及的范围。它是一种广义的、整体性、综合性的直观"体认"过程。这种"识"包括心的作用,也包括思想感情的作用,也包括道德修养自我判断和自我体验。这种特点,把宗教修养、宗教世界观,很自然地与哲学融为一体,佛教、儒教(宋明理学)混然一体,不易划分,其症结也在这里。

综上所述,魏晋南北朝时期各种思潮和文化的交融在中华民族的认识史上占有十分重要的地位,它承上启下,一方面继承维护了从先秦到两汉长期积淀而成的民族文化传统,同时也在广泛的交融中汲取了多方面的营养,扩大了视野,丰富了内容,隋、唐、宋、明以后中国哲学史所出现的新面貌,如果不追溯到这一段历史,是无从理解的。

《周易》研究小议 *

《易》为卜筮之书,已有定论。古代巫史不分,通过占卜,问岁时丰歉,个人行止,占军国大事吉凶,经过长期积累,遂汇集成书。

秦汉以前的《易》经与后来流传的《易》经六十四卦的顺序不同,可以推知,先秦时易卦顺序仍为占卜方便而设,经过汉人的推衍,讲习,受天人感应阴阳五行思潮的影响,汉易成为天人感应阴阳五行的一个分支学科。汉人说《易》,义理与象数未曾截然分流。

魏晋时期,汉儒师承家法的说经传统被打破,出现了新兴的学派(如荆州学派),学术界尚清通,重玄谈,轻象数。《易》学自王弼始,形成一大变革,此后,象数与义理截然分途。义理易学与玄学伴生,得到朝野重视,蔚为大观。象数之学由于汉儒传统衰落而趋于萧条。

但人类社会生活中,命运不能自己掌握,人生不如意事十常八九,预卜吉凶、祸福的客观要求并未减弱。象数玄学与阴阳五行、八卦,星相、卜筮、堪舆相纠结,流行于民间,并未歇绝。

---

* 据《任继愈学术文化随笔》。曾收入《任继愈学术论著自选集》。

汉魏以后,《易》向两个方向发展,作为六经之首的官方易学,其义理发挥,无不受封建宗法制的制约,为治国平天下服务。其在下层社会则发展了象数易学,其传播者或浪迹江湖,或韬晦市肆,借占卜以糊口。有时与民间信仰相结合,在社会动荡时期,有时制造一些宗教预言,与农民起义相呼应。

《周易》作为一种独立的分支学科,并引起国内外学者的普遍兴趣,不过是近年的事。

我们现在有了比较好的研究环境,学术研究没有过去那些过多禁忌,我们以历史唯物主义为思想工具,可以摆脱牵强附会的干扰,我们有其他比较成熟的学科作为背景,如历史学、哲学、社会学、人类学、考古学,及近代数学,可以避免不必要迂回探索,这都是有利的因素。

诸多有利因素,只能作为外缘,却不能代替我们自己的亲身钻研。因为千余年间《易》学在社会流传中,难免与封建迷信等文化糟粕相混杂。如何剔除糟粕,发现其中的精华,不很容易。现代科学知识给我们提供了作为剖析古人思想的工具,这是好事;但容易把古人现代化,今人对《墨子》中的关于古代科学知识的解释,失于偏高,即是一例。有些《周易》研究文章和著作,也有过根据不足而轻率比附的现象。即使研究者出于爱护中华民族传统文化好心,违反了科学原则,也是不可取的,我们的科学成果要经得起历史的考验,要能取信于天下后世。

研究刚刚开始,在前人已有的成就的基础上,我们继续前进。随着工作的深入,将发现更多的困难有待于克服,做过研究工作的都有同样的经验。我愿和大家共同努力,从自己从事的工作领域,推动《周易》研究。

《中国古代哲学和自然科学》序 *

最近几年,中国哲学史这一学科呈现出一派兴旺的兆头。

前些年,同行们忙于编写中国哲学通史,出版了分量不同,深浅不同、大大小小的各种通史教科书,仅就我所见到的已不下十来种。为了教学的需要,是必要的,现在编写通史似接近尾声。

通过编写通史,人们发现许多通史大同小异,没有较大的突破。学术要求不断前进,中国哲学史的研究范围也不断扩大,涌现了专著研究、专人研究、断代史研究、专题研究、范畴史研究等。著作质量也有显著提高。这是我认为中国哲学呈现兴旺的根据。

在兴旺发达的总形势下,李申同志完成了他的《中国古代哲学和自然科学》的专著。李申同志要我为此书写一篇序。我很乐意,并负责向读者推荐这部书,因为学术界需要这样一部专著。

自然科学对唯物主义的作用,学术界人士已引起注意,而哲

---

* 据《任继愈学术论著自选集》。李申《中国古代哲学和自然科学》,中国社会科学出版社,1989 年 4 月版。该序曾收入《念旧企新》。

学对自然科学是什么关系,学术界研究得很不够。国内外有不少自然科学史的专著,如天文、数学、医学、化学等,都做出了可观的成绩。但各种自然科学之间又是什么关系,各科学与哲学有无共同的关系,则缺少研究。自然科学中使用的一些具体的方法,如测试、观察、运算、推导等等,各学科根据自己学科的特点有所论述,而各学科的"学科观"(各学科的方法论)则很少涉及。哲学史和自然科学史各自为战,不相为谋。像这种梗阻现象已经妨碍了哲学史的前进。

我们认为哲学史是人类的认识史,中国哲学史是中华民族的认识史。人类认识世界、认识社会、认识思维发展的规律,必然要求把各个时代的哲学与自然科学的关系弄清楚。比如汉代的天人感应思潮,哲学史研究者已经给予注意和论述,而天人感应对当时自然科学起过什么作用,往往被忽略。天人感应既然是时代思潮,它必然弥漫于各个领域,在各个领域又是如何表现的,这种思潮又是如何以科学姿态出现、指导科学的,一向也缺乏研究。这些问题探索得不够,必然影响对汉代哲学史的认识。那么,中华民族的认识史关于汉代这一段,就讲不深、讲不透。这只是用汉代天人感应思潮作为一个例子,指出哲学与科学都离不开各自的时代思潮。

随着科学研究的深入,要求学科之间加强横向联系。交叉学科、边缘学科越来越引起重视。哲学与自然科学的关系的研究已提上日程。这种横向联系的研究既是一个新方面,又是一种新方法,难度较大。难是难,总得有人去干。

李申同志在大学学工科,后来参军,因救火负重伤,身体受到严重损害,离开部队。从1978年起,专攻中国哲学史,先读硕士学位,又读博士学位,他是中国社会科学院研究生院第一批毕业的博士生,这本是他的博士论文。这篇论文在论文答辩时得到好评,认为它填补了我国学术界一项空白。

实事求是,有一分材料说一分话,这是对每一个科学家的要求,也是一个历史唯物者应有的态度。李申同志认真地钻研了古代的自然科学史、天文、历法、化学等。对他来说,都是生荒地,学科门类又多,要钻进去、弄懂,所付出的劳动可以想见。

自然科学史中有些学科还在发展中,尚未得出一致的结论,只能在现有的成果中择善而从,等到有了更新的成果时,再来补正。

考察各种学科之间的关系,自然科学与哲学世界观又是如何交互影响的,这比前一种困难更大,也是本书耗费心力最大的所在。书中不少创见,正因为是创见,值得进一步商量的地方还不少。我认为这部书的可贵,正是在这些不甚完备的创见上。开辟一个新领域,不能要求面面俱到,"四平八稳"。如果本书的出版能引起不同学术观点的争辩,这将是一件好事,我希望如此。

贺著《五十年来的中国哲学》序 *

《五十年来的中国哲学》今天重印,是件很有意义的事。本书所收文章始于30年代初到40年代末。有些篇章的写作过程,我还记得清清楚楚。

本世纪进入30年代的第一年,发生了"九一八"事变,东北沦陷,华北危急。1937年全面抗日战争开始,北京大学迁往昆明,成立西南联合大学。日寇投降后,北大迁回北平,又三年,全国解放,新中国诞生。这二十年间,我们的国家发生了根本变化,哲学界也发生了根本变化。新中国建立以前,中国哲学界有两支队伍,一支是马列主义的队伍,他们代表哲学界的主流,预示着未来的方向。还有一支队伍,他们多半是在国民党地区高等学校的专业工作者,研究西方哲学流派,介绍西方思潮,也有研究中国古典哲学的,这一些哲学工作者学有专长、勤勤恳恳地从事教学和研究。具有代表性的学者中,如贺麟先生、冯友兰先生、朱光潜先生,汤用彤先生、熊十力先生,都是学有专长的学者,专业不同,性格不同。他们都希望祖国繁荣富强,"天下兴亡,匹夫有责",是他们共同的抱负。抗日战争时期他们是坚决

---

* 贺麟《五十年来的中国哲学》,辽宁教育出版社,1989年3月重印。

的抗战派。解放战争时期,他们对共产党的政策不尽理解,对马列主义不理解,有的持怀疑以及反对态度。他们的爱国主义思想占了主导地位,看到国民党把国家搞得民穷财尽,怨声四起,对国民党不抱希望,因此,都拒绝了国民党诱劝,没有离开大陆,而是在各自的教学岗位上,留下来迎接新中国的降临,把中国富强的希望寄托在中国共产党身上。他们各自用实际行动来履行他们爱国主义的心愿。与中华人民共和国共命运、共忧乐。1959年以后的三年困难时期也与全国人民共同受饥饿.极"左"思潮下的政治运动,他们曾成为批判的靶子,在一般知识分子所遭受的折磨外,还受到更多的折磨。尽管如此,他们的爱国的初衷没有动摇,而是坚定地继续前进,与国同休戚。他们从唯心主义转变到唯物主义,有的加入了中国共产党,成为马克思主义者,贺麟先生就是其中的一位。

贺先生在北大教学多年,他讲授的课程、大量译著介绍的是西方哲学,并带出了几代攻读西方古典哲学的学者,开创了中国学者研究黑格尔的道路,这些方面是大家看得见的,并被社会上、学术界所公认的,用不着多说。

如果深入地了解贺先生的为人为学,会发现他是旧中国成长的知识分子,从他身上可以看到影响深厚中华民族的文化传统,这个传统表现在为人处世的方方面面。他是研究西方哲学的有数的专家,而他思想深处更多的儒家入世、救世的倾向,往往被忽视。他治学不光是说说而已,而是要见诸实行;他讲学偏重在西方哲学,而用心却在中华民族的安危存亡。他不满足于讲论的义理之学,他还要付诸实践,参与社会活动和社会文化变革。可惜他所操之术和他的善良愿望未能吻合,以致走了弯路。直到找到马列主义,才算找到了最终归宿,给自己找到了一个足以安身立命的地方。

　　《五十年来的中国哲学》中记载着当年的大学讲坛上,一些真心实意追求真理的学者们辛苦探索的历程。他们对传统文化(中国的、西方的)有真实感情,他们追求真理的态度是严肃的。正是由于他有爱国主义的思想基础,对传统文化有真实感情,探索真理有严肃态度,才有可能使贺先生晚年成为一个马克思主义者。

　　五十年来,许多哲学工作者,从唯心主义转变成唯物主义,历尽了艰辛,才找到通向真理之路。《五十年来的中国哲学》一书不失为哲学工作者的一面镜子,它反映出旧中国的一些哲学工作者的观察世界的方法。

　　作者经过长期的考察、比较,最后才从唯心走向唯物主义,虽说步履艰难,但是立足坚实,当初不轻信,既信了就不动摇。中国知识分子的优良传统,在贺先生身上也体现得比较充分。贺先生的这部著作反映着旧中国一批学者的学术造诣和认识水平。中国传统文化的优点和局限都可以从中看出来。总结过去,为了更好地开创未来。近三十年来哲学界成败得失,至今尚未来得及很好总结。如果对《五十年来的中国哲学》给以适当注意,对以后的三十年的中国哲学的认识也会有所裨益。

从中华民族文化看
中国哲学的未来 *

一

文化的精华部分,集中表现为哲学。我们撰写的《中国哲学发展史》给中国哲学史定义为"中国哲学史是中华民族的认识史",这个看法提出已有十年,现在仍然没有改变。

根据多年来从事中国哲学研究的经验和走过的曲折道路,深感考察中国哲学不能仅限于哲学本身,如果能把视野扩大,从民族文化发展的广度来考察中国哲学,可能看得更清楚些。

结合中国及外国的文化历史,纵向及横向考察,有以下几种现象:

(1)文化发展的连续现象

中华民族的文化,从原始蒙昧中摆脱出来,不断前进,走着从低级到高级的路程,不断丰富其内容,由古朴到雕饰,由质到

---

* 据《任继愈学术文化随笔》。原载《哲学研究》1991 年第 11 期,曾收入《皓首学术随笔》。

文。哲学的发展也是这样走过来的。中华人民共和国的历史才40多年,但说到中国文化、中国哲学史有几千年而不是40年。新旧政权之间可以一刀两断,新老文化是不能一刀两断的。"文革"中有些人宣称要打烂一切传统,事实证明这是愚昧的,也是做不到的。真正的革命者要对人类负责,对历史负责,要吸收全人类一切有价值的文化,不能随意地割断历史。哲学的发展也是有连续性的。正是因为有连续性,研究哲学史才有意义。

（2）文化发展的积累现象

文化有连续现象,必然产生新旧文化积累现象。文学史上从《诗经》《楚辞》讲起。汉有汉赋,以后有骈文、五言诗、七言诗、律诗、词、曲,不断出现新的形式。人们发现,不是有了五言诗就抛弃了赋,有了词曲,五言诗、七言诗就不再流行,有了古文就不要骈文。文体越到后来越丰富,后期包容了前期。有了白话文,古文还在使用。抗战时期,毛泽东同志有一篇声讨国民党不积极抗战的通电,就是用文言写的,道理讲得很透彻,也很有气势。哲学发展也有类似现象,不是有了后来的流派,就不要以前的流派,有了汉魏就抛弃先秦。正是由于这种积累现象,才使得中国哲学的内容随着时代的推移而日趋丰富,古老的传统中包含着新鲜的内容。

（3）文化思潮的衰减现象

这里借用电讯通讯的概念,远距离的通讯联络,讯号逐渐衰减。为了防止衰减,中间设有接力站,使衰减讯号得到增益。有价值的文学作品、艺术作品,有永久的魅力,能使千百万后人为之感动。《诗经》《楚辞》是中国不朽的作品,西方荷马的史诗,莎士比亚的戏剧也感动了千千万万的读者。随着时代的推移,它们的影响在逐渐减弱。比如"五·四"前后,青年男女要求从封建束缚中求得解放,《红楼梦》的影响很大。《红楼梦》这部小说对现在的青年男女的影响比"五·四"前后要小得多。

这种现象在中国哲学史上也存在。同一种思想流派在前一个时期有过广泛影响,在后一个时期影响有所减弱。如孟子在世时,用全力辟杨墨,韩非时代认为天下之显学为儒墨两大派,汉初杨、墨、儒的影响都减弱了。

有人说孔子的思想影响了中国两千多年,其影响越来越大。这种看法与实况不符。孔子的思想有影响,单凭孔子思想本身,不可能越来越大,只能越来越小。孔子的影响久远和中途得到接力站补充有关。汉代有董仲舒的补充,振兴了几百年;宋朝得到朱熹的补充,又振兴了几百年,得到振兴的是董仲舒的孔子、朱熹的孔子,不能简单地说成是原来的孔子的思想永不衰减。

(4)文化交流的融会现象

不同的文化思想的体系相接触,有的互相吸引,有时互相排斥。无论吸引还是排斥,最终总会发生融会。即使互相攻击的双方也经常从对方吸收自己有用的东西。显著的例子如佛教与道教两种宗教相互争论了一千多年,为了战胜对方,不惜借用政治手段来打击对方。结果表明,中国的佛、道两教都吸收过对方的思想甚至教义、教理。儒、佛、道三教的关系也是这样。

正因为融会普遍存在着,我们治中国哲学史,除了探究思想的传授关系,还要注意它的融会关系。过去研究佛教、道教、儒家的历史往往是单线的,各自为战,这不符合历史的实际。写佛教专史,也要兼治道教、儒家,写儒家专史,也要兼顾佛教、道教,写道教专史也要兼顾佛、儒,固不待言。

(5)文化接触的势差现象

两种文化体系,发生接触,会产生影响。文化形成于一定的社会结构、民族传统。社会在进步,由原始朴素状态走向科学文明。应当承认社会由低级向高级转化这一事实。

文化水平有高低,征诸历史事实,总是文化高的一方(或民族或集团或思想流派)去影响文化低的一方,而不能倒转过来。中原封建的文化,秦汉以后的两千年间,不断与四邻不同的民族接触。接触的结果总是中原封建主义文化思想体系起着主导作用,带动了临近的众多尚未进入封建文化的民族,使它们很快地进入封建文化的发展层次,接受中国传统的忠、孝观念,汇入中华民族文化的主流。两晋以后,南北朝,以及辽、金、元、清,统治者接受、继承了中华民族的封建主义文化,并在原来的基础上继续推行和发展。元朝的统治者占领了中原地区,有些爱国志士如文天祥为保存天地正气献出了生命。宋朝的政权结束了,而元朝的统治者接过儒教(儒学)这面旗子,继续扩大它的影响。宋元政权截然对立,宋元哲学思想体系是直接继承的,云南在宋朝是儒教影响不到的地区,元朝在云南兴建了文庙,把儒教的影响扩大到比宋朝更远的地区(明、清的思想继承关系也类似)。

原因是中华民族封建文化高于奴隶制,更高于部落联盟制。高层次的文化必然影响低层次的文化。秦汉建国到 1840 年,中原文化与周围少数民族的文化相比较,基本上处在较高的文化层次上。

鸦片战争打破了中华民族封建文化的旧格局,从海上来了殖民者,他们早已进入了资本主义阶段,资本主义与封建主义相接触,西方资本主义文化比封建主义文化又高出一个发展阶段。这两者相撞击,封建主义处于劣势。从文化发展的势差现象来看,中国只能处于被动的地位。

二

回顾过去中国哲学发展的经过及上述诸多现象,有助于我们约略地估计现在的道路和将来的远景。

哲学是回答关于宇宙、人生的根本问题的学问。中国传统哲学认为它是关于"天人之际、性命之原"的学问。它要高度概括、结合、吸收当时的人类认识的最高成果，提出问题，作出答复。提出问题，作出答复，并不难，多数哲学家都做出不同的努力，但真正做到有权威性，对国家、民族、个人产生深刻影响的哲学家或哲学流派却不多。秦汉到鸦片战争的两千年间有深刻影响的只有两家。第一家是西汉的董仲舒建立的天人感应、阴阳五行思想体系的神学经学。在这个庞大的神学经学体系里，用阴阳五行说，解释(不是解决)人们关心的天时、地利、历法、农业生产、行政措施、战争等自然和社会现象。这种解释在当时可以满足社会上下各阶层的需要，它建立了历史性的功绩。这种哲学体系配合汉代大一统的客观形势，对于加强、促进中华民族的凝聚力也起着积极的作用。

隋唐时期是汉以后中国封建社会政治、经济的又一个繁荣时代，文学、艺术都达到时代的高峰，唯独在哲学方面，唐朝没有形成一个完整、宏伟的哲学体系，不能完全解释当时人们心中的天人之际、性命之源的根本问题。当时，佛、道、儒三教鼎立，各有建树，自成体系，有时三教之间发生矛盾，抵销了精力。这一任务在北宋开始，到了南宋朱熹才完成。朱熹是中国传统哲学的第二次高峰时期的代表，他建立的理学体系对后世的影响比董仲舒更长。(董仲舒影响了约四百年，朱熹影响了约八百年。)宋代理学对自然现象、社会现象、行为规范、心性修养都有理论说明，它满足了当时社会上下各阶层的需要，朱熹也建立了历史的功绩。朱熹的哲学体系，对于巩固中国封建社会，延缓封建社会的瓦解起了巨大的作用。朱熹的哲学体系引发了后来各朝代众多流派，有的补充它，有的反对它，有的修正它，直到"五四"运动,这个体系才停止活动。董仲舒的神学经学比较粗糙;朱熹的经学可称为"儒教经学"。他把儒家变成了儒教。在朱子的大力推动下,把儒家神学化,儒教是中国式的政教合一,比欧洲中世纪的政教合一从形式到内容都得到比较完善的结合。

回顾两千多年来中国哲学史的两次高潮,汉代的神学经学与宋代的儒教经学,是沿着同一个方向前进的。第一次高潮,奠定了中国哲学与封建社会集中统一的思想格局,中华民族形成了共同的民族意识,为后来加强国家的统一的意识形态打下了坚实的基础;这就是建立了以忠、孝为核心的思想权威。后来的中国哲学,无论属于什么流派,都不能绕过"忠""孝"这两个关口,只能对它补充、加强,不能削弱、更不能与之抵触。

第二次高潮,朱熹为首的儒教经学,吸取、消化了佛教、道教的心性修养内容,使之世俗化,把入世实践与出世修养结合起来,从而丰富了经学内容。推出了新的经典,用《四书》代替了《五经》,并且对新经典给予适合时代要求的解释。《四书》原文早已存在,朱熹一生从事《四书》的讲授和注释,他取得了最权威的《四书》的解释权。《四书》被后来历代政府列为国家教科书,《四书集注》被后来政府定为国家考试的标准答案。哲学思想得到行政命令的帮助推行。它更具有中世纪政教合一的特色。

鸦片战争以前,中国是一个大一统的封建国家,中国哲学要解决的是在封建大一统制度下产生的根本问题。秦汉以后的中国社会存在着中央政权高度集中与小农经济极端分散这一对矛盾。中央政府必须强调集中统一,小农经济的本性是各自独立、一家一户为生产单位的个体经济。中国传统哲学力图找到政权高度集中与经济极端分散这一对矛盾的协调方案。从秦汉到清末,众多哲学流派都为解决这一对矛盾而尽力。

汉代的神学经学与宋代的儒教经学对中国封建社会发展有

过历史作用。鸦片战争以后,中华民族不但缺乏汉唐的旺盛生命力,也失去了宋朝的"儒教经学"在文化层次上遥遥领先的优势。问题的关键在于中国社会的性质发生了变化。鸦片战争以后,中国成为一个半封建、半殖民地性质的国家,被迫地走向了世界,中国人逐步打开了眼界,接触了一些近现代科学技术,进而了解一些外国的文学著作、哲学流派、政治体制。哲学的研究范围和对象还是宇宙人生的根本道理即天人之际、性命之原。由于社会性质发生了变化,面临的任务不同了,眼界扩大了,看到西方哲学家是如何解释这些重大问题的,中国哲学的面貌也跟着发生了变化,中华民族的文化内容加进了新的成分。

今天,中华民族面临着建设社会主义新文化、新哲学的任务,新哲学是个什么样的形式和内容?

参照历史的经验,我们可以推测:

1. 要与中国过去的哲学衔接,而不是与旧哲学完全脱离,平地构筑,或从外国全部移植,将来的中国文化吸收外来文化只能嫁接在原有的砧木上,不能焊接,这是从中国哲学的连续现象中得出来的结论。

2. 建立新哲学,要总结过去人类一切有价值的文化成果,不能犯"文革"时期的无知狂,抛开一切人类文化传统。这里所指的有价值的成果不只是中国传统哲学,外国的一切有价值的东西,也要吸收。

3. 建立新哲学,要承认文化思想、哲学有衰减现象。希望用古代某一两个哲学家(比如孔子)的思想来支撑新局面,是不能成功的,它不能代替新哲学的新体系。

4. 建立新哲学,要重视过去的哲学的融会现象,要以马克思主义为指导,吸收西方及东方哲学文化遗产的精华。新哲学不应当也不可能抱残守缺,孤芳自赏,而是汇百川众流。

5. 由于文化交流的势差现象,在越来越多的文化交流中,会有不同社会发展阶段的文化相遇。当前国际社会中,至少有三种社会形态同时存在着,封建主义的、资本主义的、社会主义的。我们对外开放,走向世界,势必有不同层次的文化涌来。我们对外来的不健康的东西统称为西方资产阶级腐朽文化,这是不准确的。资产阶级有腐朽文化,封建社会也有腐朽文化,有些腐朽的东西来自外部,有些东西本来就有,借外来的文化影响死灰复燃。如妓女、贪污等,古已有之,不完全是外来的。抵制资产阶级的腐朽文化的影响,只能用更高层次的社会主义新文化来占领思想阵地。封建主义抵挡不住资本主义文化。

三

未来的新哲学应当既有继承又有创新,既要吸收外来的(如马克思主义),又要与本国传统情况相衔接,还要看到我们面临的任务是正在建设有中国特色的社会主义。中国特色与中华民族的历史使命分不开。从政治变革的角度看,鸦片战争后,中国进行了四次政治变革。第一次是封建制度内部的改革派,为了抵抗外来侵略者而进行的斗争,如林则徐等人;第二次是戊戌变法;第三次是辛亥革命;第四次是中国共产党领导的民主革命到建立新中国。这四次的领导力量分属不同的阶级和阶层。中华民族从鸦片战争以来,持续不断地在完成同一个历史使命,就是挽救中国的危亡,使中国从被奴役、受剥削的困境中摆脱出来。为了完成中华民族的这个历史使命,领导阶级更换了好几茬。前者完不成任务,由后来者取代;后来者不能胜任,再由它的后来者取代,最后由中国共产党领导中华民族建立了新中国,摆脱了被殖民主义奴役的命运。中国社会的性质也从半封建半殖民地进入了社会主义。

这是中华民族从来没有遇到过的新局面。中国作为独立的社会主义主权国家,和其他不同制度的一百多个国家和众多的民族共同生活在这个世界上,国土还是秦汉以来相沿几千年的土地,但活动的范围已不再限于《禹贡》九州方域之内,天下的范围扩大为全球五大洲。传统观念中的"天下",包容不下今天"世界"的内容。

"中国哲学史是中华民族的认识史"这个命题没有改变,但被认识的世界范围扩大了。当前中国哲学的内容应当包括中国传统哲学;已被吸收并纳入中华民族认识史的西方哲学思想(传统的和现代的);还有指导中国革命的毛泽东思想。

中国哲学史上有过中外思想大融合的经验,像佛教传入中国后与中国传统文化相融合,成为中国的佛教哲学,给后人提供了可贵的经验,释迦牟尼本是外国人,后来被中国人奉为"圣人",与孔、老并称为"三圣"。佛教中国化经历了漫长的融会过程,并不是一下就被广大人民所接受的。

中国哲学史研究的范围仍是"穷天人之际,究心性之原"。未来的中国哲学应当能解释发生在中国的社会、历史、自然、人类思维等方面的根本性的问题。

现在虽不能预知中国哲学的新体系是什么样子,但可以从过去的经历推测,中国哲学的新体系,是中华民族优秀遗产的继承,不能脱离旧的传统构建一套与旧哲学完全脱节的体系。

影响中华民族几千年的思想流派很多,影响深远的流派不过孔、孟、老、庄四家,四家中孟子是作为孔子的辅翼而出现的,庄子是作为老子的辅翼而出现的,说到底只有孔子、老子两家。孔子、老子留下的文字著作不多,主要来自他们的继承者的解释和阐发。六经中注释最多的是《周易》,诸子中注释最多的是《老子》。这种现象不是偶然的。因为从秦汉开始,中国建立了大一统的封建政权,高度集中的中央政府管辖着广大分散的农村,政治上的高度集中与经济的极端分散的统治格局贯穿了两千多年。强化集中统一,严格等级制,是中央政府的要求;要求自给自足,不要政府过多干预,使小农生产安居乐业,是自然经济的本性。在朝的强调集中统一,在野的强调分散自由。儒家偏重在朝,道家偏重在野。在朝讲孔孟,在野讲老庄。有时同一个人,做官时讲孔孟,不做官时讲老庄。这两大流派都有广泛的社会基础。朝廷的势力大于农民,所以孔子的影响大于老子。

有学者提出中华民族的优良传统是刚健有为,自强不息,有乐天精神。这个说法是有根据的,因为这是儒家《易》学的好传统。但是也要看到道家的贵柔守雌、以静制动、安时处顺,也是中华民族的传统,人们在处于劣势时使用这些原则得以转危为安。用这些原则来治民、用兵,往往收到奇效。刚健传统,使中华民族日新自强;贵柔传统,使中华民族避免蛮干。两者都有深远的传统。

此外,墨子的行侠仗义,济危扶困,为集体不怕赴汤蹈火,也在广大社会中起着影响。根据中国哲学史的继承、融会现象,新哲学也应当取来用作构建中国哲学新体系的思想资料。

中国哲学的历史任务,在于利用当时人类已有的知识,吸收可能吸收的文化遗产,结合中国哲学史的实际,创建中国特色的符合社会主义要求的哲学体系,它不同于中国古代哲学史,因为它已融进了马克思主义哲学。这是一件极为艰巨的思想工程。新哲学能够解答人们关心的自然现象、社会现象、行为规范、心性修养诸方面的根本问题,说到底,还是解决"天人之际,性命之源"人类长期探索的根本问题。

就目前的主客观条件看,建立中华民族的新哲学,至少要有三条：

第一，繁荣强大的国力，安定团结的政治环境；

第二，积累充分的思想资料，只有中国古代的还不够，还要外国的，有的要翻译（中国古代哲学的重要著作也要翻译），使更多的人理解这些资料；

第三，要经历马克思主义中国化的过程。

以上三条缺一不可，第三条更为重要。生搬硬抄造成的后患值得借鉴。建立中华民族的新哲学，难处在于从一个完整、牢固的封建的中世纪脱胎出来的政教合一的哲学体系接着讲下来，不要像过去对待传统哲学所采取的一棒打死或置之不理简单化的方式。思想影响是打不死的，如小农意识有时会不知不觉地混进马克思主义。封建主义抹杀个人的合法权利，这种封建主义有时冒充社会主义的集体主义招摇过市。封建等级、宗法制度、狭隘的地域观念，都和马克思主义不相容，却经常出现，不肯退出历史舞台。

也有人认为春秋战国时期百家争鸣，思想活跃，学术繁荣，是中国哲学史上的黄金时代，认为秦汉以后的中国哲学显得单调、平庸，缺乏生气。其实这种想法是没有根据的。春秋战国时期的百家争鸣的根源不在于百家，而在于奴隶制解体列国林立，那是社会各阶层重新组合的过渡现象，百家争鸣正是为后来的秦汉统一准备条件。细看百家所争的不是论证各国长久分立，而是各家纷纷提供如何统一天下，治理天下的蓝图。

中华民族之所以屹立于天壤间对世界文化有所贡献，自己得到发展壮大，全得力于国家的统一。中国几经劫难，却能不断地克服危难，抵御外来侵略，救灾度荒，修文治史，作出伟大发明，都是在大一统的统一的国家主持下借助于综合国力优势才得以实现的。

鸦片战争以后，如果不是有几千年形成的民族共同体，长期培养的民族意识，我们也许早已沦为殖民地。马克思主义为中国指明了出路，这是中华民族经过长期选择后决定的。马克思主义的传播地区遍及全世界，以马克思主义作为立国思想，建成像中国这样的伟大的社会主义国家的确不多见。原因是多方面的，中国哲学、中华民族深厚的文化传统所起的作用决不可低估。

中国哲学的新体系的建成，一方面有古代哲学与现代马克思主义哲学相衔接的问题；另一方面，马克思主义哲学出世才一百多年，它本身还在发展成长当中。马克思主义哲学最大的贡献是它的历史唯物主义部分，这一部分从范畴到体系都在成长过程中。如"基础与上层建筑"是借用的比喻，后来上升为范畴的；有的用命题表达的方式尚未固定为范畴的，如"人民群众是历史的主人"；有的是与其他学科共用的，如"生产力与生产关系"。这个新领域有着无限广阔的前途，但有待于发展、完善、壮大。在中国发展马克思主义哲学，是中国哲学史工作者义不容辞的责任。我们这一代人至少为创造上述三个条件，在本专业范围内尽力而为，取得阶段性的成果，也就是为中华民族的文化建设尽了责任。

总结古代传统哲学，发展马克思主义，这两副重担都要中国哲学工作者承担下来。从需要来说，十分紧迫，实际进行的步骤却不能急于求成。这是时代交给我们的光荣任务，勉与同志们共同努力。

《医易汇通精义》序*

　　《周易》是中华民族流传下来最古的一部书,也是世界上少有的一部奇书。它对中华民族传统文化有深远的影响。现存的《周易》有《经》《传》两部分,《易经》晚出,成于秦汉时期,是一部哲学著作。《易传》成书较迟,所用的文字和哲学概念比较明确,给后人留下的发挥余地不及《易经》大。

　　《易经》部分,起源于八卦,相传起于伏羲氏。八卦是符号,却有意义,形式上是"文"(符号),同时也赋予"字"的功能。世界上有不少民族,如中国的云南西部纳西族的《东巴经》,美国的印第安人的文字,都是一种文字画,保留文字的原始形态。象形文字画还好识别,表意的文字画,指的一件事或一个动作,其意义往往不固定,有时要受解释者的理解的制约,对同一文字(符号图画)的理解往往因人而异,因为它缺少文字所要求的确定性,具有较多的随意性。作为一种文字,它显然不能符合人们生活逐渐丰富的要求,而流传不广,渐被冷落。

　　《易经》也是卜筮之书,与华夏民族原始宗教联系密切。但它经过儒家历代学者整理和诠释,遂成为显学,列为经典,并为

---

　　* 《医易汇通精义》,人民卫生出版社,1991 年版。

六经之首。它冲破了古代文字画的束缚,不断吸收历代的各民族的文化,使之逐渐丰厚充实,利用它的独特的框架结构,不断容纳社会前进中出现的新事物,并赋予新解释。使它古而不老,旧而常新。《周易》的辩证法,充分发挥其融摄机制,随时吐故纳新,吸收其他学科的某些内容,如天文、数学、医学等社会多方面都能在《周易》的框架下有所发挥。它有许多概念,引而未发,给后人留下阐发的余地。如王夫之的《周易外传》《周易内传》,名为注释,实际上是王夫之借《周易》的形式发挥他自己的哲学学说。

萧汉明同志,好学深思,善钻研,治古代思想史,有他独到的地方。他与武汉地区著名的中医学教授李浚川先生一起主编的《医易汇通精义》一书,要我为之写一篇序。他们独辟蹊径,不蹈前人窠臼,以今日新知剖析传统中医学。这是一个在探索中的新领域,发前人之所未发。走一条新路,艰难险阻自在意中。望萧汉明等同志以此书为起点,不断前进,继续深入,祝他们取得新成就。

迎接中国哲学的明天 *

中国哲学屹立于世界民族之林,并对人类文化做出过重要贡献,已为举世公认。

中国哲学的历史发展,大致可以分为三个时期,或称为三个历史阶段。

第一个时期是"奠基时期"或称作"奠基阶段",即中国哲学先秦阶段。后来的哲学流派众多,追溯上去,差不多都可以在先秦哲学中找到它们的源头。正如欧洲近代文化差不多都可从古希腊哲学找到它们的源头。二者有类似的地方。

第二个时期是"成长时期"或称作"成长阶段"。这一阶段的哲学包括从秦汉到鸦片战争,长达两千多年。这一阶段的哲学已发展定型,它完整深刻地体现了中华民族文化的精华。今天世界各国、各民族议论中国哲学或东方哲学,心目所指的也是秦汉以后到鸦片战争以前这一阶段的哲学内容。

中国哲学的开创者们,如老子、孔子,都成为有世界影响的人物。西方及国外学者对老子、孔子等人的理解,很少直接来自先秦的老子与孔子本人的思想,他们主要根据汉唐以后的诸家

---

* 据《任继愈学术文化随笔》。原载《中国哲学史》1992 年第 1 期。

注释去理解老子、孔子。

孔子的哲学至少有过两次大的改造，第一次改造是汉朝的董仲舒，把孔子思想融入阴阳家；第二次改造是宋朝的朱熹，他把孔子解释为儒教，使它与佛教、道教的明心见性相结合。有些思想是孔子哲学本来没有的。

老子哲学经历秦汉以后的几千年，也有过几次大的补充和修正。两汉时有黄老思潮，老子的无为加上了汉初黄老刑名之学。东汉以后道教兴起，以老子为教主，唐以后道教盛行，及时吸收佛教的宗教修养方法，形成比较完整的中国式的宗教——道教。

治中国哲学的，很多人赞美留恋先秦哲学百家争鸣的学术繁荣局面。认为秦汉大一统以后，学术空气不及先秦活跃，为此表示遗憾。这种观点是不全面的。历史是客观摆出的实际状况。我们只要考察一下就可知道，先秦百家争鸣的热闹场面，各有一套理论，但他们争辩的主题却相当集中。争论的都是如何建立大一统的封建王朝，这样的王朝是什么规模。孔子提出孔子的模式，孟子、荀子、法家各家都对建立统一天下提出了自己的理想。墨家"尚同"的主张，有中央集权的倾向。老子号召无为，提倡"小国寡民"。这里要指出，老子主张全国的基层单位要小，但全国还须有圣人来统治。老子的"无为"，指的是圣君执行政治要无为，不要过多扰民，不要食税太多。

本文所说的中国哲学的成长期，意在指出，中国哲学之所以成为中国哲学，形成它的独特精神面貌，正是指的秦汉到鸦片战争这时期的哲学成就。

秦汉到鸦片战争，这两千多年，民族的融合、科技发展、文艺创作都达到了成熟阶段。中华民族最大的成功，也可以说是举世无双的成就，在于它很成功地协调了政治高度统一与经济极端分散(小农经济)的基本矛盾。在小农经济条件下,农业产品供生产者的消费以外,所余无几。古代的中国政治家,通过政治的协调、组织作用,充分利用广土众民的优越条件,集锱铢为丘山,把有限的财富集中使用,使其发挥更大效益。如办漕运,修边防,兴水利,从事文化建设,以丰补歉的救灾经验等,给后人留下了可贵的精神财富。

中国哲学的繁荣期,正是适应中国大一统的政治局面的产物。中国哲学的繁荣期,两千多年间还可分为两个阶段,由秦汉到唐末五代为第一阶段,由北宋到鸦片战争为第二阶段。第一阶段的历史任务在于建立巩固中央集权的专制制度,融和中华民族为一体,探索为中央集权服务的政教体系——儒、佛、道三教鼎立。为期约一千年。第二阶段的历史任务是完善、巩固中央集权制度,建立大一统的新经学作为建国的指导思想,改善政教合一的新儒教①,使它更适合于协调、融洽高度统一的政治与极端分散的小农经济,使政治的集中与经济分散的矛盾可从新儒教经学中一一找到理论根据,使新儒教经学和宗教、文化、教育、政治制度互相配合,为巩固封建制度服务。在中国进入近代社会以前,封建制度下的古代社会,中国哲学建立了最完备的理论。它的绝大特点是巩固了小农经济,使之在生产力极端低下的条件下发挥其最高效益。也可以说,从秦汉到清末,中国封建社会的哲学发展到了高峰。

鸦片战争以后,为中国哲学发展的第三阶段"转变时期"。这一时期中国面临着新的形势。西方文化进入中国,中国文化已走出亚洲,被卷入世界文化的大潮之中,中国文化从内到外,

---

① 南宋开始以《四书》代替了《五经》,是中国经学史上的一大变革,也是儒教成立的标志。

都发生了质的变化。鸦片战争以前的三千年,中国哲学自成体系,它主要发展趋向是逐步建立、完善、巩固中央集权的封建专制制度,从理论上给以支持,从方法上给以指导,最终建成比较完整的一套儒教思想体系,形成了具有中国特色的政教合一格局。

鸦片战争以后,中国面临着生死存亡的严峻形势。传统哲学的治国平天下理论,从内部巩固集权的专制政体,已难以应付外来侵略势力。救亡、图存,推动中国的现代化,成为中华民族的主要任务。中华民族遭逢千古未有之巨变,忽视近代科学技术、民主政治,仅依靠圣君贤相拯民生于水火的仁政思想已不能满足中华民族的要求。鸦片战争后直到新中国建立前,历届统治政权多属短命,原因在于他们没有挽救民族危亡,促使中国现代化。"同治中兴",是清王朝打败太平天国后自己给自己加上的称号。道光、咸丰、同治、光绪历届政府背离了中华民族的历史使命,不但没有中兴,反而把中华民族推到毁灭的边沿。

中华民族当前的历史使命是力图使国家富强,促进国家的现代化。凡是不能挽救国家危亡,不能推动现代化的政府,总归是短命的。

与政治形势相配合,与民族历史使命相呼应转变时期的中国哲学,势将冲破秦汉以来尧舜周公、孔孟老庄、佛道二教、程朱陆王的传统哲学的格局,向西方寻找救国救民的真理。鸦片战争后的中国哲学,除了继承旧传统文化以外,还包括外来的宗教(特别是天主教、基督教),18 世纪以来的政治思潮、社会思潮、文艺思潮,以及近代自然科学(如达尔文的进化论)及欧洲哲学。广泛采纳世界各国的众多流派,用来丰富中国哲学,成为中国近代、现代中国哲学的特色。这种精神颇似汉魏时期中国固有哲学吸收佛教思想的情况。佛教本来是外来宗教,引进中国后加以改造,汇入中国传统文化的洪流。释迦牟尼与孔子、老子并称"三圣",不但升入圣殿,还成为正统文化主要支柱之一。

熟悉中国哲学史、中国历史的人们都会发现,中华民族有丰厚的文化根基,对外来文化从未盲目拒绝,而是择善而从。"江河不择细流,故能成其大"。秦汉到鸦片战争以前的两千多年间,中华民族的哲学形成完备的体系,中国哲学可以解释当时人们生活遇到的诸多疑难问题(大到宇宙起源、人类起源,小到个人生活习惯)。对于自然和人生,中国哲学都达到当时令人满意的解释。

鸦片战争后,中国走向世界。古人说的"四海""九州"之外,发现还有更大的天地,人间圣人也不止中国的尧舜禹汤周公孔子。提出的问题与解释的原则、方法,也不止传统儒教的一种标准。

中国哲学与中华民族文化一同走进世界哲学与世界民族文化之林。中国哲学,从鸦片战争以来,外来的鸦片和洋货闯进中国大门。与此同时,中国哲学界的有识之士并没有敌视外来文化,而是尽可能地把外来文化和外来哲学直接引入中国哲学的园地。

洪秀全引进西方基督教,戊戌变法的领袖们无不积极吸收西方思想,据《康有为自编年谱》:

> 于是舍弃考据帖括之学……得西书数种览之。薄游香港……乃知西人治国有法度,不得以旧之夷狄视之。渐及西学之书,为讲西学之基矣。

戊戌变法的激进派,也是晚清一个有个性有成就的哲学家谭嗣同,著《仁学》。他说:

> 凡为仁学者,于佛书当通华严及心宗、相宗之书;于西书当通《新约》及算学、格致、社会学之书;于中国当通《易》

《春秋公羊传》《论语》《礼记》《孟子》《庄子》《墨子》《史记》及陶渊明、周茂叔、张横渠、陆子、王阳明、王船山、黄梨洲之书。

"五四"以后,西方学说大量涌来,除了西方传统宗教、文化典籍和与此相关的解释之外,还传来了马克思主义。中国对外来学说的一贯原则,先是兼收并蓄。然后择善而从。从谭嗣同开的书目可以看出,当时思想家要创建新体系(《仁学》即是当时新体系之一)。一要继承旧文化、哲学传统;二要吸收外来近代自然科学(格致学),三要吸收西方社会学说,四要吸收外来宗教——《新约》。

戊戌变法后,中国哲学界的有识之士对西方、东方(包括日本)哲学、文化大量吸收,系统传播介绍,在数量上远远超过了康有为、谭嗣同的水平,但大的范围仍然不出谭嗣同所号召的四个方面:中国传统哲学、西方社会科学、西方自然科学,以及西方的哲学和宗教。

中国哲学面临前所未有的变革。哲学是世界观之学,观察世界,认识世界是改造世界的基础。当前的中国哲学,已不再停留于自古相传的孔孟老庄、程朱陆王。曾在中国流行并起过影响的哲学流派,都属于中国哲学研究范围。中国哲学研究要在三方面开展工作:(1)中国传统哲学,如孔孟老庄,儒、佛、道。(2)近现代在中国流行的西方、东方资产阶级哲学流派,如无政府主义、空想社会主义、西方古典哲学流派等。(3)马克思主义。

一般公认的中国哲学影响较大的众多流派,百年以前本来是我们研究最有成就的领域,本国人研究本国哲学,理所当然占有优势。随着近百多年来东西文化交流,学术交流,西方和东方各国汉学家不断提出了有学术价值的论著。他们从另外的角度观察中国传统文化,考察中国哲学,往往另辟蹊径。中国学者司空见惯的一些文化现象,往往被西方学者首先提出才被重视。中国哲学研究,如能兼收并蓄中外学者的长处,吸取其成果,必将促进中国哲学史的研究取得新的进步。比如对于佛教、道教方面的研究,欧洲学者、特别是日本学者成绩斐然,已成为不可忽视的力量,只靠中国传统的涵养省察的方法来体认中国哲学,显然是不够的。

近现代西方流行的重要哲学学派传入中国后,经过中国学者的翻译、介绍、阐发,有时会出现意想不到的社会效应。如赫胥黎的《进化论与伦理学》,是一部科学名著,受到学术界的重视。经严复译成中文以后,《天演论》在中国的影响就远远超过它的原本《进化论与伦理学》在西方的作用。它的效应已超出学术界,成为推动社会革命、激发现代化热情的火种。近现代西方哲学流派传入中国,经过中国人的改造,往往发生变异,产生与原著在原地的不同效果。如叔本华、尼采的哲学,经过中国学者的诠释,成为促进中国知识分子打破旧传统、奔向个性解放的诱发剂。

马克思主义传入已有 70 多年。过去由于条件不具备,哲学界研究得很不够,比如我们大多数马克思主义研究者不能阅读马克思主义原著,主要靠俄文译本。马克思主义的产生有它深厚的社会基础和文化背景,许多研究者这方面的基本训练还有待于提高。马克思主义与西方近代自然科学、社会学、经济学有密切关系,许多研究者在这方面的知识素养也显得不足,马克思主义是与敌对流派斗争中发展起来的,敌对流派中许多代表性的著作也还没有适当的全面介绍。

不言而喻,今天"中国哲学"的范围,比中国历史上任何时期的内容都要广泛。它不但继承传统中国哲学的主流,中、外、古、今,凡对当代中国发生影响的重要哲学流派、学说、思潮,今天都要从"中国哲学"的角度予以关注。

今天,马克思主义已在中国哲学中占指导地位,马克思主义是如何与中国传统文化相衔接的任务,已摆在中国哲学史研究者的面前。西方(如欧美)、东方(如日本)的其他哲学流派,也将与中国本土文比有更多的接触,其中有价值的东西也将被吸收、消化,成为中国哲学新体系的一部分。

博采众长,吸收一切先进的文化成果,是中国哲学的好传统,也是中华民族不断发展壮大的成功经验。中华民族素有吸收人类一切先进文化成果的魄力,也素有吸收一切有价值的中外哲学遗产构建新哲学体系的胸襟。我们现在面临着前所未有改革开放的新局面,全国人民正满怀信心地为建设具有中国特色的社会主义而奋进。我们更要有海洋般的心胸,容纳新学科、新知识、新系统,贯串古今,融通中外,继承人类一切优秀文化遗产、创建社会主义的新的哲学体系。

新的哲学体系尚在形成中,我们现在还只能创造条件、积蓄力量,为新哲学的诞生铺路。但可以预料,它将是以马克思主义的立场、观点、方法为指导、融会贯通中外古今一切有价值的精神成果所构成的、具有中国特色的哲学体系。

体现一个时代思潮,并形成完整的体系,远非短期可以急就,往往要经历几代人、上百年,不断努力,才能完成。我们既不能急于求成、粗制滥造,也不应坐待天降福音。建立新世界靠革命者自己和他们所属的群体,建立新的哲学,同样靠哲学家自己和他们所属的学派群体。

把《周易》研究的方法问题
提到日程上来 *

　　近年来,在国内外兴起一股研究《周易》的热潮。研究《周易》的人逐渐多起来了,队伍扩大了;研究《周易》的著作和文章也多起来了。其中有的是探讨《周易》同中华民族文化的关系;有的是企图从《周易》的思维方式中寻觅智慧、索求启迪,去管理经济、发展科技文化。这是个好现象。但是,我们还应该看到,在这股热潮中,在研究《周易》的目的、方向和方法等方面,仍存在着不少问题。诸如有的人借弘扬民族优秀传统文化之名,打着"《周易》预测学""科学算命""《周易》应用学"等旗号,宣扬神学迷信,卜卦、算命、看相、测字之风相当盛行。这不是弘扬优秀传统文化,而是弘扬《周易》中的糟粕;有的人则把《周易》扩大化、现代化,把现代的科技文化的新成果、新理论,都说成"《周易》早已有之""《周易》早已说尽"。这种把一切事物都代入《周易》之中,把今人的东西强加在古人身上的研究,无论在方向还是在方法上都是不可取的;还有,从近年发表的有关《周易》研究的著作和文章来看,用平面直观的方法比较常见,直抒胸臆的

---

　　* 　据《任继愈学术文化随笔》。原载《哲学研究》1992 年第 1 期。

多,客观研究、有分量的文章较少。有些研究者受语言文字的局限,下结论有时不严谨,自以为破译了千古不传之秘,实际上经不起别人的推敲。运用民族学、宗教学、语言学、文化人类学、考古学的成果来研究《周易》的著作和文章还不够多。为了《周易》研究的健康发展,为了《周易》研究能沿着科学的轨道上不断深入,解决《周易》研究的方法问题是重要的,应当把这个问题提到日程上来。

《周易》的研究,几千年来从未间断,它是难度最大,注释最多的经典。我们的前人对《周易》的研究曾采用过各种各样的方法,如义理、象数、考据,等等,各有所见,又各有其局限性,效果都不理想。我们今天研究《周易》必须坚持历史唯物主义的方法。由于《周易》距今年代久远、文字不多而难懂,在坚持历史唯物主义的观点和方法的同时,还应该考虑吸取现代多学科成果,驳斥那些"以艰深文其浅陋"的江湖术士行径。

从中国哲学史研究工作来看,几十年前能用历史唯物主义观点、方法说明一两个实际问题的文章、著作就是成就。把重大问题、主要学术流派介绍得比较准确,就受到称赞。几十年间,中国哲学史研究者不断进行新的探索,比如,对范畴发展的研究;专题、专门学科的研究;专人、专书的研究;断代的研究;中外哲学的比较研究;等等,有许多好的著作出版。有了大量分科、专题研究作为基础,再写中国哲学史,会比过去有更多进步和提高。

中国哲学史研究的过程说明,认识的过程开始是整体的、概括的、笼统的认识,经过逐步展开分析,深入到局部的、微观的、具体的研究,再上升到新的综合,这是否定之否定的过程。专题、专科、专人、专书的研究不是凭空提出来的,是在通史研究中遇到障碍,不得前进,才要分头深入的。《周易》研究是全部中国哲学史领域的一个分支。

如果把《周易》研究作为一个整体来考察，它又有自己的分支、分科的领域，等待我们开发。刚刚开始，总是从一般性的介绍、描述阶段开始。从无到有的阶段，一般性的介绍、描述就是贡献。但长期停留在一般性的介绍和描述，重复前人的成果，就不能算科研，谈不上贡献。

在《周易》这个研究领域，前人已做过许多文献考订工作。今天看来，仅有文献整理工作是不够的。我们今天有远比古人优越的条件，应该取得超越前人的成果。比如《周易》作为一部卜筮之书，它的占卜方式很值得注意。我们可以把国内外有关少数民族或原始民族占卜活动的资料拿来，与《周易》的筮法进行比较，一定会比古人发现更多的东西，有助于我们准确地把握《周易》筮法的特点，从而对《周易》研究有所突破。朱熹占卜时，口中念道："假尔泰，筮有常。假尔泰，筮有常。"这种宗教心理状态如果与少数民族仍保存着的宗教占卜仪式相比较，也会得到某种新的认识。以上只是举例说明今人具备的研究条件是古人所不具备的，我们的工作大有可为。

《周易》研究有有利的条件，又要看到它的难度。古代典籍对现代人有时代的、地区的限隔，都不易理解。《周易》的难度更大，它的时限跨度长达几千年，它反映了原始社会人的生活习俗。社会变了，留在书上的记载，只有几行，甚至只有几个字。文字记录与实际情况相去遥远，古代当时当地是如何理解的，我们不易把握。用今天的理解，望文生义，容易出错。有的地方连文句也不易弄懂，再去强解，就更不容易把问题讲明白。《周易》的研究，今天正处在介绍、描述的认识阶段，有大量工作要做，首先要读懂它，讲通它。

上下古今几千年，平列在今人的面前，如果不注意时代环境的变化,缺乏时间跨度意识,把《周易》中的文句放在同一水平面上看,不免把后人的观点强加给古人。如朱熹批评王弼注《易》,说他"巧而不明"。王弼是个大学者,他用他的理解去注释《周易》,没有把《周易》讲清楚,朱熹批评王弼的话有道理。朱熹自己注释的《周易》是否讲清楚了,也未必。中国古人著述以述为作,以注代作。《周易》文字简约得出奇,有时一句话上下不连贯,任凭人去解释,这个特点使许多研究者利用它的框架,随时装进自己的东西,任意发挥。这部书成了中国古代经典中注释最多的一种。没有注释的古书,不大好懂,注释太多的古书,使人眼花缭乱,无所适从,容易不知不觉地跟着注释走,也会造成困难。

当前,《周易》研究的方法问题应当提到日程上来。现在发表的文章,用平面直观的方法比较常见,直抒胸臆的多,客观研究的、有分量的较少。有些研究者受语言文字的局限,下结论有时不严谨。自以为被解了千古不传之秘,实际上经不起别人的推敲。运用民族学、宗教学、语言学、文化人类学、考古学的成果,使之为《周易》研究服务的还不多。

从学科发展前景来看,为了促进《周易》研究进一步健康发展,只有通过科学实践这条途径,通过百家争鸣,形成不同的学派。不能认为凡是对《周易》有兴趣的都算是一派。社会上关心《周易》的人不少,但路数不同,方法不同;指导思想不同,研究目的不同。对那些不健康的倾向,光表示批评和反对还不够,重要的是我们自己要拿出像样的研究成果来,起到一个示范作用,逐步引导、带动、影响《周易》研究沿着正确的轨道发展下去。随着研究不断深入,会形成不同的学派。不同学派之间会出现争鸣的局面。那时我国的《周易》研究将会出现新局面。这是自然发展的结果,不能急于求成。

　　近年来,国外研究《周易》的人也逐渐多起来,我们也要根据实际情况开展国际性的学术交流。这种交流已经开始,我们的各类哲学学会,有责任关心学术交流的学术性,掌握学术水平。能在外国刊物上发表的文章,如果见解平庸,达不到国内水平的,我们的刊物不应迁就、照顾。这对于提高《周易》研究水平,对中国哲学史研究的共同事业都有好处。

关心《周易》研究
促进健康发展*

关心《周易》研究的人近几年逐渐多起来,报纸杂志上有关《周易》研究的文章也多起来。这标志着在中国哲学史这个大范围内,除了中国伦理学、中国美学、中国佛教、中国道教、中国无神论、中国医学理论几个方面外,我们中国哲学史的研究队伍又增加了新的方面军,形成了一支专攻《周易》的队伍,开辟了新的园地。《周易研究》已出 10 期。这是一个理论性较强,研究的问题难度较大的学术刊物,从创刊到成长,来之不易。

凡事开头难,"有了好的开头,等于成功了一半",西方这句谚语说的对。从事任何事业,从无到有,要克服困难,付出艰辛劳动。中国也有一句谚语,叫作"行百里者半九十",这是对已经开了头的事业说的。事情开了头,后来往往难于坚持,只有坚持到底,才算完成。这两句谚语无非是教人对工作要善始善终,坚持到底。

科学研究的特点在于开拓、前进,日新不已。马克思把科学研究比作登山,只有不怕险阻,才能达到顶峰。这只是一个比

---

* 原载《周易研究》1992 年第 1 期。

喻,山有顶峰,科学研究没有固定的"顶峰",山外有山,天外有天。今天攀上了顶峰,上去之后,又发现有更高的山峰在前面。

从中国哲学史研究工作来看,几十年前能用历史唯物主义观点、方法说明一两个实际问题的文章、著作就是成就。把重大问题、主要学术流派介绍得比较准确,就受到称赞。几十年间,中国哲学史研究者不断进行新的探索,比如,对范畴发展的研究,专题、专门学科的研究,专人、专书的研究,断代的研究,中外哲学的比较研究,等等,有许多好的著作出版。有了大量分科、专题研究作为基础,再写中国哲学史,会比过去有更多进步和提高。

中国哲学史研究的过程说明,认识的过程开始是整体的、概括的、笼统的认识,经过逐步展开分析,深入到局部的、微观的、具体的研究,再上升到新的综合,这是否定之否定的过程。专题、专科、专人、专书的研究不是凭空提出来的,是在通史研究中遇到障碍,不得前进,才要分头深入的。《周易》研究是全部中国哲学史领域的一个分支。

如果把《周易》研究作为一个整体来考察,它又有自己的分支、分科的领域,等待我们开发。刚刚开始,总是从一般性的介绍、描述阶段开始。从无到有的阶段,一般性的介绍、描述就是贡献。但长期停留在一般性的介绍和描述,重复前人的成果,就不能算科研,谈不上贡献。

在《周易》这个研究领域,前人已做过许多文献考订工作。今天看来,仅有文献整理工作是不够的。我们今天有远比古人优越的条件,应该取得超越前人的成果。比如《周易》作为一部卜筮之书,它的占卜方式很值得注意。我们可以把国内外有关少数民族或原始民族占卜活动的资料拿来,与《周易》的筮法进行比较,一定会比古人发现更多的东西,有助于我们准确地把握

《周易》筮法的特点，从而对《周易》研究有所突破。朱熹占卜时，口中念道："假尔泰，筮有常。假尔泰，筮有常"，这种宗教心理状态如果与少数民族仍保存着的宗教占卜仪式相比较，也会得到某种新的认识。以上只是举例说明今人具备的研究条件是古人所不具备的，我们的工作大有可为。

《周易》研究有有利的条件，又要看到它的难度。古代典籍对现代人有时代的、地区的限隔，都不易理解。《周易》的难度更大，它的时限跨度长达几千年，它反映了原始社会人的生活习俗。社会变了，留在书上的记载，只有几行，甚至只有几个字。文字记录与实际情况相去遥远，古代当时当地是如何理解的，我们不易把握。用今天的理解，望文生义，容易出错。有的地方连文句也不易弄懂，再去强解，就更不容易把问题讲明白。《周易》的研究，今天正处在介绍、描述的认识阶段，有大量工作要做，首先要读懂它，讲通它。

上下古今几千年，平列在今人的面前，如果不注意时代环境的变化，缺乏时间跨度意识，把《周易》中的文句放在同一方平面上看，不免把后人的观点强加给古人。如朱熹批评王弼注《易》，说他"巧而不明"。王弼是个大学者，他用他的理解去注释《周易》，没有把《周易》讲清楚，朱熹批评王弼的话有道理。朱熹自己注释的《周易》是否讲清楚了，也未必。中国古人著述以述为作，以注代作。《周易》文字简约得出奇，有时一句话上下不连贯，任凭人去解释，这个特点使许多研究者利用它的框架，随时装进自己的东西，任意发挥，这部书成了中国古代经典中注解最多的一种。没有注释的古书，不大好懂，注释太多的古书，使人眼花缭乱，无所适从，容易不知不觉地跟着注释走，也会造成困难。

当前，《周易》研究的方法问题应当提到日程上来。现在发表的文章,用平面直观的方法比较常见,直抒胸臆的多,客观研究的、有分量的较少。有些研究者受语言文字的局限,下结论有时不严谨。自以为破解了千古不传之秘,实际上经不起别人的推敲。运用民族学、宗教学、语言学、文化人类学、考古学的成果,使之为《周易》研究服务的还不多。

从学科发展前景来看,为了促进《周易》研究进一步健康发展,只有通过科学实践这条途径,通过百家争鸣,形成不同的学派。不能认为凡是对《周易》有兴趣的都算是一派。社会上关心《周易》的人不少,但路数不同,方法不同;指导思想不同,研究目的不同。对那些不健康的倾向,光表示批评和反对还不够,重要的是我们自己要拿出像样的研究成果来,起到一个示范作用,逐步引导、带动、影响《周易》研究沿着正确的轨道发展下去。随着研究不断深入,会形成不同的学派。不同学派之间会出现争鸣的局面。那时我国的《周易》研究将会出现新局面。这是自然发展的结果,不能急于求成。

近年来,国外研究《周易》的人也逐渐多起来,我们也要根据实际情况开展国际性的学术交流。这种交流已经开始,我们的各类哲学学会,有责任关心学术交流的学术性,掌握学术水平。能在外国刊物上发表的文章,如果见解平庸,达不到国内水平的,我们的刊物不应迁就、照顾。这对于提高《周易》研究水平,对中国哲学史研究的共同事业都有好处。

1991 年 12 月于北京

《中国古代哲学名著今(全)译丛书》总序*

在国务院古籍出版规划统一方针指导下,我们与巴蜀书社合作,编辑了这套《中国古代哲学名著今(全)译丛书》。

世界各民族不论大小,都对人类文明有所贡献,中华民族有五千年的历史,它对人类文明已经做出过伟大的贡献。伟大的贡献,有赖于民族思想文化的成熟。中国哲学,是中华民族思想文化成熟的标志。

五千年来,中华民族经历了无数的忧患和灾难。但是,忧患和灾难并未使它消沉,反而使它磨炼得更加坚强,在与困难和挫折的斗争中,它发展了、前进了。在前进的过程中,中华民族认识着世界,改造着世界,同时也改变着自身。

中华民族认识世界、改造世界的过程,在中国哲学中得到了集中地反映。其深闳的内容,明睿的智慧,在古代社会,和其他民族相比,都达到了极高的水平。中国哲学,在当时,无愧于自己的时代;在今天,是我们宝贵的文化遗产。随着人类社会的不断前进,随着对历史的深入剖析,中国哲学的内容和它的价值,

---

＊《中国古代哲学名著今(全)译丛书》,巴蜀书社,2004 年 7 月版。

将日益被更广大的人群所认识、所接受。

中华民族这个伟大的民族,有责任对世界文明作出更多的贡献。我们今天面临的任务,是要创造新的物质文明和新的精神文明,要完成这个历史任务,从中国古代哲学中寻求借鉴,提高广大人民的文化素养,是个必要的途径。

借鉴中国古代哲学,广大读者首先遇到的麻烦,是语言文字的障碍。本丛书的目的,就是为广大读者扫除这个障碍,使得更多的人能从中国古代的哲学著作中得到启迪,锤炼他们的智慧。

汲取前人的文化财富,(包括哲学、文学、科学、艺术)都应该直接取自原作,这是不言而喻的道理。事实上,能做到这一点的,总是少数人。所以从古到今,都有一些人在从事翻译。有不同文字的互译,也有古籍今译。缺少这个工作,人类创造的精神产品,就不可能成为广大人民的财富。

古文今译,并不是现在才有的。司马迁撰写《史记》,曾把商周的文献典籍译成当时流行的语言,树立了成功的范例,使佶屈聱牙的古代文献,被后世更多的读者所理解。古希腊哲学为后世欧洲哲学的源头,今天的欧洲人(包括今天的雅典人)了解古希腊哲学,很少有人直接阅读古希腊文原著,人们多是通过各自民族的现代译文,去了解古希腊哲学,这是学术发展的趋势和方向。

任何译作(古文今译,异国语文互译)都难做到毫不走样。但我们要求本丛书的译文,除了对原文忠实外,还要尽力保持原著的神韵风格。这是我们争取的目标,并希望以此和广大读者共勉。

本丛书第一编约45种,预计10年内出齐。力争提前,以飨读者。

《老子全译》前言 *

一　老聃和《老子》

先秦诸子号称"百家"，但对后世影响深远的思想流派，不过孔、孟、老、庄四家。四家中，孟子是作为孔子辅翼而出现的；庄子是作为老子辅翼而出现的。说到底，只有孔子、老子两家。

孔子，老子的著作文字不多，原书具在，其所以发生那样深远的影响，主要来自他们后继者的解释和阐发。古人重传统，迷信权威，很多新思想往往用注释的方式表达出来。中国古代六经中，注释最多的经典是《周易》；诸子中，注释最多是孔、老两家。《论语》用当时的口语记录，朴实明白，不易产生大的歧义。《老子》文约义丰，多用诗的语言来表达高度抽象的原理，因而增加了后人理解的难度。《老子》这一特点，也给后人留下了更多借题发挥的机会。读《老子》不能不借助于前人的注解，又不能完全相信注解，古籍今译的难处就在此。

秦汉以后，建立了大一统的封建政权。高度集中的中央政

---

　　*　任继愈《老子全译》，巴蜀书社，1992 年版。

府管辖着广大分散的农村。政治上的高度集中与经济上的极端分散,这样的格局贯串了两千多年。政治上没有高度集中,无法维持大一统的政权,经济上的极端分散,又是小农自然经济的特性。一般讲,这一对基本矛盾协调得好,就是中国的太平盛世,协调不好,就会天下大乱。强调集中、统一,严格等级制,是维持中央集权的要求;对农民不要过分地干预,自给自足,安居乐业,是小生产者、自然经济的要求。在朝的多强调集中统一,在野的多强调自由分散。儒家偏重在朝,道家偏重在野。在朝讲孔孟,在野讲老庄。有时同一个人,做官时讲孔孟,下野后讲老庄。这两大流派都有广泛的社会基础。朝廷势力大于农民,所以孔子影响大于老子,这是不难理解的。

农民是大一统政权赖以存在的支柱。农民问题被忽视,小则生产停滞,大则天下大乱。这就是孔、老两家源远流长的社会基础。

1956年,在北大哲学系给外国留学生讲《老子》、为了教学的需要,把它译成现代汉语。先在《光明日报》《哲学》连续发表了一部分译文,后来在中国古籍出版社出版,书名《老子今译》。后来长沙马王堆帛书《老子》出土.再经不断修改、补充,交上海古籍出版社出版,改名《老子新译》。《老子新译》出版后,发现还有不少地方译得不甚满意,仍继续修改。这次的译文,比起以前的译文纵有进步,但有些地方还有待于进一步推敲,希望这个《老子》译本,较符合《老子》的原旨,有助于后来人了解《老子》。

学问的天地广大无边,涵泳日久,更觉得自己的知识有限。古人说,活到老,学到老。愿继续学下去,用来弥补过去的不足。

对于老子这个人和《老子》这部书,归纳起来,有以下三派不同的意见:

第一派认为《老子》一书是老聃遗说的发挥。老聃确在孔子之先。主此说者，最早为马叙伦，张煦、唐兰、郭沫若、吕振羽、高亨和苏联学者杨兴顺等。

第二派人的意见，认为老子是战国时代人，《老子》书也是战国时代的书。主张这种说法较早的，清代有汪中，近、现代人有梁启超、冯友兰、范文澜、罗根泽、侯外庐、杨荣国等。

第三派认为《老子》成书更晚，在秦汉之间。主张这一派学说的有顾颉刚、刘节等。

我基本上同意第一派考证所举的理由（除环渊为《老子》撰者尚可存疑外），还有以下几点补充：

（1）在先秦的典籍中，如《庄子》《荀子》《韩非子》《吕氏春秋》都不曾怀疑过老子这个人和他的学说的关系，以上这些不同的学派都从不同的角度描绘着一个思想面貌轮廓大致相同的老子。他们所描绘的老子学说与《老子》书的基本思想是符合的。可以清楚地看到，战国中期以后，诸子受到老子哲学思想的深刻影响。只是到了汉初，才开始把老聃、李耳、太史儋三人的关系弄混，以致时代先后相差两百多年，连老子这个人的存在也变得模糊起来。

（2）《老子》的成书，是经过相当一段时间的。先秦的典籍很少由个人执笔写成，而是由各学派的门徒不断地发展、补充，经过若干年代才成为"定本"。其补充和发展的时间可以长达一二百年以至几百年。像《周易》的形成至少经过五百年甚至更长的时间；《墨子》的《墨经》与墨翟的时代也有一百多年的间隔；《管子》一书，包含了从春秋到汉初的思想；《孙子兵法》也是长期集结成书的。此外，很少受到怀疑的《论语》《荀子》，《韩非子》中也都夹杂着汉儒所增补的材料，但并不能因此否认孔、墨、韩、荀诸哲学家是他们的书的基本思想的奠基人。《老子》书也不应例外。我们不能因为其中发现个别地方有战国时代思想的一些迹象,就把全书的时代后移。

(3)《老子》书中有些思想在老子以前就已相当流行。"无为""贵柔"不信"天命"的思想,在春秋时期已具备雏形,只是还没有概括为哲学的普遍原则。

因此,我认为,《老子》书中如反对仁义、反对法令的一些思想,可能晚出。但《老子》的天道观(也就是老子哲学的基本部分)是老子本人的思想;贵柔,反对战争,辩证法思想也是老子本人的思想;小国寡民的政治理想也是接近老子本人思想的。以上看法是从先秦诸子由不同角度所描绘的老子的精神面貌综合概括出来的。

二 老子哲学简介

老子思想产生于春秋末期。春秋末期的社会变革,主要表现四个方面:第一,政治上周天子已失去统率天下的权势,奴隶制的等级制遭到破坏,诸侯僭越,大夫横恣。第二,经济上赋税制度改变,意味着奴隶制的所有制向封建的所有制过渡,出现了不贵而富的新兴阶级。反映阶级利益的法律也跟着改变,有所谓刑书、刑鼎的出现。第三,社会生活的旧观念、旧准则变了。上下尊卑,君臣父子的牢固关系已破裂,不能维持。父不慈,子不孝,臣弑君,子弑父的事变史不绝书。第四,天道观变了,人们怨天恨天的思想活跃起来,以至肆无忌惮。这四方面的变革,都是奴隶制崩溃,封建制降临的反映。面对这种大的变革,迫使许多伟大的思想家进行深刻的思考。当然思考也要受思想家们所属阶级利害的制约。

上述四个方面的变革,天道观的争论是先秦哲学史上的一个中心问题。天道观虽讲的是《天道》,但它和当时的阶级斗争、政治生活、科学发展息息相关,而不是由少数人的兴趣随便提出来的。先秦时期,关于宇宙起源、发展、变化的中心问题是"天道观";关于社会政治生活方面的中心问题是"礼"与"法"。"天道观"已经成为所有先秦哲学家都要对它表明态度的一个问题。除了《老子》书以外,孔子、墨予、孟子、庄子、荀子、韩非都严肃地对天道观问题表示了他们的意见。有从自然科学、生产斗争的总结中提出问题的,也有从宗教迷信观点提出问题的。

中国哲学前进的道路和西方古代哲学所经历的差不多。西方古代哲学也是从他们的天道观开始的。古希腊哲学家,探寻世界万物生成、变化、发展的原因,并据此作出种种不同的解释或结论;哲学家也就由此而区分为不同的阵营。不但西方如此,印度古代哲学也是从他们的"天道观"开始的。这可能是人类认识世界的必要过程,总是先注意到"身外之物",然后再认识自己。古代哲学相当于人类认识世界幼年时期,幼年儿童也是先认识周围外界,然后才认识自己。儿童的认识,先从他的保育者开始(父母或其他人),随后认识所接触的环境,最后才意识到自己(我)。

只就老子的"天道观"这个问题来看,老子的学说客观上打击了"天道有知"的宗教迷信思想。天有意志,能赏罚,这是人类社会加给神的特权。在原始社会里,神只是为人群造福,而不管赏功罚罪。赏功罚罪是有了国家以后所体现的统治阶级的意志。在老子的哲学里,天不具有人格,它只是一种自然状态。天不过是万物中之一物,是万物中的最广大的一种客观存在。最根本的存在,构成万物的原始材料,老子称之为"道"。老子的"道",在五千言中共出现过七十四次。为了叙述方便,先把《老子》关于"道"的重要表述列在下面:

　　道,可道,非常道。(一章)

道冲,而用之或不盈。(四章)

故几于道。(八章)

功成身退,天之道。(九章)

执古之道。(十四章)

是谓道纪。(十四章)

保此道者不欲盈。(十五章)

天乃道,道乃久。(十六章)

大道废。(十八章)

惟道是从。(二十一章)

道之为物。(二十一章)

字之曰道。(二十五章)

故道大。(二十五章)

道法自然。(二十五章)

道常无名。(三十二章)

道常无为。(三十七章)

反者道之动,弱者道之用。(四十章)

道生一。(四十二章)

见天道。(四十七章)

道生之。(五十章)

天之道,不争而善胜。(七十三章)

综观《老子》,"道"有五种涵义:

(1)混沌未分的原始状态。"有物混成";"道之为物,惟恍惟惚";"道生一,一生二,二生三,三生万物"。

(2)自然界的运动:"独立而不改,周行而不殆","大曰逝,逝曰远,远曰反"。

(3)道是最原始的材料:"道常无名,朴虽小,天下莫能臣也。"

（4）道是肉眼看不见，感官不能直接感知的：视之不见，听之不闻，搏之不得。

（5）道又有事物规律的涵义："天之道"，"人之道"。

主张老子的哲学属唯物论的一派，把老子的"道"解释为"物质实体及其规律"，把"道"概括为物质一般。事实上古代朴素唯物主义不能达到这样高度抽象的水平，当时人类认识还不具有相当于"物质"的概念。把近代唯物主义关于物质的概念提前到春秋末期，是不对的。

老子的"道"，仅仅是构成万物的原始材料的初步设想，他没有可能形成"物质一般"的认识水平。因此，老子的哲学概念中有"混沌"未分的概念。讲到混成，叫不出名字，谓之"无名"，谓之"朴"。

> 无名，天地之始。（一章）
>
> 道常无名。（三十二章）
>
> 无名之朴。（三十七章）
>
> 朴虽小，天下莫能臣也。（三十二章）
>
> 朴散则为器。（二十八章）
>
> 镇之以无名之朴。（三十七章）

老子对于道有所描述，但是不能清楚地讲明它的特点，有时用"无"，"无形"，"无物"，"无状"，这些否定性的词来描述。在中国哲学史上第一个作为万物之本的负概念——无的范畴，是表明人类认识前进的重要里程碑。

> 复归于无物。（十四章）
>
> 是谓无状之状。（十四章）
>
> 无物之象。（十四章）
>
> 复归于无极。（二十八章）
>
> 有生于无。（四十章）

大象无形。(四十一章)

这个看不见的"无""道",是产生天地万物的总根源,又叫作
"大"。

强为之名曰大。(二十五章)

执大像,天下往。(三十五章)

夫唯大,故似不肖。(六十七章)

这个"道"是老子力图摆脱传统宗教的统治所提出的一个新
的根据,它比上帝更有权威。

老子提出的取代上帝的最高发言权的"道",是精神,抑是物
质,他自己没有讲清楚。就当时人类认识的水平来看,他也不可
能讲清楚。思维与存在的关系的问题,古代已经存在着,但古人
没有明显地意识到这一点,不像后来那末清楚,古代的先进思想
家,只是朦胧地探索着前进的途径。思维与存在哪是第一性的
这个问题,到了近代才明确起来。

老子自己没有讲清楚自己哲学思想中的某些问题(这是古
人的局限性),我们评论他的思想,应不增不减,如实地进行评
述,这是哲学史工作者的职责。但是我们不能代替古人讲他自
己所不知道的东西,不能替古人发挥到他们自己还没有达到的
地步。

我们要清清楚楚地把古人的糊涂思想讲出来,并加以科学
的分析,指出古人为什么在这个问题上糊涂了,失足之处何在。

由于老子的哲学确有含混的地方,所以后来对老子有了不
同的理解。韩非,《淮南子》,荀子,王充代表着一条路线;《庄子》
内篇……王弼等代表着又一条路线。亚里士多德动摇于唯心与
唯物之间,老子是否也有类似的情况?看来也是有的。

老子的哲学,企图使人们的思想从宗教神学的束缚中获得
解放,站在当时宗教神学的对立面。他的天道自然无为的学说,

尽管还说得不够清楚,但有利于科学无神论的发展。

老子不重视感觉经验,甚至认为感觉经验不但无助于认识,反而对认识有害。他还说"其出弥远,其知弥少","圣人不行而知"(四十七章),这就堵死了认识外界事物的道路,他还主张"为学日益,为道日损,损之又损,以至于无为"(四十八章)。就是说把"体道"和求学问看作截然不同的两种道路。这样发展下去,势必把科学与哲学强行割裂。后期庄学所标榜的"堕肢体,黜聪明"的哲学修养方法,是直接来自老子思想的这一方面的。

老子有时把道解释为"朴",朴是待雕琢的素材,老子的哲学也是一个"朴",有待于后人进一步发展。老子的哲学后来分为不同的流派,都有所本,是发展、修正,而不能简单地说哪一派篡改了老子的原义。过去我们哲学史工作者,有人说韩非继承了老子,而王弼等人歪曲、篡改了老子的观点;也有人说庄子、王弼等继承了老子的观点,韩非、王充改造了老子的观点。今天看来,像老子哲学的这种内在矛盾的现象,在先秦哲学史上不是个别的。墨子的哲学也有这种内在的矛盾,使它不得不分化。《周易》的思想也是这样。孔子的"仁"也是这样,他没有讲清楚,这就给后来儒家各派留下了各自发展他们认为孔门真传的机会。古人对世界的认识,经历了曲折的道路,犯过各种错误。我们研究古人的哲学,也要避免简单化。

老子思想的形成,与当时的激变而又丰富多彩的社会生活有关;与当时发展着的自然科学有关;也和老子这一派人的小农自然经济的现实生活有关;甚至与老子思想所承属的江南多水地区的荆楚文化有关。

春秋末期,由于所有制发生了变革,因而国家的兴亡,个人的富贵贫贱,都有了极大的变化。作为史官的老子,看到不少"社稷无常奉,君臣无常位"(《左传》昭公三十二年)的现象,又从当时自然科学的知识中认识到自然界也是独立于人的意识之外不停地运动着。世界的总根源,无所不在的"道",就是"独立不改,周行而不殆"(二十五章)的。从"道"产生的天地万物也是在变化着。他说:"天地尚不能久,而况于人乎?"(二十三章)老子的辩证法思想是当时重大社会变革的客观辩证法的深刻反映。

老子比较系统地揭示出事物的存在是相互依存的,而不是孤立的。如美丑、难易、长短、高下、前后、有无、损益、刚柔,强弱、祸福、荣辱、智愚、巧拙、大小、生死、胜败、攻守、进退、静躁、轻重等等,都是对立的统一。一方不存在,对方也就不存在。他说:"有无相生,难易相成,长短相形,高下相倾,声音相和,前后相随。"(二章)矛盾统一观点的进一步明确,是当时人类认识世界深化的表现。

老子概括了当时自然现象和社会现象的变化,指出事物都向着它的相反的方向变去。他说:"正复为奇,善复为妖"。"祸兮,福之所倚,福兮,祸之所伏"(五十八章)。老子看到事物无不向着它的对立面转化这一基本规律,他说:"反者道之动"(四十章)。老子从这一原则出发,决定了他认识世界,对待生活的态度:主张贵柔、守雌,反对刚强和进取。

老子通过农业生产实践,看到植物的幼苗虽然柔弱,但它能从柔弱中壮大;相反,等到壮大了,反而接近死亡。他说:"草木之生也柔脆,其死也枯槁"(七十六章)。他认为对待生活也应当这样,他说"物壮则老,是谓不道,不道早已"(三十章)。这是说,事物强大了,就会引起衰老,有意造成事物的强大,是违反道的原则的,这会促进它早日结束它的生命。老子说:"强梁者不得其死"(四十二章)。他认为最好经常处在柔弱的地位,不转化为坚强,就可以避免走向死亡的结局。他说:"兵强则灭,木强则折"（七十六章）。又说："柔弱胜刚强。"（三十六章）因而他主张"曲则全,枉则直,洼则盈,敝则新,少则得,多则惑"（二十二章）。这是说,委曲反能保全,屈枉反能伸直,卑下反能充盈,敝旧反能新奇,少取反能多得,多取反而迷惑。他又说"天下莫柔弱于水,而攻坚强者莫之能胜"（七十八章）。他教人向柔弱的水的品质学习。水看来是柔弱的,但它可以冲决一切比它坚强的东西,所以老子说："上善若水,水善利万物而不争"（六十六章）。这是老子的"柔弱胜刚强"的原则在生活方面的运用。他说"知其雄,守其雌""知其荣,守其辱","知其白,守其黑"（二十八章）。老子虽深知什么是雄强,却安于柔雌;虽深知什么是光荣,却安于卑辱,虽深知什么是光彩,却安于暗昧。

老子贵柔守雌的态度和春秋末期个体小私有者的社会地位、经济地位有深切的联系。个体小私有者经济力量微弱,无权无势,他们没有居高临下的特权,还要遭到剥削压榨,因而老子的辩证法带有保持自己的利益、以柔胜刚、以退为进的特点。

对待敌人,老子主张创造一些不利于敌人的条件,使他们陷于不利。他说："将欲弱之,必固强之;将欲废之,必固兴之;将欲夺之,必固与之。"（三十六章）。这是说,将要削弱它,必先暂且增强它;将要废毁它,必须暂且兴起它;将要夺取它,必须暂且拿给它。历代统治者往往以这种方法作为对付人民的权术;历代的军事家也往往用它作为克服强大敌人的武器。

老子发现了事物转化的规律,并用来反对有目的、有意志的上帝（天）,是有它的积极意义的。他说,"祸兮,福之所倚,福兮,祸之所伏。孰知其极? 其无正"（五十八章）。"正"通"政",即领导者,主宰者。他认为福与祸互相转化,没有穷尽,指出事物的变化是它自己的原因,没有主宰者。但是他把对立面的转化看作无条件的,绝对的。老子脱离了条件讲对立面的转化,只看到事物向它对立面转化的事实,没有注意条件在转化中的重要作用,因而在祸福、得失面前显得缩手缩脚,在转化中显得无能为力。他认为"有为"必然招致失败;有所得必然有所失,企图用消极无为的方法避免转化带来的危害。他说"无为,故无败;无执,故无失"(六十四章)。"多藏"必招致"厚亡",为了避免厚亡的损失,最好不要多藏。强大了会带来死亡,为了避免死亡,最好不要过于强大。他看到刚强会带来挫折("兵强则灭,木强则折"),他宁肯安于柔弱;抢先会落到后边,他宁肯居后;争荣誉会招致屈辱,他宁肯不要荣誉。他要"去甚,去奢、去泰"(二十九章)。老子有丰富的政治生活经历,也亲身感触到有权有势的贵族是怎样由过分剥削、贪得无厌而遭到更大的失败的。老子看到了变化的威力,却害怕变化的出现,他的辩证法用作观察世界的方法是深刻的,用作指导生活的原则,却缺乏斗争、进取的精神。

老子脱离了条件去看柔弱胜刚强的原理,因而把柔弱胜刚强抽象化、绝对化。他看到一些柔弱的事物目前虽不够强大,后来居然战胜了强大的敌人,他说:"坚强者死之徒,柔弱者生之徒"(七十六章)。但是他没有区别垂死的、腐朽的事物的衰弱,与新生事物的柔弱在性质上的差别。事实表明,只有新生的事物才可以由柔弱转化为强大;垂死的事物的柔弱,不但不能转化为强大,前途却只有继续走向死亡。老子没有能够认识这一差别,他把强与弱,胜与败,看作循环往复的无尽过程,对于新生事物表达淡漠,采取"不敢为天下先"的保守态度。老子不能理解掌握了事物客观规律后,可以从一个胜利走向新的胜利。在老子看来,胜利后接着出现的必定是失败。由于当时科学发展水平的局限,无论农业科学、天文科学,都存在着严重的循环论的缺点,老子的辩证法也无法超出当时科学水平的局限。农民小

196

私有者有自己的小块土地,过着自给自足的生活,也使他们容易产生安于现状,保持自己小天地的思想。他说:"祸莫大于不知足","知足之足,常足矣"(四十六章)。这都是老子的辩证法思想很不完备的地方。

老子的辩证法还不可能正确认识量和质的辩证关系,但确已模糊地初步地触摸到事物的量的积累可以引起性质的变化的某些端末。他说:"合抱之木,生于毫末;九层之台,起于累土。"(六十四章)毫末(种子的萌芽)不是大树,但毫末不断发展,终于长成为合抱的大树;一堆土不是高台,但不断积土,可以造成九层的高台。老子还说,"图难于其易,为大于其细"(六十三章)。难和易,大和细,是质的不同,但从一点一滴的细小努力做起,即可克服困难,完成巨大的工作。这都是老子对于一定的量的积累可以引起性质变化的初步认识。在生活方面,老子也有意识地运用这一原则。他说:"其安易持,其未兆易谋,其脆易泮,其微易散"(六十四章)。在事物还稳定时,它的稳定容易维持;事物还没有显著变化的迹象时,容易打主意;事物还脆弱时,容易消融;事物还微细时,容易打散。他还说"多易必多难"(六十三章),把事情看得太容易,势必遭到困难,提出了在当时可能达到的深刻的看法。

老子的辩证法中没有由低级到高级的发展观念,但也初步接触到这一方面的问题。他指出经过发展阶段的事物比前一阶段的事物表面相似,但实质上是提高了。他说,"大成若缺,其用不弊;大盈若冲,其用不穷。大直若屈,大巧若拙,大辩若讷"(四十五章)。老子指出了好似拙的大巧并不是真正的拙,好似空虚的充实并不是真正的空虚,它们都是原来的质的进一步提高后的新质。老子还说,"明道若昧,进道若退,夷道若纇,上德若谷,大白若辱,广德若不足,建德若偷,质真若渝"(四十一章)。这一连几个"若"字,都是指的比原来阶段的质有所提高的新的质。老子有时用婴儿朴素天真的状态描绘有德的人,他说,"含德之厚,比于赤子"(五十五章)。这也是一种形象的比喻,他不是主张人们都退回去真正当婴儿,而是希望人们最好能够像婴儿那样纯朴。

老子的辩证法思想继承了春秋以前丰富的辩证法思想的成就,并在前人成就的基础上有所发展。它的缺点在于专重柔弱,反对进取,不敢迎接新事物;脱离了条件讲变化,没有摆脱循环论的影响。老子的辩证法还有过分强调矛盾对立面的统一性而忽视矛盾对立面的斗争性的一方面,因而包含有走向相对主义的可能。庄子的相对主义哲学体系就是沿着这条道路发展而来的。这些消极因素,在一定程度上妨碍了老子的朴素的辩证法的正常发展。

在老子以前,中国哲学史上还没有哪一个哲学家像老子那样广泛而深刻地概括了世界运动变化的规律。老子的哲学中一些辩证法的警句,长期流传在社会上,如"柔弱胜刚强","强梁者不得其死","将欲取之,必固与之","祸福相倚","大巧若拙",由此衍生出来的,如"大智若愚"(由"大巧若拙"衍生),"慢藏诲盗"(由"多藏必厚亡"衍生),几千年来已成为中国人民的精神财富。老子的辩证法用于军事学,成为以弱胜强,避实击虚的指导原则,为历代兵家所遵奉。另外,中国的柔术,太极拳,导引术也都直接间接地发挥着老子贵柔、守雌的精神,并已收到实效。

但是应当指出,老子的辩证法,仍然带有原始朴素性质。它第一次揭示自然和社会普遍存在着矛盾对立的现象,往往只是分散的、零碎的列举一些对立的现象,没有来得及整理成为体系,提高到一个总的原则。后来《易传》就提出了一个矛盾变化的总范畴"阴阳",把自然现象、社会现象都归结为"阴阳"这一对范畴之中。

辩证法在我国的哲学史上有两大系统：一个系统尚柔，主静，贵无，这是老子哲学开创的；一个系统尚刚，主动，贵有，这是《易传》开创的。这两大流派在中国哲学史的发展中都有很大影响。由于宗法制度贯串着封建社会的全过程，而《易传》是儒家的经典，因此刚健一派的辩证法体系略占优势。事实上，不论尚柔的辩证法还是尚刚的辩证法，都只是说到了事物发展的一个方面，而不是全部。刚能克柔，柔能克刚，都是在一定的条件下，才能实现；脱离了条件，矛盾的双方不能转化。老子和《易传》的作者恰恰都没有认识到就一点。"反者道之动，弱者道之用"，只能在一定条件下实现。老子不管条件是否具备，主张凡是好事都要变成坏事，凡是坏事都要变成好事（"正复为奇，善复为妖"），这就把问题看死了，甚至背离了辩证法。个体经济的小生产者，看不到出路和前途；他们看到了事物要变化，但又害怕变化。因此他们没有从辩证法得出积极的结论，却引出相反的结论，主张贵弱、守雌，"不敢为天下先"，甚至想利用辩证法的原则来防止事物发生新的变化。

老子提出事物的正面必然变到反面。但它看不到客观事物的多样性、复杂性以及运动变化的曲折性和螺旋形发展的特点，而把事物的转化看成机械不变的，这就损害了他的辩证法的全面性。他对社会上的真假、美丑、善恶等矛盾对立的社会现象，指出表面现象与实际内容未必一致。这是他看问题深刻的地方。可是，他又把事物表面和内容的不一致看成绝对的，从而陷于武断。比如说"信言不美，美言不信。善者不辩，辩者不善。知者不博，博者不知"（八十一章）。他认定"信言"都是"不美"的，"美言"都是"不信"的，"辩者"一定都"不善"，"善者"一定都"不辩"，这就过于片面了。不能说世界上真、善、美的事物永远不能统一，只能互相排斥。这就使他的辩证法思想被他自己的体系败坏了。

辩证法，不能脱离一定的哲学体系而独存。老子的哲学体系中，既有唯物主义的因素，也有唯心主义的因素。体系本身的矛盾、含混，限制了老子的辩证法的正常发展。

辩证法，不能摆脱哲学家阶级属性的制约。老子不代表先进的、有发展前途的阶级，它体现了中国古代个体经济小生产者的世界观，所以老子的辩证法表现为退守、知足、维持现状、安于现状、号召不争。这些思想的传播与我国的长期落后，不无关系。鲁迅对于危害广大人民几千年之久的一切保守思想曾进行过猛烈抨击，他对旧中国灾难深重的中华民族，"哀其不幸"，"怒其不争"（《摩罗诗力说》），而首先系统地宣扬不争哲学的合理性，并讲出一套"不争"的具体理论的，正是老子。这是专就老子哲学的消极面说的。

从总体来看，老子探求天地万物的总根源，老子的辩证法构成了中国古代辩证法的一个核心部分。老子哲学是中华民族深沉的智慧的结晶。不懂得孔子就不懂得中国文化，这一点被中外有识之士所公认；不懂得老子同样不可能懂得中国文化，人们对这一点注意得还不够。

中华民族有孔子、老子这样的代表人物，值得自豪。

韩敬《法言注》序*

　　扬雄的历史地位,在汉唐时期比较受到重视。桓谭、王充对扬雄能提出有别于经学的新理论,备极赞誉。只是到了宋以后,才开始被排斥在道统嫡传世系之外。宋朝,理学兴起,到了南宋小朝廷偏安江左,皇帝已向金国称臣,对古代历史却大讲正统。因扬雄曾受过王莽的官职,朱熹在《通鉴纲目》中书"莽大夫",人称"三字狱"。从此扬雄再也没有翻身。也有一些儒者出来为他洗冤,恢复名誉。但关于扬雄的研究,在近代还未引起足够的重视。

　　扬雄是文学家、音韵学家,也是哲学家。他的文学在当时还是受重视的。他的哲学在当时的影响不如他的辞赋影响大。哲学著作有《法言》《太玄》。真正体现扬雄哲学体系的应是《太玄》。《法言》的内容复杂,涉及的方面很广,举凡政治、道德、文学、艺术等都有所议论,扬雄仿效《论语》,故意使文字过分简古,读起来使人不易理解。可能他有意不让人家完全看懂。《太玄》仿效《周易》,文字更加深奥难懂。同是汉人著作,王充的《论衡》浅明,扬雄的著作艰涩。又由于扬雄的学说长期受到冷遇,历代

---

　　*　据《念旧企新》。韩敬《法言注》,中华书局,1992 年 12 月版。

整理他的著作的人不多。《太玄》且不说,就《法言》而论,清代汪荣宝《法言义疏》集前人之大成,是一部较有分量的著作,可谓扬雄的功臣。惜汪氏是一位文史学家,而不是哲学家,就事论事的地方多,通贯扬雄的思想体系不够,读了汪氏著作,还不能使人对扬雄的思想轮廓有一个鲜明的了解。

为哲学著作作注解,作者应通晓哲学;为文学著作作注解,作者应通晓文学。翻译也是一样,不懂专业的人,很难译得专业的书。刘宝楠的《论语正义》是一部重要的注释书。与焦循的《孟子正义》相较,读者多认为《孟子正义》胜过《论语正义》。其中一个因素就是焦循通晓义理之学,刘宝楠只通晓训诂之学。像《论语》《孟子》这样的书,光靠疏通文字,探明字源,考释名物是不够的。古代佛典翻译家,人推鸠摩罗什为第一流,就在于他不只通晓语言,还通晓义理。

韩敬同志60年代初期在北京大学哲学系读研究生,毕业论文为《扬雄思想研究》。当时中国哲学史教研室主张给研究生以全面训练,不仅要求能讲述古人著作大意,而且要求研究生能精确阅读古人原著。写毕业论文时,同时要求学生对文字、训诂、校勘都要实践一遍。记得韩敬同志为了他的扬雄研究的论文,曾查阅了北京图书馆所藏《法言》的各种版本,有一定的校勘经验。在1965年,韩敬同志毕业后,被分配到云南省历史研究所。此前全国社会科学研究人员及大专院校文科师生参加"四清"运动,此后紧接着是史无前例的十年"文化大革命",韩敬同志的《法言注》的稿子没有整理和发表的机会。

韩敬同志没有受过旧式的古籍注疏的训练,但他学习过北京大学中文系古典文献专业的有关课程,也很注意清代汉学的治学方法。他比前人强的是他长于义理,对马列主义基本理论有较好的造诣。有哲学的训练,又具有一定的汉学知识,这就使他具备了整理扬雄《法言》的有利条件。

《法言注》写作过程中,先以油印稿分寄各处征求意见,然后再参考所收到的修改意见,进行修改。若从写研究生论文算起,历时已有二十多年了。我有机会在本书正式出版前先看过《法言注》的初稿,认为这是部值得向出版界推荐的好书。优点有三:

(一)对疑难的地方不放过。有些所谓"专家"的注释,往往把困难的地方跳过去不注。这样做,对作者的好处是既可省事,又能藏拙,但读者需要解释的疑难地方,照样不得解决。韩敬同志这本注不是这样,他总是力求把困难留给自己,而不是把困难推给读者。

(二)把字句的解释和扬雄的哲学思想联系起来考虑。这也是过去只懂训诂,不懂义理,或只懂义理,不懂训诂的学者所做不到的。而这一点恰恰发挥了韩敬同志的长处。他既不放过一字一句的细枝末节,又联系到扬雄哲学的整体观念。读了他的注解,使人有一个完整的印象,而不是支离破碎,零散不全。

(三)注解方法也有所创新,既是注,也是疏,有字句的诠解,也有串讲。对今天的青年读者,这无疑是很必要的。青年读者对古书接触不多,有时字虽认识,还是不明白讲的是什么意思。看了韩敬同志的《法言注》,可使疑难涣然冰释。近年来,有些古书的注解几乎有回到乾嘉文风的倾向,看来虽古色斑斓,但对青年读者却未必有用。

当然,"金无足赤,人无完人",书也是一样,韩敬同志的注释也还有不足之处。比如,限于主客观条件,前人关于《法言》的一些零散材料尚未能全部加以搜集利用;《法言》中的疑难之处也还未能全部予以彻底解决;注释也并非没有可以商榷之处。这都是有待于今后有机会时加以改进的。

最后,不得不再说几句题外的话。近几年来,我们中国哲学史界出了不少著作,光哲学史就有若干部。这是好事,反映了我们这一行的繁荣景象。现在面临的新任务是要更上一层楼。这就要求大家读原著,深入钻研。已出版的哲学史著作是前人成果的总结。新成果要从原著中撷取。整理古书是为社会主义祖国建设精神文明的百年大计做贡献,可惜我们对这一方面的工作做得太少,远远满足不了社会的需要。有些人鄙视整理工作,认为它不算研究,这种看法是不对的。看不懂原著的人,他研究的结论有多少科学性呢? 只知道翻第二手资料的人,有什么资格菲薄注释工作呢? 整理古籍也是一门学问,需要多方面的专门知识,需要严格的科学态度,需要付出艰苦细致的劳动,对我们搞中国哲学史研究的人来说,更是一种极其重要的基础工作。我诚恳地希望从事义理之学的同志能分出一部分时间和精力来做点资料整理工作,对人对己都有好处。也盼望韩敬同志假其余勇,《法言注》之后,再把《太玄》注出来,对学术界应是又一贡献。

中国哲学的过去与未来[*]

一

中华民族有文字可考的历史至少有五千年,中国哲学发展的历史只有三千年左右。因为人类从蒙昧到有文化需要一个较长的过程,从有文化到自觉运用高度抽象思维,还要走相当长的路程。哲学思想是文化的精华部分。各民族都有自己的文化,但不是每个民族都有自己的哲学。世界上文明古国不少,各自走过了自己的道路,完成各自的历史使命,但大体上都是从蒙昧到有文化,从有文化到产生哲学这样的普遍过程。

如果把中华民族比作一个人,它也有从幼年不成熟到逐渐成长的过程。一个人的有效寿命不过百年,一个民族的有效寿命要长得多,以一百年到一千年为计算阶段,才可看出它发展变化的面貌的来龙去脉。

中国哲学应当从什么时候算起,"五四"前后的学者们有很不相同的看法。以北京大学开设的中国哲学课程为例,"五四"

***

＊　原载《中国哲学史》1993 年第 3 期。

以前,从三皇五帝、《尧典》《舜典》讲起,讲了半年,还没有讲到周公。"五四"以后,学术界多数研究者吸收了现代史学研究方法,利用民俗学、考古学、文化人类学的成果,吸取欧美学者研究西方哲学史的方法,断然抛弃了缺乏事实根据的传说,从春秋战国的诸子争鸣讲起。胡适的《中国哲学史大纲》(上)开一代风气,并得到学术界的认可。此后的中国哲学史再没有从尧舜讲起的。再用中国哲学与西方古希腊哲学比较,双方兴盛时期东西方相辉映,中国古代哲学与古希腊哲学几乎同步前进①。从世界范围考察,公元前七世纪前后人类进入文明成熟阶段,产生了哲学体系。东西方由于社会历史条件不同,各自走着不同的发展道路,越到后来,差别越明显。

中国哲学奠基于春秋战国时期。后来两千年的许多流派和观点、哲学的基本范畴,大体都能回溯到春秋战国。学术界多认为这是中国哲学的黄金时代。一则内容丰富,二则具有学术争辩空气活跃,呈现出百家争鸣的繁荣局面。到了秦汉统一全国,学术界反倒显得沉闷,不及先秦学术活跃,有人对此感到遗憾。

如果把先秦哲学放在中国哲学发展的全过程来考察,不难发现先秦哲学的百家争鸣到秦汉哲学的定于一尊,这个变化是必然趋势,不可分割。

春秋战国诸子百家为什么争鸣?他们争论的中心议题是什么?先秦百家争鸣的中心议题是如何建立大一统的国家。孔、墨、孟、荀、韩非都提出了他们统一天下的方案,都不满意当时战争频繁、政治不安定的社会状况。貌似超脱的老子、庄子,也设计了他们治理天下的蓝图,并不是不要统一,只是要上边有一个

---

① 古代印度缺乏文字记载,重视口头传授,他们的时间观念不及中国及西欧严格,印度古代哲学的发展,也大致和中国西欧相当。

"圣王"以无为原则治理天下，结束混乱局面。先秦的百家争鸣只是为后来的中国哲学创建完整的思想体系打基础，先秦哲学仅仅是中国哲学正式登场的序幕。真正具有强大创造力、生命力，足以体现中华民族伟大性格的哲学体系，都出现在大一统的中国封建社会相对稳定的时期。

今天世界关心中国哲学的人士心目中的"中国哲学"的多种思潮和流派，仔细追寻，几乎都是指的秦汉以后的哲学和流派。各流派虽可以追溯到先秦，但他们所研究的"中国"哲学的内容，几乎都是生存或流传于秦汉以后，经历隋唐或宋元明清专家学者发展出来的新体系。比如人们关注最多的儒家，号称以孔子为代表，按其所指，多是汉儒、隋唐儒，更多情况下指的是受过佛教、道教洗礼，经过宋代改造过的程朱儒、陆王儒，并不是原始的孔子儒、孟子儒、荀子儒。

二

中国古代哲学变革是政治变革的一面镜子。

中国文化走向世界，与其他文化体系发生联系，并引起注意，是秦汉以后的事。秦汉统一中国以前，中华大地上，众多诸侯国林立，国家小，人口少，不能形成集中凝聚的力量，各国战争此起彼伏。秦汉开始，中华民族开始形成，其活动范围基本上以黄河及长江流域为中心，由中原地区向周边辐射。蕃衍生息于九百六十万平方公里土地上的众多民族相互学习，相互依存、相互融合，在漫长的历史时期，发展了自己，壮大了群体。

秦汉统一，奠定了此后两千年的政治格局。两千年间，不论在理论上或在实践上，举国上下已取得共识，认为国家统一是正常的,分裂割据是不正常的①。

比起春秋战国时期,秦汉以后各个朝代,虽然思想不及先秦活跃,但哲学问题钻研得较深,形成了比较完整的、反映时代特征的哲学思想体系。再从人民得到的实际利益来看,大一统的集权制度,对于治理像中国这样的大国,具有绝对优势,为历代朝野上下所接受。

历代统治者为了达到长治久安的目的,不断总结经验,吸取前朝覆亡的教训,及时调整政策,构建理论,从而发展了中国古代的哲学和史学。中国古代哲学主要讲的是治国平天下的理论,它是政治学、经济学、伦理学、人生价值论的复合体。中国古代史学范围比今天的史学范围广泛,它包括政治哲学。

中国古代的生产方式是小农自然经济,它各自独立,一家一户为生产单位,又是消费单位,分散经营,相互隔绝。小农自然经济本来不利于大一统的封建大国。中国大一统的政治体制得以不断巩固和发展,主要靠中央政府高度集权的政治制度。政治的高度集中,经济的极端分散,这两者互相对立又互相依存,构成了秦汉以来中国古代社会的一对基本矛盾。

强化政治统一,不能专用武力,要文武夹辅,才能相得益彰。秦汉统一后,全国广大地区以政治手段推行了文字统一(书同文),从而克服了中国广大地区方言隔阻给中央统一政令推行的不便,汉字把广大地区各民族联系在一起。秦汉推行"行同伦"的教化措施,不像"书同文"那样有明显的社会效应,但它起着更深刻的社会影响。它向中华民族系统地传授共同的道德观、社

---

① 从秦汉到辛亥革命,两千年间基本上是统一的,最长的一段分裂时期是南北朝,也只有三百多年。南北朝分裂时期,南方有两次北伐,北方有一次南伐,双方都有结束分裂、完成统一的愿望,由于条件不具备,没有实现。

会观、价值观。像"三纲""五常"原则,秦汉以来成为两千年间稳定社会秩序、协调家庭关系和人际关系的普遍准则①。违背了"三纲"为不忠、不孝,很难在社会上立足。"夷夏之辨"是中国判断文明先进与野蛮落后的界限。区别夷夏的标准,把文化体系放在重要地位。

秦汉统一是中国历史发展的大势所趋,历史通过秦始皇、汉刘邦个人贪婪野心推动了社会前进。王夫之在他的《读通鉴论》中说:"秦以私天下之心而罢侯置守,而天假其私以行其大公。"这个论断是比较深刻的。

三

秦汉以后,长达两千年封建社会以儒、道两家影响最为深远。儒家以孔孟为代表,道家以老庄为代表。孔孟老庄影响中国哲学界的时间最久。事实上儒道两家都不是一成不变的,每改变一次,都要适应当时的历史需要改变一些旧观念,增加一些新内容。人们常说孔子思想影响了中国两千年(或说老子思想影响了中国两千年),这种说法与事实不符,不得不辩。

儒家思想在汉代经政府推广,定于一尊,以"三纲""五常"为

---

① 秦始皇并不完全反对"三纲"原则。《云梦秦简》载惩治儿子不孝的刑例。《绎山刻石》提倡"孝道"。秦始皇治理百姓用刑法,教育太子、贵族用礼义。对百姓用愚民政策,对统治阶层用儒家教化。比如当扶苏接到赵高伪造的迫使他自杀的遗诏,蒙恬知其中有阴谋,劝他写报告问明白后再死不迟。扶苏说:"父而赐子死,尚复安请?"公子高请求殉葬,说:"废兄而立弟,是不义也;不奉父诏而畏死,是不孝也。"(《史记·李斯列传》)秦始皇刻石表现的儒家"三纲"思想也不少,如"合同父子""圣智仁义""六亲相保""男女絜诚"等(《史记·秦始皇本纪》)。

主要内容,吸收当时社会上流行的燕齐方术及黄老刑名之学,构成了以阴阳五行为框架的汉代神学经学,末流发展的谶纬经学。阴阳五行为框架的汉代神学经学,适应汉代大一统的思想要求,用它来解释当时的社会现象、自然现象,论证大一统的政治统治秩序,起了积极配合作用。汉代的神学经学成为汉武帝的政治措施的得力助手。以其粗陋的神学理论基本上可以回答社会生活中多方面的问题。董仲舒的儒学所起的作用超过了孔子在春秋时期所起的作用。孔子影响所及只限于东方,董仲舒的儒学遍及全国。

儒学到了宋代,又经历了一次大变革、大改造。朱熹以毕生精力创建并完成儒教。重新选定《四书》为儒教经典,《四书》取代了《五经》的地位。经过元、明、清三代继续推广,《四书》列为科举取士的教材,朱熹的观点规定为标准答案,应试者只能"代圣贤立言"(应试者体会《四书》中的观点来做文章,不得发挥个人的见解)。经过数百年的长期传播,反复灌输,儒家学说收到奇效,进一步稳定了封建社会秩序,"三纲"观念进一步深入人心。宋以后有弄权的奸臣,没有篡位的叛臣,有效地消灭影响中央集权的叛逆行为。曹操在唐以前名声还不坏,宋以后曹操成了奸臣。曹操定为奸臣叛逆,完全是按儒教的标准划定的。

与儒家长期并存的道家也有类似情况。汉代道家是经过黄老学派洗礼的道家,以黄老刑名为主,吸收齐地管仲学派,杂收阴阳、名、法、儒、墨之学,构建了新体系,虽也称为"道家",与先秦的老子、庄子不同道。经过华北黄巾起义及四川五斗米道的农民运动的改造,《道德经》五千言成为道教徒用来讽诵、消灾免罪的圣经,老子也成为半人半神的教主。这是老子生前万万没有料到的。"汉儒"不同于孔孟,"汉道"也不同于老庄。学术研究不能不注意这种名同实异的变化。

魏晋道教发展成为中国型的系统宗教(不同于原始宗教),与佛教争高下,并得到有关帝王、贵族的支持,列入官方宗教。道教对下层社会的群众采取符咒治病方式,扩大了信徒团体。宋明以后的道教及时吸收佛教的心性之学,配合儒家的纲常名教观点,向两个方向发展;宗教理论专注于心性修养(道教称为内丹),其宗教实践专注于炼丹、修仙,以吸引上层贵族,炼气、武术,传播于社会下层,形成众多流派。

从名称上看,秦汉以后的中国哲学流派来自先秦,但考察其实际状况,不难发现其时代新内容,招牌未改,陈列的商品随着时代的变革而变换。这一普遍现象值得引起每个关心中国哲学发展的研究者的重视。

四

秦汉建立起的大一统的政治格局,经长期的改进,不断得到完善,遂成为中国古代政治、经济、文化、哲学的固定形态,因为大一统的政治格局,充分调动了人为力量,发展了小农经济可能达到的最大效益。统一大国给古代中国带来的利益,至少有以下五个方面显而易见,这些利益都不是分裂、割据的政治局面下所能办到的。

第一,消灭了内部战争。战国时期无年不战,统一后,可以百年不见兵戈。这是小农自然经济切盼的太平日子,有利于发展经济,充实国力。

第二,广大黄河、长江流域的开发,要有全面规划,小国治水以邻国为壑,而不能考虑全局利益。大一统国家的建立,有利于国家经济建设的统筹规划,有利于生产的提高和国力的增强。

第三,自然经济本身不利于经济上互通有无,在国家统一领域下。南方的茶、木材,海滨的盐,北方的铁业,由国家经营,利及全国。小农经济除维持简单的再生产外,所余无几。由国家集中赋税,集中调集人力(劳役),可以聚少成多,从事宏大工程建设,如国内交通、驿站、运河开凿、大型文化建设、大型图书编纂等,都是发挥了综合国力的优势,这种综合国力优势在抗击外来侵略、克服自然灾害方面,功用尤为突出。

第四,书同文的文字工具,行同伦的道德规范,形成了汉文化为主体的文化共同体,增强了中华民族的凝聚力。

第五,有安定的环境,增强国际交流,扩大民族视野,吸收友邦有用文化。

为了从理论上支持这样一种现实,从汉武帝定儒家于一尊,到宋儒建立形成完整的儒教体系,都集中研究治国平天下的道路。先是完善制度,如秦不分封子弟而速亡,汉分封子弟而招乱,经过长期反复,终于找到了合适的中央集权的制度。

秦汉到隋唐的中国哲学的主要课题是探究如何完善中央集权制度,宋元以后中国哲学的主题是如何巩固这个制度,使之尽可能做到自身调节,使之长治久安,这项任务,经过无数哲学家、思想家的建设性的创造(制度的、思想的),达到了预期的目的。

为了政治上的统一,中央必须高度集权,带有强制性,用法律、军事等等手段辅助中央集权,集权过头,超过农民所能承受的限度,就会激起农民的反抗。秦和隋这两个短命王朝,都亲身尝到了集权的利益,也遭受到过度集权的失败。中国古代哲学不断出现的"无君论""桃花源",反映了小农经济的本性,向往自给自足的生活。但小农经济十分脆弱,经不起天灾、战争,更无力抵抗外来强大的武力侵略,它要求有一位圣王君临天下,为民做主,保民平安。

由于这种相互需求、相互对抗的关系长期起作用,中国哲学历代相传的"内圣外王之道""究天人之际"的中心内容,说到底,即如何协调政治高度集权、经济极端分散这对矛盾的学问。从董仲舒到宋代理学,进行了长期探索,最后找到了行之有效,比较完满的理论——《大学》。

《大学》从理论上充分论证了个体农民、小生产者在大一统国家的地位责任,提出修身、齐家到治国平天下"外王"的道路,对内心修养方面提出格物致知、正心诚意"内圣"的功夫,从而把小农经济和天下、国家有机地结为一体,《大学》本来是《礼记》中的一篇,唐代韩愈重新提出,开始接触到政治集权与经济分散两者之间的关系问题。宋儒对之进行了重新阐释,增加了新的涵义。朱熹的哲学体系,以格物说为起点,王守仁的哲学也是从格物说起步。在政治统一,经济分散的总格局下做文章,构成了秦汉到明清哲学史的主旋律。

五

从文化角度看中国哲学,哲学是文化的精华部分。中国哲学是中国众多民族共同创造的,随着时代前进,思想体系也有着相应的变革和演化。归纳起来,大致有四种文化现象值得引起注意。

第一,文化的继承与积累现象,文化的变革不同与政权转移,新旧之间不能割断联系。新文化都是在旧址上建造的。好像长江大河,导源于涓涓细流,下游汪洋浩瀚,下游水包含上游水。如中国古代诗歌,从口头文学到作家创作,先有四言,后有五言、七言,再后有律诗,都是后者在前者的基础上发展来的。有了七律,并没有废弃四言、五言。先用古文,后用白话,白话兴起,文言并未消失,它还保留着古文中有生命力的成分。有时忽略文化的继承与积累现象,过去曾经过分强调新旧哲学之间的对立,此种失误,应引为教训。

第二,文化衰减与增益现象,任何学说,都是当时当地的产物,时代和环境发生了改变,思想不能适应这种变化,就失去了市场。天下没有不变的事物,理论上也没有不变的成说。屈原的作品为不朽之作,但随着时代的推移,它的感染力也在衰减。汉初贾谊读到屈原的作品,为之叹息流泪,以至忧郁成疾,今天大学中文系的师生也能赏析屈原的作品,但读后为之感动流泪的情况想必不多;杨墨之言盈天下,今天社会上知道杨墨为何许人的已很少;庄子为文汪洋恣肆,现在真正读懂庄子的人并不多,所谓"君子之泽,五世而斩",古代思想在后人眼里,其价值是经常改变的。历代都有人对其价值已衰减的思想及文化产品不断加以新的解释,注入新义,使它重新焕发活力。这就是文化的增益现象。一种思想或学说,脱离开它所生存的时代环境,其价值势必衰减。后代的思想家或哲学家不断对之进行新的解释,增加适应时代要求的新内容,新的学说从旧的学说发展而来,但已不同于原来的面目。古人"以述为作",实际上是以述代作。

第三,文化的势差现象。两种不同的文化相接触,总是文化层次高的一方影响文化层次低的一方,文化层次低的一方则处于受影响、被改造的地位,而不能逆转。元朝灭亡了宋朝,但这只是政权的转移,处于先进地位的中原地区文化不但没有被消灭,新朝的统治者反倒受了它的同化,宋朝的儒教文化完全被元朝继承,并在更大范围内予以推广,明对清也有类似情况。如两种文化层次高低大体相当时,双方则呈现对峙状态,互相吸收交融。古代中印文化相接触,佛教传入,经过长期对峙、融合,才完成佛教中国化的过程。西方基督教三次传入内地,都不能立足,但同一个基督教在传入云贵边远少数民族地区后,很快收纳众多信徒，因为少数民族地区没有文字，社会结构尚处于原始部落状态，对较高层次的基督教文化的抗拒力较差。

第四，文化的融会现象。文化不是死的东西，它有生命，有活力，具有开放性和包容性，不同文化相接触，很快就会发生融汇现象。处在表层的生活文化（如衣食器用等），很容易被吸收，处在深层的观念文化（如哲学体系、价值观、思维方式等），不是一眼就能看透的，要有深厚的文化根基和较高的文化素养才有可能发生交融。中国人对西方的哲学、文学、艺术的理解和欣赏有一个逐步了解的过程，不是一下子就达到了今天的水平。今天我们能够把两者融合会通，并创造出新的文化成品，这是一种高层次的融合，这种融合只有在双方都有深厚文化基础的伟大民族间才有可能发生。古代的中印文化融合以及现在正在进行的中西文化融合，都是如此。

六

从以上文化发展的一般现象，我们可以对中国哲学的未来面貌作一概括性的推想。

中国哲学的成熟发展并取得世界的关注和重视，都是在秦汉以后。如果中国哲学到春秋战国为止，没有以后两千年的补充发展，中国先秦哲学就只能成为考古研究的对象，成为博物馆中的陈列品，就如同古巴比伦的楔形文书一样，它不是有生命的有机体，也不会对后来的人民的社会生活发生实际的作用。事实上，中国哲学在此后的两千年间曾指导着中华民族的每一分子的政治生活、社会生活、文化生活、宗教生活以至家庭生活。它是活着的意识形态，曾经长期作为中华民族的思想支柱，屹立于天壤间。

　　进入近代,中国已不再是独立于世界之外的"天朝大国",开始走上更广阔的世界舞台。中国哲学涉及的范围,已不专属于孔孟老庄、程朱陆王的世袭领地。今天的中国哲学领地,闯进了外国众多的"孔孟老庄、程朱陆王"。西方资本主义文化与中国原有的封建主义哲学相撞击,必然会产生新的效应。认真总结中国哲学几千年所走过的道路、使我们有更大的信心建设中国的新文化,形成中国哲学的新体系。根据以往文化现象的几种表现,可以帮助我们推想今后中国哲学发展的新形势。

　　中华民族的新哲学必然要继承中国传统文化的优秀成果,抱残守缺,用古老的封建思想体系来抵抗资本主义文化的做法固不可取,而忽视文化发展的继承和积累现象,割断新哲学同传统文化之间的联系,这种态度也是轻率的,有害的。文化建设从来没有暴发户,今后也不可能有。中国哲学的新局面不可能建立在一片空地上,它必然是在古代优秀文化传统的基础上发展、前进,注入新的血液,赋予适应时代要求的新内容,古人"以述为作"的成功经验可供借鉴。有些过时、阻碍中国现代化的思想观念要大胆弃置,任其衰减;对符合时代要求、有利于中华民族走向现代化的思想,则放手拿来,及时取用。

　　中国文化不是一个封闭的体系,新哲学的建立,不但应当包容古代哲学中仍然具有生命力的优秀成果,也要广泛吸收一切外来文化的有益成分,主动吸收一切先进哲学体系来充实自己。只有这样,才能保持先进的文化层次,建立起富有生机和活力的先进哲学体系。这是中国哲学发展的方向。文化的融会现象,是一切文化交流进步的总模式,也是未来中国哲学要走的道路。今后的中国哲学不限于出自中国学者头脑的哲学思想,应当承认凡是在中国生了根,发生了影响,为中国哲学所用的哲学和意识形态,都可以用来嫁接、移植在中国哲学园地,都是中国哲学。

像马克思主义与中国实际相结合所产生的毛泽东思想,已成为现代中国哲学的一部分。当年佛教初传入时,曾被当作夷狄之教,遭到排斥,后来与传统文化融为一体。佛教哲学丰富了中国哲学的心性论和本体论,宋明理学得以超越前代,推动中国哲学前进,主要得力于佛、道二教的资粮。

当代其他西方哲学重要流派传入后,经过系统传播,为中国学术界所吸收的,如马克思主义者艾思奇的著作,也将视为中国哲学的一部分。我国现代老一辈哲学家中,如欧阳竟无、熊十力、贺麟、梁漱溟、冯友兰、金岳霖、方东美的思想都超出了中国传统哲学范围,不同程度地吸收西方某些哲学体系或观点、方法,他们的哲学思想都属于正规的中国哲学。

由此上溯到清末戊戌变法时期的哲学家,如康有为、谭嗣同、稍后的严复、王国维的哲学思想,因时代较早,他们移植或偷运西方思想的痕迹宛然,他们的哲学思想也是正规的中国哲学。谭嗣同在说明他的哲学体系所根据的思想资料时,曾列举:

> 凡为仁学者,于佛书当通华严及心宗相宗之书;于西书当通《新约》及算学格致、社会学之书;于中国当通《易》《春秋公羊传》《论语》及《礼记》《孟子》《庄子》《墨子》《史记》及陶渊明、周茂叔、张横渠、陆子、王阳明、王船山、黄梨洲之书。

谭氏的哲学融会了西方的宗教的思想、自然科学、西方的社会学及佛教哲学,更主要的是以中国传统哲学的经学和理学为主干。谭氏为中国哲学的发展开创了新生面,他建立起的哲学体系,尽管粗陋,有强扭硬接的痕迹,但是代表了中国哲学发展的方向,"五四"新文化运动以后学术界多年的实践证明,这是一条中国哲学前进的必由之路,中国哲学的未来,必须以现代科学、西方哲学社会科学、中国传统哲学作为构架新体系的主干。

七

中国哲学的历史是中华民族的世界观发展的历史。中华民族，从秦汉到现在，做出重大贡献，或者说完成自己的历史使命，做过两件大事。第一件大事是把分散的、诸侯割据的列国，拢成统一的大国，把众多的民族，融成一个民族共同体——中华民族。中国所以有今天，是中国各个民族共同创造的成果。大一统的中国，发展了生产，创建了伟大的东方文明，建立了完善的封建政治制度，并使之得到巩固、完善，在封建制度下使生产力发挥出最大效益，哲学和文化达到极高成就，形成封建社会自我调节的机制。也要看到，成功所在，也就是局限所在。造成今天现代化步履艰难的重要原因之一，正是封建制度十分完备的后果。

第二件大事，是把古老的中国推向现代化。鸦片战争以后，由于西方列强的入侵和中国社会的发展，摆在中华民族面前的历史使命是摆脱贫困，走向富强，取消压迫，走向自主，打破专制，走向民主，建设一个高度发达、文明的现代化国家，建设现代化的中国，无前例可循，要甘冒风险。一百多年来，一代一代的先进中国人，从地主阶级内部的开明派，到资产阶级改良派、革命派，再到中国共产党人，都对中国的现代化事业贡献了力量。由于经验不足或措施失误，进展很大，困难和挫折也不少，实现现代化的任务还远未完成。思想界的任务，就是构建反映现代化要求的新的具有中国特色的哲学体系，为中国的现代化道路做理论上的探索，奠定现代化的理论基础。

中国哲学的传统，是"究天人之际"，以"内圣外王"为最高修养目标。"内圣"使人提高精神修养，培养关心人类的伟大胸怀；

"外王"在于使国家太平、百姓乐业。在现代条件下,无论是进行"究天人之际"的理论探讨,还是贯彻"内圣外王之道"的最高理想,都要有新的内容。今天的"究天人之际",要特别重视对自然科学领域的探索和对自然科学成果的借鉴、吸收,来丰富和完善新的哲学体系;今天的"内圣"修养要超出修养者个人精神境界的提高,而在于提高民族群体的精神境界和文明水准。现代化的"外王",不是小农经济的田园丰足,邦国太平,而在于摆脱中世纪的束缚,促进国家的现代化。今天的"究天人之际",要求哲学工作者要具备丰富的科学知识,要通晓诸多思想流派并做出合乎实际的取舍。现代的中国哲学家讲的"内圣外王之道",仅仅重视先贤语录显然不够,至少要懂得从自然经济过渡到商品经济要具备哪些条件,提高全民族的精神境界、道德素养从何处入手。这些学问是哲学家应当熟悉却尚未熟悉的新领域。

当前许多政治评论家在评论国际形势时,经常提到两极政治消亡,国际上呈现多元(或多极)政治格局,有的学者看到目前哲学界众多学派纷纷出现同时活跃,认为学术界也是多元化,这里套用政治评论的结论,是不恰当的。因为政治家多属现实主义,他们对形势的估价和评判往往深受近期利益关系的制约。现实主义的态度使他们很少有远大的政治理想,抱有远大的理想的崇高的人类关怀,是哲学家的天职。

在思想界呈现的思想流派的多元化,正好说明中国哲学在新境况下多方探索的现状及其不成熟。中国哲学必有一天吸取现代学问,并吸收人类一切精神成果为思想资料,构建成一个宏大思想体系,真正做到"致广大、极精微、综罗百代"的伟大体系,这个体系足以反映现代化的中华民族的思想成果。由于目前主客观条件均不具备,还只是停留在准备阶段,但前景光明则毋庸置疑。

新体系的完成要有三个条件：

第一，安定的政治环境，丰足的生活环境；

第二，完备丰富的思想资料（包括古今中外全人类文化遗产）；

第三，具备高度概括综合能力和创造能力的哲学家群体的出现。

这三个条件须同时具备，缺一不可，要实现这些条件可能需要几代人的努力。作为哲学工作者，我愿在准备思想资料方面做些力所能及的工作，为后来者铺路，中华民族是伟大的民族，历史使命召唤我们前进，我们莫辜负这个难得的机遇，以期无愧于这个伟大的时代。

冯友兰先生在中国哲学史
领域里的贡献 *

那是在 1932 年,我在北平大学附属高中读书,国文老师讲课,选了不少辅助教材,其中有关于老子年代的学术争论。那时起,开始知道胡适、梁启超、张煦、冯友兰、唐兰几位先生对老子年代的见解,他们争辩的问题引起了我对哲学史的兴趣。

由于这种偶然的机会,使我后来在考入北大文学院时选中了哲学系。记得有一次开中国哲学年会,冯友兰先生的论文是《朱子的理与气》。冯先生说,朱子的"理"意为"形式"(form),朱子的"气"意为"料"(stuff),冯先生还说,stuff 可译为"士大夫",可见士大夫还够个料,不是废物。记得会上还听了邓以蛰先生讲中国画的"气韵生动";胡适先生的题目是《程绵庄的哲学》。约在 1934 年,北大学生会邀请校外专家做学术报告,冯先生讲的题目是《新三统五德论》。冯先生运用发展观阐明社会变革与学术变革之间的关系,印象极深,至今不忘。

大学的第四年,北大、清华两校被迫南迁,只在湖南住了半

---

　　*　原载《冯友兰先生纪念文集》(北京大学出版社,1993 年 10 月 1 日)。收入《念旧企新》。

年,文学院设在南岳衡山脚下。冯先生开设了"朱子哲学"课,金岳霖先生讲"知识论"课。因为这两位先生都是清华大学哲学系的老师,北大的学生平时听不到他们的课,我都选修了。冯先生的"朱子哲学"课的内容和朱子关系不大,只是借用朱子哲学的某些范畴,发挥冯先生自己的体系。授课的讲义随讲随印,后来在云南蒙自石印出版。书名定为《新理学》。冯先生在书的扉页上题诗云:

> 印罢衡山所著书,踌躇四顾对南湖①。鲁鱼亥豕君休笑,此是当前国难图。

在蒙自半年,西南联合大学新校舍建成,文学院迁回昆明。冯先生此后一直在西南联大讲授"中国哲学史"课,还曾用《新世训》代替教育部规定的"伦理学"课程。冯先生写《新知言》注意禅宗的方法论,曾在全校作过关于禅宗的讲演。抗日战争期间,冯先生曾应聘到重庆讲学半年,我曾替冯先生讲授过"中国哲学史"课程。教材还是采用冯先生的书,对冯先生的观点有了一般的了解。

冯先生的《中国哲学史》比胡适的《中国哲学史大纲》在国内外有更长远的影响。"五四"时期,胡适的《中国哲学史大纲》(上)曾引起过学术界的广泛重视,因为它改变了中国哲学的面貌,从取材到立论都带有现代化的标志,远远超出了封建时代的眼界。胡适的《中国哲学史大纲》只有先秦部分,汉以后没有写下去。胡适过多地采用了美国实用主义观点,对古代哲学学说的评论往往停留在表层。金岳霖先生曾指出,胡适写的中国哲

---

① 南湖在蒙自城外,学校附近是一所公园,称南湖公园,是西南联大师生朝夕游憩的地方。

学史,好像是一个外国人谈论中国的哲学①。胡适批评庄子哲学,说他"使人变成达观的废物",这种评论显得没有说服力。又由于胡适抱着西方学术界的偏见,认为中国只有思想,没有哲学。以致后来他主持的北大文学院哲学系没有"中国哲学史"课程,只有"中国思想史"课程。胡适在历史系开设"中古思想史",讲授的内容还是中国哲学史的资料。

冯友兰先生认为中国不但有哲学,而且中国哲学有它内在的体系。他不是简单、轻率地对待古人,而是力图把古人的体系按古人自己的思路,用现代人的表达方式表示出来,他称为同情的理解。冯先生自己说,讲到庄子,令人读了似乎站在庄子的立场上说话;讲到孟子,令人读了似乎站在孟子的立场上说话。这种方法显然比胡适的方法深入了一层。

冯先生具有系统的现代科学方法的素养,又有高度抽象概括的能力。他讲的中国哲学史,能把一些长期讲不清楚的问题讲清楚。比如把先秦名辩思潮中的惠施哲学归结为"合同异",把公孙龙的哲学归结为"离坚白"。现在的中国哲学史界都接受了这一观点,并认为本来应当是这样的。其实,这只是前辈学者留下的成果,后来者顺利地接受下来罢了。冯先生以前的学者都没有这样简明。像这样的例子还多②,都表明冯先生善于以简驭繁、高度概括的本领,值得学习、借鉴。

哲学史上下数千年,重要的哲学家,有资格上哲学史的,列举一二百家不算难事。这样做,只能给人以流水账的印象,好的哲学史,不在讲述的人头多少。冯先生的哲学史(包括《中国哲

---

① 见冯友兰著《中国哲学史》审查报告二,商务印书馆,1934 年版。

② 把佛教哲学列入中国哲学史,是从冯先生开始的。冯先生虽然对佛教部分自己感到不满意,但他的开创之功不可湮没。

学史新编》)在几千年的断限内,有重点地浓墨重彩、着意介绍的不过十几家,该简化的简化,该突出的突出。先秦各家是中国哲学的源头,对这一段的哲学花了大量篇幅,这是必不可少的。好像西方哲学史不能不详细介绍古希腊哲学一样。汉以后,重点介绍了董仲舒、王充。魏晋时期重点介绍了王弼和郭象,并把他们从《老子注》和《庄子注》的附庸于老、庄的地位分离出来,使他们独树一帜。这种见识在今天看来认为是理所当然的,可在当时,无疑是一个创举。

宋明时期重点放在程朱,这些篇章写得精彩而充实。

更值得称道的,也是表现冯先生哲学史的卓越见识的地方,还在于他的中国哲学史的分期。

《中国哲学史》旧著分为"子学时代"和"经学时代"。子学时代的断限约为四百年,经学时代断限约为二千多年。没有真知卓识,是不敢这样处理的。冯先生当年还没有接受社会发展史、用历史唯物主义的观点来观察社会,但他通过广泛而深入的科学实践,感觉到这两大时代的哲学有着本质的差异。子学时代的特点是建造,经学时代的特点是阐述。子学时代奴隶制解体,封建制尚在形成中,新兴的阶级及集团各有自己的社会力量,必然要有自己的代言人。秦汉以后,政权统一、政教合一的格局越来越完备,很多哲学学者"以述为作",借古代经典为招牌,装进新的内容,冯先生称之为"旧瓶装新酒",从而形成经学时代的特点。这两大段落的划分,今天看来,还是经得起考验的。

秦汉开始,中国建立了大一统的封建政权,高度集中的中央政府管辖着广大分散的农村。政治上要求高度集中,不集中就不能维持国家的统一;经济上却出于小农经济的本性,只能极端分散。政治上的高度集中与经济上的极端分散这一对矛盾贯穿了二千多年。强化集中统一,严格等级制,是中央政府的要求;希望自给自足,不要政府过多干预,使小农生产安居乐业,是自然经济的特点。在朝的强调集中统一,在野的强调分散自由。这一对矛盾直到鸦片战争始(1840年)才告一段落,此后中国历史进入近代阶段。

为了更好地协调政治的集中统一和经济的极端分散这一对矛盾,从汉代董仲舒开始,历魏晋、唐、宋、元、明、清,一直在解决这个问题。这一大段(二千多年)恰恰是冯先生《中国哲学史》中所指的"经学时代"。

整个经学时代,学派寿命最长的有两家:以孔孟为旗帜的儒家和以老庄为旗帜的道家。儒家偏重在朝,道家偏重在野。在朝讲孔孟,在野讲老庄。有时同一个人,做官时讲孔孟,不做官时讲老庄。这两大流派都有广泛的社会基础。朝廷的势力总是大于农民,所以孔子的势力大于老子。《六经》中留下注释最多的是儒家的《周易》,先秦诸子中留下注释最多的是《老子》。冯先生的哲学史叙述的流派中,儒家占的篇幅最多,道家所占的篇幅较少,也是符合历史实际情况的。

自从1949年起,中华人民共和国成立,过去没有占重要地位的马克思主义哲学占了主导地位。学术界广大知识分子先后接受了马克思主义的观点和方法。据我所认识的老先生中间,有陈垣、汤用彤、朱光潜、贺麟、郑昕,冯友兰先生也是其中的一个。学术界也有不愿放弃旧观点的,如熊十力、梁漱溟、陈寅恪诸先生。不论接受或放弃,他们都是认真考虑后才做出抉择的。这里只说冯先生和他的《中国哲学史新编》。

冯友兰先生的新旧两种《哲学史》很不一样,两书的差别是显而易见的。这里只想说明新旧《哲学史》之间的衔接关系。在旧哲学史中已包含着后来新观点的某些重要因素。

历史唯物主义的一个重要观点是发展观点,在旧哲学史中已有充分的表现。历史唯物主义强调社会存在决定社会意识,旧哲学史中在讲到某一时代的新思潮时已充分注意到社会变迁与思想变迁的密切联系。马克思主义哲学有两个突出特点,一个是阶级性,一个是实践性。阶级性是为了广大人民群众(儒家传统说法为关心天下忧乐),实践性是为学不尚空谈理论,这也是中国传统哲学的重点(为生民立命,为万世开太平)。旧哲学不是马克思主义哲学,但旧哲学与新哲学之间可以找到某些衔接点。正如佛教传入中国内地时,东方人不懂得佛教,很自然地把佛教与中国的方术祠祀相比附,认为黄老与浮屠教义"差不多"一样。马克思主义哲学不是排斥过去的旧哲学,而是继承旧哲学中一切有价值的遗产,消化、吸收以后,使它转化成新生的哲学的一部分。新哲学有容纳、改铸旧哲学的功能。

冯先生的新旧哲学史是先后衔接的,而不是"尽弃其所学",另起炉灶。

冯先生相信历史是发展的,解放后,这一观点更有所加强。冯先生相信历史是连续的,解放后,这一观念也有所加强。在极"左"思潮盛行时期,冯先生曾受到不公正的批判,这些批判并没有动摇他的信念,他相信文化不能中断,新文化只能在旧文化的基础上建立,不能凭空构建。冯先生的哲学史一改再改,这里且不说他的某些章节的是非得失,而要大书特书指明他热爱优秀传统文化,随时给它注入新血液,排除其中不应保留的东西,使它获得新生命。他对"周虽旧邦,其命维新"的新解释是足以说明他的爱国主义的心情。

冯先生在旧哲学史中曾提出过历史是不断前进的,历史是已存在的事实,它不会错。正因为有这种观点,他到晚年写《中国哲学史新编》时更加尊重历史事实,而反对从概念出发,他讲的一些哲学家和流派,更注重它在当时发生的实际效益,因此对多年来一致歌颂的太平天国的思想提出了自己的看法。正是由于他接受了马克思主义的历史唯物主义的观点,他敢于提出马克思主义中国化是必由之路,割断旧传统,另起炉灶,自以为与旧传统彻底决裂,看起来很革命,到头来非但没有与旧观念彻底决裂,反倒招引出被打下去的旧社会的沉渣乘机泛起,造成了更为麻烦的倒退。

真正的爱国者要对人类负责,要对历史负责,要有魄力吸收全人类一切有价值的文化。哲学的发展有连续性,哲学史的发展也有连续性。我国第一代哲学史研究者的功绩应受到尊重。

冯友兰先生在新中国成立之后,撰写《中国哲学史新编》,直到生命的最后一息,不断前进的动力是什么?

冯友兰先生写的中国哲学史,是生长在这块多灾多难的中国大地上的知识分子的产品,特别是儒家关心天下安危及万民忧乐的传统的体现。他在旧著《中国哲学史》开头引用张横渠的"四句教"以见志。在抗战时期,学校避地南岳,冯先生同几位教授游南岳的方广寺。同学的墙报上曾发表了游方广寺的几位老师的诗。冯先生的诗是:

> 二贤祠里拜朱张①,一会千秋嘉会堂。公所可游南岳耳,半壁江山太凄凉。

饱受帝国主义侵略之苦的中国人民,对国家的爱慕眷恋之深情,切盼祖国繁荣强大的愿望是外国知识分子所无法理解的。

在1982年,冯先生去美国讲学,参加学术讨论会。会上会下遇到不少关心冯先生的人,有人怀疑冯先生是否在大陆这几十

---

① 朱熹与张栻同游南岳方广寺,共同讨论哲学问题,后人纪念两位哲学家的会晤,建有嘉会堂,有匾为"一会千秋"。

年说话不自由,又受了一些折磨,希望冯先生讲讲他心里的话,在外国人面前诉诉苦,有人觉着冯先生的思想和行为是个谜。照冯先生自己的话说,这个谜并不难解,他是个地道的中国人,他热爱中国,他感到作为新中国的学者有责任、也有义务使自己所学的一切为祖国的新文化建设尽力。冯先生有他坚贞不渝的信念:中国有希望,中国哲学不是书本上的空话,它将继承过去的优秀遗产创造新文化,使中国真正做出现代的成绩。冯先生不愿置身事外,他决心参与这场文化上的历史性大变革。他比一些口头上曾念诵马克思主义词句的人更坚决相信马克思主义要在中国生根,就要中国化。光有马克思主义在中国,并不能保证马克思主义在中国生根、发展,只有建成中国的马克思主义,才能使中国走向现代化。中国的马克思主义的政党的产生,第一推动力不同于西方的民主和反剥削,中国共产党的产生是为了寻找救国图存的真理,是要国家富强,摆脱侵略者的奴役。马克思主义之所以在中国取得成功,就在于它使中国站立起来了,使它成为东方的大国,亿万农民的贫困有所缓和。这一点是从旧中国走过来的人,包括像冯先生这样的知识分子亲眼所见的。他们对新中国的爱护之情发自内心。

冯先生在他写的《三松堂自序》中写他几十年间讲授中国哲学史的感受时,说过下面的一段话:

我于1946年到1947年曾去美国一次,在各地方讲授中国哲学史。这次再去美国①,觉得心情与上次完全不同。原来西方的汉学家们,把中国文化当作一种死的东西来研究,把中国文化当作博物院中陈列的样品。我那时在西方讲中国哲学史,像在博

---

① 这次指1982年冯先生在夏威夷开朱熹学术会议,后去哥伦比亚接受荣誉学位。

物院中做讲解员。讲来讲去觉得自己也成了博物院中的陈列品了,觉得有自卑感,心里很不舒服。这次我到美国,虽然讲的也是中国的东西,但心情完全不同了,自卑感变成了自豪感,不舒服变成了舒服。中华民族的古老文化虽然已经过去了,但它也是将来中国新文化的一个来源,它不仅是过去的终点,也是将来的起点。将来中国的现代化成功,它将成为世界上最古老也是最新的国家。这就增强了我的"旧邦新命"的信心。新旧接合①,旧的就有了生命力,就不是博物院中的陈列的样品了;新的也就具有了中国自己的民族特色。新旧相续,源远流长,使古老的中华民族文化放出新的光彩。现在我觉得这个展望并不是一种空想、幻想,而是定要实现的,而且一定能实现的②。

冯友兰先生的这种出自爱国的责任感,由此产生的自信心、自豪感,只有在祖国这块土地上才能满足,只有与祖国的命运紧紧连接在一起的人,才有这种真切的情操。他发表这个意见时,他已遭受过"文化大革命"给他带来的痛苦和灾难,"文化大革命"是国家的灾难,知识分子在这次灾难中损失最重,冯先生的遭遇又是许多知识分子所不曾遇到的。这些经历人们记得,冯友兰先生也不会不记得。但是,冯先生把自己作为祖国的一员,把文化事业放在第一位,并不为研究哲学史而懊丧,而为自己研究中国哲学史而自豪,满怀信心地把新中国的文化建设事业(尽管只是其中的一部分)揽在自己身上。

冯先生的《中国哲学史新编》是接着旧编讲的,这两者是两部分,却又有密切的联系,新编是旧编的补充。无论新编和旧

① 这里用新旧"接合",而不是用"结合",意思是说,新文化是接着旧文化讲的,不是割断旧文化就能产生新文化。

② 《三松堂全集》第1卷,第344—345页,河南人民出版社,1985年版。

编,写的都是作者的真知灼见,没有随大流,说空话。《中国哲学史新编》对冯先生来说,可以认为是他把自己的哲学史研究推向了一个新的境界。他用历史唯物主义观点,打破多年来陈陈相因的旧成说,提出自己的创见,保持了一个爱真理、爱科学、爱祖国的知识分子应有的品格。《中国哲学史新编》提出的这类学术问题,无疑将对今后中国哲学史研究起着启发借鉴作用。

《中国哲学史新编》定稿于"文化大革命"以后,思想更加成熟,文风更加洗练,冯先生以简驭繁的优点更加突出,这部七卷本的著作,将与旧编并列,必享有长久的学术生命,成为哲学史界的宝贵遗产。

怎样深化老子思想的研究 *

陕西省老子思想研究会主办的第二次老子思想研讨会在西安开幕了，我满怀激动、兴奋的心情来参加这次盛会。

我们研究老子思想，它的意义不限于老子研究，更多的是要关心中华民族的发展和前途。我们今天从事研究时，要关心下一代进入 21 世纪走什么道路的问题，要有长远的战略眼光，文化有连续性，不能出现断层，我们要为下一代的文化建设做些准备工作。

我国长期处在小农经济的生活圈内，小农经济的社会，使人视野狭窄，考虑问题时往往目光短浅，注重近期效益，产生近期行为。科技界和学术界认识到科技的重要，提出科技兴邦、科技兴农、科技兴厂的重要性，这是好事，比看不到科技的重要作用进了一步。科技是第一生产力，其重要性不言而喻。但科技要不要基础呢？什么是科技的基础？我们看到，科技的基础是文化和教育。如果一个国家的文盲越来越多，文化教育呈现沙漠化，又怎能发展高科技？只看到近期效益，忽视基础科学，不重视教育和文化，到头来科技也上不去，只能停留在低水平。

＊　原载《华夏文化》1994 年第 1 期。

　　同样的道理，在人文科学、社会科学范围内，文、史、哲不被重视，自然科学的天文、地理、数学等不被重视，只重视能直接发挥经济效益的学科，也会危害科学的发展。

　　不论文科和理科，基础学科万万忽略不得。我们研究老子哲学，总体来说，这不是目前可以创收的课题，短期以至长期，都难以换算成经济效益，派不上什么具体的用场，却有它的无用之用。它是一种基础性的战略性学科。我特别赞成陕西省领导白清才省长和省社联的领导同志，他们有远见卓识，他们关心经济建设，但没有局限于近期经济效益。他们有长远的战略眼光，这是比较高明，值得提倡的做法。如果全国各省市的主持人，都能摆脱近期行为，看到了无用之用，关心比较带有研究性的一些学术问题，我们国家的建设将会发展得比较正常而完美。

　　我们还要看到，深层次的理论性强的研究要大力扶持，才能正常发展。进入市场经济，随时遇到竞争。有一种观点，认为自然竞争，适者生存。这是盲目照搬达尔文的生物进化论。达尔文是通过考察生物界，结合地质、考古等学科，得出了生物经过自然界选择，适合于自然环境的物种才能保存下来的结论。生物在自然中生存，有两种情况：一种是在大自然中由于自然本身的原因，生命力强的生存下来，弱的失败、死亡。另一种情况是进入人类文化圈的生存竞争。它所面临的优胜劣汰的问题，要从另外的角度去考虑。什么叫"优"，什么叫"劣"？根据人类的制度来判定，有益于人类的是"优"，反之为"劣"。人们选育良种，就是选择那些高产、优质、抗病虫害的品种。优良品种，如果放到大自然中任其自生自长，良种就会被劣种淘汰，几年内不更新，就会退化。离开人类有意识的对良种的保护，大自然中，良种敌不过劣种，更敌不过杂草。

　　在市场经济活动中，随时打击假冒伪劣产品，就是因为劣质

232

产品更有竞争能力,能挤掉优质产品的市场。社会生活中,常有老实人吃亏,狡诈之徒占便宜。老实人得不到法律保护、社会舆论的支持,就不易生存。学术、艺术、音乐,也有类似的情况。基础学科,高深层次的学科,是难与社会流行的低品位的精神产品争胜负的低劣的黄色作品有时占上风。参加这次会议,我们这些与会者深感陕西省政府、省社联对目前没有经济效益的理论研究的大力支持,是难能可贵的。

老子《道德经》这部书,内容丰富,包涵着智慧的光辉,是中华民族,也是全人类的珍贵遗产。研究老子,意义深远而重大。我在这里只谈几点看法。

我们中华民族有两大文化体系,一是北方黄河流域的北方文化,它包括邹鲁文化、三晋文化、燕齐文化。二是南方长江流域的荆楚文化,往下游延伸产生了吴越文化,往上游发展为巴蜀文化。相对说来,北方文化注重人事管理,讲治国、治军、外交,以孔、孟为代表。而南方文化圈则注重自然,歌颂自然,尊重自然,贬抑人事创造的价值,以老、庄为代表。但南北文化并不是绝对对立的,不能截然分割开来,很早就有了交流,最近有学者研究商代武丁时期妇好墓中的青铜器中铅的成分,发现这些青铜器所用的铅,来自四川、两湖、安徽南部,说明在商朝就有南北文化的交流。秦汉时,国家统一,汉武帝以前,占统治地位的是黄老思想,黄老思想以荆楚文化为基础,与汉高祖共同起事的新贵们多出自江苏丰沛,这也是楚地,处于南北交界地带。当时南北交流具备了条件。

究天人之际,是人类认识世界,改变世界,促进社会发展的总课题。人与自然、人与人的关系,是永恒的研究主题。天人关系的研究深入一步,人类社会也将前进一步。老子思想,主张尊重自然、服从自然、歌颂自然,今天看起来,更足以发人深省。当今人们能上天入地，制造新材料，合成生物蛋白质，似乎没有办不到的事情。殊不知人们由于向自然索取过多，受到自然的报复：臭氧层破坏，新疾病产生，水资源受到污染，森林资源枯竭，矿产资源过度开采，都是人类自己为自己制造的麻烦，也可以说是危机。今天研究一下老子关于自然的一些看法，可以帮助我们从更广阔的视野来考究"天人之际"。对于建设现代化新中国，避免走弯路，走回头路，是有益的。先污染，后治理，就是走回头路。

研究古代思想文化，总是与我们所遇到的新问题密切相关的。我们在新问题面前，回过头来看看古代思想，有时会受到新的启发，从中受益。但我们反对从古书中找现成的答案，宋人用半部《论语》治天下，把大宋江山断送了一半。向革命导师语录中找答案，人们吃尽了苦头。我们只能从古人丰富的遗产中获得一些新的启发，帮助我们历史地分析新产生的问题。这应是我们研究的态度。

老子思想之所以重要，一是其本身的价值，二是由于历代注释家根据当时当地的新形势，新问题，予以阐释、发挥，从而促进了老子思想研究的深度。孔子思想也是一样的道理。我们研究老子，一方面要研究老子本身，另一方面，是要根据今天的水平，对老子做出有根有据的注释和解说。这是我们不同于古代注疏家的地方。二千年来，上起韩非，下迄魏源，他们的注释各有成就。我们研究老子，也将有我们新中国的特征。除了我们掌握历史唯物主义这个新工具外，还将充分利用多学科、多门类，从不同的角度协同作战，以期达到新的水平。这种方法，这种气魄，只有今天的新中国学术界才能做到。只要坚持下去，持之以恒，假之以时日，我们的成就必将可观，对中国、对世界文明做出的贡献，将是不可估量的。

方光华　程钢整理

234

李贽思想的进步性 *

　　李贽以激进姿态、激烈言辞抨击当时社会混乱、政治腐败、道德虚伪的风气,以他犀利的笔锋、挥洒自如的文风向社会大声疾呼。李贽吸取王守仁学派的教育方法,从心理、情感上启发学者的自觉性。他利用当时流行于社会的小说《水浒》、戏曲《西厢记》的影响,用批注的方式宣传自己的观点,从而形成社会的轰动效应。李贽抨击的范围,直指朝廷达官贵人、名流学者,揭露当时一批假道学的虚伪性,批评他们行为与口号相脱节:平日讲的不去做,平时做的又和他们讲的全不相干。

　　李贽的学术活动,正当嘉靖、隆庆、万历时期。明朝统治集团的衰败、腐朽现象已十分严重。隆庆时期经过张居正的整饬、振作,有了一些起色。张居正死后,立刻又回到了老样子。统治阶层荒淫、贪婪、迷信神仙,政府实权由一群太监掌握。嘉靖、万历当皇帝,几十年不见朝臣。国家民穷财匮,而官僚宗室的禄米比明初开国时增加到几十倍。

　　当时学术界,充斥着靠背诵宋儒朱熹《四书集注》作八股文

　　* 据《任继愈学术文化随笔》。原载《首都师范大学学报(社会科学版)》1994 年第 5 期。

的知识分子,这些人为应付考试做官,只会抄录、模仿,没有治国安民的真本领。有识之士对此早已不满。社会上到处弥漫着虚伪、欺诈、媚俗、颟顸、苟安、说假话的污浊风气。

李贽对当时腐败的政治和学术界的虚伪、浮华风气进行了猛烈的抨击。他这种激烈反抗正统思想的态度,在某些方面与魏晋时期嵇康、阮籍反对当时封建礼教的动机和心态相似。李贽并非根本抛弃礼教,而是反对当时说教者的虚伪性。那些御用学者们天天口诵圣人之言,侈谈仁义,实际上追求的却是一己的私利。这些道学家们平时只知"打躬作揖","同于泥塑"(指朱子教人习静坐和闭目反思的训练),而当国家"一旦有警,则面面相觑,绝无人色",以至"临时无人可用"。

湖北黄安大官僚耿定向以卫道者自居,李贽去函,揭露他欺世盗名:

> 试观公之行事,殊无甚异于人者……读书而求科第,居官而求尊显,博求风水以求福荫子孙。种种日用,皆为自己身家计虑,无一厘为人谋者。及乎开口谈学,便讲尔为自己,我为他人;尔为自私,我欲利他……以此而观,所讲者未必公之所行,所行者又公之所不讲,其与言顾行,行顾言何异乎?(《焚书》卷一《答耿司寇》)

李贽在《忠义水浒传序》中说:

> 若以小贤役人,而以大贤役于人,其肯甘心服役而不耻乎?是犹以小力缚人,而使大力者缚于人,其肯束手就缚而不辞乎?其势必至驱天下大力、大贤而尽纳之水浒矣。则谓水浒之众,皆大力、大贤,有忠有义之人可也。(《焚书》卷三《童心说》)

这是说,按照合理的社会秩序,应当让贤者有德者在高位,不贤无德者在下位,天下可以相安,社会得以安定。由于政治黑

236

暗,是非颠倒,才把一些忠义之士逼上梁山。

当时有海盗林道乾,率众出没海上,劫夺财物,官兵不能制。李贽认为,像林道乾这类有才干的人士不受重用,才铤而走险。如果使林道乾这样的人才"当郡守二千石之任,则虽海上再出一林道乾,亦决不敢肆"。"唯举世颠倒,故使豪杰抱不平之恨,英雄怀罔措之戚,直驱之使为盗也。"①

明朝建国到崇祯亡国,共二百七十六年,李贽的政治、学术活动时期,正当明王朝中叶,比起开国时期的盛世,显然走下坡路,但离明朝亡国还有一百多年。开国时期的思想家,如宋濂、刘基、方孝孺、姚广孝等人,对新建的统一王朝充满了信心,如提倡关心人民疾苦,减少农民赋役,惩治贪官污吏等,主张不是停留在口头上、文字上,而能见诸行动。明中叶以后,一方面,政治腐败,宦官弄权,但也有一批忠贞之士支撑其间,有王守仁、张居正等人整顿人心,振刷吏治,有戚继光等安边武将,有况钟、海瑞等临民廉吏,使得濒临亡国的明朝政权才没有很快败落。李贽看到了当时的社会危机,但仍对明王朝寄予希望,尚未完全绝望,对封建专制制度没有发生怀疑。

等到明朝彻底灭亡后,黄宗羲撰《明夷待访录》,才从根本上怀疑集权的君主制度,指出:"为天下之大害者,君而已矣。"(《原君》)又说:"天下之治乱,不在一姓之兴亡,而在万民之忧乐。"(《原臣》)黄宗羲反对君主制的思想是李贽当时看不到、也不敢触及的。

总之,李贽哲学还属于王守仁学派的体系,是王学在新条件下萌发的具有革新精神的正统主张。如李贽的《藏书》评论历史人物,把黄巢列入《盗贼传》,把张角、张鲁列入《妖贼传》。在

---

① 《焚书》卷四《因记往事》。

《昆仑奴》文中说:"自古忠臣孝子,义夫节妇,同一侠耳。"评论戏曲《拜月亭》时说:"详试读之,当使人有兄兄、妹妹、义夫节妇之思焉⋯⋯事出无奈,犹必对天盟誓,愿始终不相背负,可谓贞正之极矣。"(《焚书》卷四)

把李贽的批判言论估价过了头,提高到反封建的高度,是不符合李贽的思想实际的。李贽以孤臣孽子之心,深刻揭露明代社会弊端,揭露是深刻的,提出解决问题的方案则是无力的。李贽的遭遇既是他个人的悲剧,也是当时有进步要求的知识分子的悲剧性遭遇。

《易》学与人类文明*

　　《易》为六经之首，主要一个原因是它出现最早。其他五经都是有了文字以后的产物，唯独《易》这部书出现在有文字之前，是从画卦开始的。最初只有画，没有说明，因而给后代人留下了多方解释和尽量阐发的余地。数千年来解《易》之书，汗牛充栋，不可胜计。解《易》的著作之多，说明这部书引起古今研究者和使用(占卜)者重视的程度非同一般。还可以说明各种注释者(或阐发者)都有新的见解，至少对前人的注释(或阐发)不满意，认为没讲到关键处，或者没讲透，才不得不另行加工。经过历代多次、多人、多方面的加工，《周易》这部经典包涵的内容越来越广泛，它包涵的道理也越来越复杂。到了近代，中西方学术交流渐多，开始互相了解。《易经》传到了西方，欧洲人看到这部书，他们从欧洲人的角度看这部书，《易经》从此走向世界，成为国际研究者共同关心的古籍。

　　生当现代，我们要用现代人的文明和智慧来研究它。不难看出，历代的图像的解释者，包括对卦辞、爻辞以及系辞，都是后

---

　　* 据《任继愈学术文化随笔》，原载《国际易学研究》第一辑，华夏出版社，1995 年版。

人代表前人写出的关于图像的说明。后人的解释可以言之成理,持之有故,但是总归是后人的,不能保证它能完全表达了古人画卦的本来意图和设想。它可以基本符合,也许未必符合。古人已逝,去圣时遥,后人的解说,前人无从辩解。禅宗自称得释迦的"心传",朱熹自称得尧、舜、禹的"心传","心传"说明得道者见到或达到的造诣,完全可以表明得"心传"者的思想境界。其境界可以很高明,也可以很深奥,但无法证明他们所说的都能得到释迦和尧、舜、禹的认可。伏羲画卦,最初是"—"和"--",阴阳两画是指天地、男女、正负,都是出自后来人解释义,伏羲没有留下任何解释,连倾向性的暗示也没有留下。这些情况后人把它说死了,认定伏羲的原意是什么或不是什么,解释的越详明,越具体,附加的主观臆测越多。

《系辞》出现后,有了文字的说明。这些说明见解深刻,说理透辟,是中华民族宝贵的精神财富。如果断定出自孔子之手,用它说明孔子的哲学思想,将是极有价值的资料,古人早有用《系辞》来讲孔子易学见解的;如果不是出于孔子,另有来历,就要从另外的途径来考虑。

今天的研究者与古人相比,人们接受了社会进化观点,承认今天的社会比原始社会进步,人们脱离蒙昧时代,不再穴居野处,不再茹毛饮血,有了家庭,不再群婚杂交,从部落进入国家组织,人类除了语言还有文字。有文字比有语言是一大进步。在这个公认的前提下,我们研究《易经》要借助于考古学、民族学、民俗学、宗教学,借助于我们掌握的社会历史发展观点,借助于这些工具,我们有了观察世界,考察历史的工具。

南宋时期,陆九渊与朱熹发生过一次大辩论。朱熹用大量经典文献资料为自己的论据作证,陆九渊反驳说,尧舜读过什么书?他们都是儒家公认的"圣人",能为群众造福,是两位德高望重的领袖(圣王),其言行世代相传,他们可能不识字,却不妨碍他们在中国历史上享有崇高的地位。

尧舜不识字,或识字不多,尧舜以前的伏羲可以断言更不可能识字。从伏羲到尧舜的确切年代无从推算得准确,按司马迁的《五帝本纪》,应属传说中的历史。从社会发展学的原则推断,先从渔猎到驯养家畜(伏羲),从采集到种植谷物(神农),然后建立定居点(黄帝造宫室,制衣服,造舟车,创文字),这是合乎历史进步的轨迹的。尧、舜、禹三代相传,史料较多,年代也比较明确(这三代约在公元前1695—前1106),大约五六百年。

伏羲画卦,到文王演《周易》约千年。文王演《易》,应当看作文王对《易》的理解,文王把伏羲的画卦纳入自己的体系。从文王演《易》到春秋战国时期诸家论《易》,又过了好几百年,关于《易》的议论、运用逐渐增多。这些议论可以看作是春秋研《易》者对《易》的理解。没有根据证明春秋人的《易》学能代文王立言,更难设想,春秋时人能说清楚两千年前伏羲画《易》的最初设想。

文化、思想以至哲学,都是按照不断积累,不断增加新内容,不断增加新解说的方式,逐渐丰富,逐渐完善的。春秋时人的《易》学,按照当时学术思维所能达到的水平把问题讲清楚,就是对文化的贡献。没有必要论证春秋人对《易》的解释是文王《易》的原义,更没有必要论证春秋人对《易》的解释是恢复了伏羲《易》的原义,因为这是做不到的,也无法证实,无助于研究。

"图文先出",是《易》的第一特点。

《易》经开始于图像,图像在先,说明在后。写成的说明逐年增益,常常在图像出现千年以后,且不断增加新的说明。图像是《易》的胎芽,或叫作"初易"或"原始易"。

历史长久,是《易》的第二特点。图像的解说者非一人,时间跨度极大,参与者的地区遍布大江南北、黄河两岸。众说纷纭,不是出于一次讨论。时间先后可以持续两千年之久。

讲解繁富,是《易》的第三特点。历代讲解者,都以为得到了《易》的真髓,力图说明前人说《易》的失误,至少弥补前人的不足。所以注解、诠释《易经》的多到数以千计。

由于以上这三个特点,给今天的研究者带来了困难。

《易》学研究虽属不易,不可能求得一个最后定论。但《易经》不是天书,是人类社会的产物,它涉及的也是人类日常生活实践中的现象。我们只要尊重历史,不任意妄加比附,我们就能把研究推进一步。

历史是进步的,不是倒退的。我们在现实中不断发现新经验、新事物,以至过去不知道的新原理,新事物是在旧事物的基础上萌发的,文化不能割断,也无法割断。前人不知利用原子能,现在懂了;前人不知道有电子计算机,现在有了。原子理论,可以涉及正负电子对立关系,《易经》中也有阴阳对立。有了电子对撞机以后,回过头来看,发现《易》经中有阴阳对立的观念,有类似之处;有了电子计算机(电脑),运用了二进位制,发现《易》的阴阳对立,与二进位制有相似处,这种现象正可以说明人类文明是前进的,不断积累、增加的。人类社会创造的文明是由简到繁,由低到高,由粗疏到精密的过程。《易》学研究,试看历代关于《易》的注解(及阐发),都经历了由简到繁这样的过程。

保持严肃的学术性,才能推动《易》学研究的健康发展。贯彻百家争鸣的精神,才能推动《易》学研究的不断前进。

企图利用《易》学解决个人的某些需求(如用占卦算一算股票涨落,用占卦算一次军事行动的胜负),是使《易》学回到伏羲、文王时代的要求,既无助于行为决策的实效,又不利于《易》经的研究,是走不通的。

文化现象总是后代的成果包容了前代的成果。因而它的涵义越到后来越丰富，有些是前代成果所引发的，更多情况下是前代所没有发现的新成果。这种现象表现在《易》学研究中，也表现在一切文化领域中。

清初王夫之在《读通鉴论》里说过：

唐虞以前，无得而详考也，然衣裳未正，五品未清，婚姻未别，丧祭未修，狉狉獉獉，人之异于禽兽者无几也。

春秋之民无异于三代之始，帝王经理之余，孔子垂训之后，民固不乏败类，而视诸唐虞三代帝王初兴，政教未孚之日，其愈也多矣。

三代之时，国小而君多……而暴君横取，无异今川广之土司。吃齕其部民，使鹄面鸠形，衣百结而食草木。

上述情景在抗日战争时期，我曾在黔、滇少数民族地区亲见。尧、舜时期(三代)文化如此低下，尧、舜以前的伏羲、神农时代的文化生活只能比尧、舜低，不可能比尧、舜更高。上古时代人类全力以赴对付自然灾害，又要防止外来部落的掠夺，能有多少时间坐下来从容研究二进位制？老子、孔子对社会、历史、文化的见解的深度、广度断然超过尧舜，他们读书之多也超过尧舜。

今天人们看到的《易经》包罗万象，这个现象是历代研究者逐渐增加诠释的结果。从伏羲画卦的图像中，"—""– –"或八卦的图像并不包含像后人所阐述的这些内容。"三代无揖让之道，尧舜无吊伐之道"，应是历史事实。

这里丝毫没有贬低中华民族博大精深的意思，恰恰说明中华民族善于利用前人的成果，开创新文化，不断前进，永远进取的伟大，从而增强人们的自信心，中华民族不是吃祖宗遗产的"纨绔子弟"，而是富有开拓精神的伟大民族。

读《易》书札 *

　　对历史、社会的看法,近代人不同于古人的,有一条很重要,就是近代人承认社会在发展,人类对世界的认识不断深入。古人茹毛饮血,后人知道熟食;古人穴居,后世有堂构屋宇;古人男女关系不确定,知母而不知父,后世有固定的家庭;古人群居,后世有君臣,清初王夫之在《读通鉴论》卷二十说过。

　　　唐虞以前,无得而详考也。然衣裳未正,五品未清,婚姻未别,丧祭未修,狉狉獉獉,人之异于禽兽者无几也。

　　　春秋之民无异于三代之始,帝王经理之余,孔子垂训之后,民固不乏败类,而视诸唐虞三代帝王初兴,政教未孚之日,其愈也多矣。

　　　三代之时,国小而君多……而暴君横取,无异今川广之土司。吸龁其部民,使鹄面鸠形,衣百结而食草木。

　　上述情形,我曾在湘、黔、滇少数民族地区亲见。尧舜时期尚如此,伏羲、神农比尧舜更开明,更进步,是不易说得通的。

　　上古时,人类全力对付自然灾害,又要防止部族掠夺,能有

　　* 原载《学习杂志》1995 年第 5 期。本文为作者给一位读者的信,题目为编者所加。

多少时间坐下来从容研究"二进制"？阴阳符号，可以表示男女，可以表示正负，可以表示行止，这都是后人玩易者给《易》的解释。人类后来者胜过前者，解释出来的道理也越到后来越丰富而多彩。老子、孔子的见解的深度和广度肯定超过尧舜。我们相信尧舜是古代圣王，道德高尚，为群众所推服，口碑流传当有所据。但尧舜时，无书可读，尧舜是文盲，这也应是事实。孔子有书可读，他也从事古籍的整理和传播，这也应是事实。三代无揖让之道（揖让之道始于尧舜），尧舜无吊伐之道（吊伐之道始于汤武），这也应是事实。

诚如来信所说，"《易》为包罗万象之书"。这是指今天人们见到的注释、阐发之作。据估计，注《易》之书，今存者约有数千种（含未发表的手稿）。中华民族文化悠久，丰厚博大，这话不假，这个丰厚博大的遗产是历时数千年，世代相传，积累而成，不是从尧舜以来就有这样丰厚博大。中华民族的伟大，就在于它善于在前人成果上有所增益，有所发挥，其意义比未发挥前充实了。古人没有说完备的，后人补充得完备了。有了这个特点，中华民族的传统文化历久而常新。

孔子讲了"仁"，孟子讲了"仁义"，汉儒结合阴阳五行说，同时讲"仁、义、礼、智、信"。汉儒讲的内容比孔子多。《中庸》讲"已发"和"未发"的心理活动，孔子没有讲过"已发"和"未发"。朱熹给"仁"下定义为"仁是心之德、爱之理"，义是"心之制、事之宜"。孟子没有这样讲过。宋儒说他直绍孔、孟。

中华民族的博大深弘，还在于大量吸收外来文化为我所用。如佛教文化是汉朝传入的，后来成为中国文化的一部分。释伽经典与六经同等受尊敬。寺院塔庙，遍布中华大地，佛教文化也丰富了传统文化。

后人注释前人著作，不断发挥自己的新见解，从而给被注释的著作增加了新义。有了计算机,回溯古代《易经》,称赞它包涵与计算机原理相通的二进制。这是追溯得到的结论。古今注《易》千家以上,《易经》流传数千年之久,熟读《易经》,从孔子韦编三绝,历数千年,并没有引发出计算机来。

我写《中国哲学发展史》,目的是发扬民族自信心,以历史事实,指出中华民族如何认识这个世界,在前人创造的基础上,如何逐步前进的,前进中有成功,有失误,甚至有暂时的倒退(如"文化大革命"),算总账,则是前进而不是倒退。基于此,我觉得《易传》讲的道理比《易经》丰富(不叫做丰富,也可以说《易传》发挥的道理更多)。若反过来,有谁认为《易经》又比《易传》丰富,这是他的"发挥义",只要持之有故,言之成理,就是一家之言,似不必把他的新见解挂在《易经》名下。孔子与子夏说《诗》,《卫风·硕人》讲"巧笑倩兮,美目盼兮",引发出"礼后"的结论。"礼后"是孔门师生对《硕人》的"发挥义",孔子也没说《硕人》这首诗讲的是关于"礼"的问题。古人的归古人,今人的归今人。这是我编写《哲学发展史》的方法。

试论"天人合一"[*]

近年来,"天人合一"问题重新被学术界关注。这本来是个古老的问题,自从人类自觉地从自然界分离出来,就提出关于"天"的问题。中国哲学(一切哲学,不只是中国哲学)讲到"天",不单纯地涉及高高在上的"天帝",其意义在于探索天命与人事的关系。古代的政治领袖同时也是宗教领袖。君主有资格与上天打交道。中国哲学从殷周时期(有了文字记载)就有天命不可违,天决定朝代兴亡的文献记载。今天旧话重提,不是翻旧账,而是根据今天的形势,对这个老问题予以再认识。

最早提出了"天",已包涵了"人"。到了西汉董仲舒才明确提出"天人合一"的命题,用以表达天与人的关系密切不可分。

一

天人关系的提出,标志着人类认识世界的深化过程。据中国哲学史的记述,春秋战国以来,天有五种涵义:(1)主宰之天;(2)命运之天;(3)义理之天;(4)自然之天;(5)人格之天。

---

[*]　原载《传统文化与现代化》1996 年第 1 期。

(1)主宰之天。《论语》记载中保存较多：

> 天丧予。
>
> 天厌之。
>
> 知我者，其天乎。
>
> 获罪于天，无所祷也。
>
> 天之将丧斯文也。
>
> 天何言哉？

《孟子》中也说过："尧荐舜于天。"《老子》"天网恢恢，疏而不失"，"天之道其犹张弓欤"，认为天有绝对权威，可以主宰人的命运。

(2)命运之天。《孟子》保存这方面的言论较多，如：

> 莫之为而为者，天也，莫之致而致者，命也。
>
> 尽其心者知其性也，知性则知天矣。存其心，养其性，所以事天也。寿夭不贰，修身以俟之，所以立命也。
>
> 若夫成功，则天也……强为善而已矣。

认为"天"是命运，人类应尽力而为，最后成败还要看命运，命运有极大权威，人力无法改变。

(3)义理之天。孟子认为仁、义、礼、智四种善端是天生的，"天之所以与我者"。"万物皆备于我，反身而诚，乐莫大焉"。(浩然之气)"其为气也，至大至刚，以直养而无害，则塞乎天地之间"。《中庸》开首讲"天命之谓性"。"君子所过者化，所存者神，上下与天地同流"。

(4)自然之天。《老子》讲"天地不仁，以万物为刍狗"。《庄子》说：

> 天地固有常矣，日月固有明矣，星辰固有群矣，树木固有立矣。
>
> 天其运乎，地其处乎。(《天运》)

248

> 无以人灭天,无以故灭命。(《秋水》)
>
> 牛马四足之谓天。(《秋水》)

《荀子》讲:

> 列星随旋,日月递照,四时代御,阴阳大化,风雨博洽,万物各得其和以生,各得其养以成。不见其事而见其功,夫是之谓神。皆知其所以成,莫知其无形,夫是谓之天。惟圣人为不求知天。(《天论》)
>
> 大天而思之,孰与物畜而制之,从天而欲之,孰与制天命而用之……故错人而思天,则失万物之情。(《天论》)

天是自然存在,对人没有主宰力量,也没有义理的涵义,不过是自然物,可以利用自然界为人类造福。

(5)人格之天。董仲舒的著作中此种观点十分明显,并形成体系:

> 仁义之美者在于天,天,仁也。天覆育万物,既化而生之,有养而成之……天常以爱利为意,以养长为事,春秋冬夏,皆其用也。
>
> 天地之物有不成之变者,谓之异,小者谓之灾。灾常先至而异乃随之。灾者,天之谴也,异者,天之威也……谴告之而不知变,乃见怪异以惊骇之,惊骇之尚不知畏恐,其殃咎乃至。以此见天意之仁而不欲陷人也。(《必仁且智》)
>
> 人受命乎天也……人有三百六十节,偶天之数也。形体骨肉,偶地之厚也。上有耳目聪明,日月之象也。体有空窍理脉,川谷之象也……观人之体,亦何高物之甚而类于天也。
>
> 人之身,首𡊟而圆,象天容也。发,象星辰也,耳目戾戾,象日月也。鼻口呼吸,象风气也,胸中达知,象神明也……身犹天也……小节三百六十六,副日数也。大节十二分,副

月数也。内有五脏,副五行数也。有四肢,副四时数也。乍视乍瞑,副昼夜也。乍刚乍柔,副冬夏也。乍哀乍乐,副阴阳也。(《人副天数》)

董仲舒的"天人合一",吸收了当时流行的天人感应思潮,把"天"看成大的"人",把"人"看成小的"天"。天具有人的品格,有喜怒哀乐。董仲舒的体系具有宗教特征,它是儒教的前身。我称之为"准儒教"。

先秦儒家及后来各学派关于"人"的解释,不像对"天"的解释那样分歧,一般都指现实社会的人类人群。只有佛教,从六道轮回的报应观念来看待"天"和"人",那是另外的问题,在中国传统天人观念中不占主要地位,这里不予讨论。

中国哲学史中也有反对前一派的大哲学家,如老子、庄子,主张人性中不包含道德属性、政治属性,人的本性和动物没有两样,政治属性是被后来的"圣人"们强加上的、灌输进去的。自从产生了国家,组织了社会,人类失去了他的本性,天性受了限制,病苦、罪恶由此而起。这种"天人合一"不是加强社会秩序,学习文化知识,而是要求人们回到自然,恢复天性,这和儒教系统的"天人合一"形成鲜明对照,因为它言之成理,持之有故,拥有广大支持者。

中国几千年来,儒、道两家长期对立,源远流长,两家虽然都讲天人合一,但如何去"合",以天为主,还是以人为主,长期未得解决。这里有双方理论的争辩,也有双方社会基础的对立。主张天为义理的天、主宰的天、命运的天的学派,多为政府官方立言,以"天尊地卑"来论证君尊民卑的社会秩序的合理性。主张"天"为自然的一些学派,则以为人应向自然依附,教人解脱政治束缚,回到自然,反映了中国小农经济的个体农民的性格,希望过自给自足的生活,不希望政府过多地干预。

除了上述两种倾向不同的"天人合一"学说外，还有反对"天人合一"的学派，如荀子，即主张天归天，人归人，两不相涉，天人无法合一。唐朝刘禹锡主张"天人交相胜"，不但不能合一，而且两者处在对立的地位。荀子、刘禹锡等人对中国哲学的发展也做出了贡献。

二

生活在 21 世纪，人们受过现代思想的熏陶，不同于古人的地方在于有进化观点和社会发展观点。这是时代给我们这个时代人的特殊机遇。现代人生活环境比古人优越的地方还在于打破了古代专制主义设下的许多禁忌。禁忌，有语言的禁忌、行为的禁忌以及思想的禁忌。比如中国古代儒教有一条基本信条（从周公孔子到康有为）是"敬天法祖"，"欺君灭祖"是十恶不赦的。君，天之子，是天的代理人。造反的人天理不容。古人的禁忌是可以理解的，但并不合理。各类宗教的"天"的崇高地位，对君父的绝对权威，是不容许怀疑的，更无从讨论它是否合理，有没有存在的必要。

"天"在古人心中有特殊地位，它崇高而庄严，是真理的化身，这是人类亲手塑造出来转而向它膜拜而产生的形象。宗教理论构造了绝对存在（大写的存在，有时称为"道""理"）。

其所以产生上述多种涵义的"天"，正足以说明人类在认识世界中若明若暗的处境。人们在生活道路上遇到了阻碍，挡住了去路，无法逾越，但又不能不前进。小者如个人事业的成败，人生的寿夭，大者如国家的兴亡，民族厄难，总希望找到可以依靠的凭借。穷竭无数英雄豪杰的智力，还是无从把握，看不到出路。人的智慧才力看是无限的，无限开发也不会枯竭，在改变自然,发展生产方面已充分显示其威力,却不是万能的。

自以为无所不能的人类,可以改天换地,连嫦娥独占的月宫也敢上去漫步,唯独不能解决自己的困惑和亲手给自己造成的灾难。像身体的结构,疾病的发生,消灭了旧疾病,又产生了新疾病。社会失业,家庭纠纷,人口失控,环境污染……虽有种种设想,推行过一些措施,但收效不大。怎么办? 原因何在? 只有归结为"天"。

中国古代哲人提出的多种关于"天"的理解和解释,就是人类对社会生活中遇到困惑的答案。答案之所以分歧,莫衷一是,反映了人类企图对社会生活干预却又无能为力而从事的艰难探索。

出于以上的原因,我们现代人没有必要按照古人曲谱填词。"天人合一"无论如何解释,已不能反映现代人今天所要解决的问题,任何诠释也难以做到正确无误。"天人合一"的文章已做不下去。

中外哲人回顾人类走过的道路,归结为主客观关系的问题。司马迁说过,他写《史记》目的在于"究天人之际,通古今之变,成一家之言"。司马迁对"究天人之际"做了工作,这是一个永恒的主题,要继续探究下去。

天人之际,即主客关系,即认识者(主)与被认识者(客)的关系,也就是人与天的关系。今天,哲学面临新时代,对主客关系应比前人有所突破。它对主客观的理解不应停留在个别的主体与个别客体的关系,而是群体的主客关系(个别的主体与客体关系也要继续探究,但不够)。个人的认识即使正确,如果不被任何人理解和接受,这个正确的新见解可能被当成梦呓,不会发生任何作用,说了等于没说,发现等于没有发现。触犯了群体的禁忌还会招来灾祸。

　　"天人合一"作为哲学史中出现过的问题,不能不研究,我们哲学工作者当前的职责用力所在是探究"天人之际",进一步探究天人之间究竟是什么样的关系,而不是想方设法去论证它的"合一"或"不合一"。

　　自从地球上产生了人类,即意味着客观世界在人的参与下发生了变化。洪荒时代的原始森林、荒漠原野已遭到改变(我不叫做破坏,因为这是自然的,也是客观的)。人类发明用火,第一次发现能源,开始熟食肉类,就改变了原始森林的自然状态。人类开始发明驯养家畜(传说有伏羲氏),就改变了动物界全野生的状态。人类发明耕种(传说有神农氏),就改变了野生植物自生自灭的自然状态。总之,人类出现之日起,就存在着与自然的斗争。人与自然有对抗的一面,也有互相依存的一面。

　　有的哲学家盛赞中国哲学好就好在天人合一,这不对。人吃肉类,吃鱼类,意味着对动物的摧残,何曾合一? 王阳明也讲"天人合一",人吃谷物可以养人,谷物和人有相通处,故曰合一。肉类也可养人,动物(如牛羊)宛转死于屠刀下,又怎好说人与牛羊和谐无间? 生物链本身包含着对立的统一,并不是一味地"合一"。人类保护环境,保护稀有动植物中日渐消灭的种类,已说明天人之间并不那么合一。

　　退回到洪荒时代已不可能,伤害动物的是人,伤害人的是人类自身,看来,"天人合一"这个历史命题可以归到哲学史中去讲,现在需要的是如何深化探究"天人之际",也就是司马迁以来,几千年研究而未解决的天人关系。这个课题不是短期可以找到答案的。"天人合一"讲了几千年,研究"天人之际"看来几千年以后还要讲。事在人为,共同努力吧。

《老子》难读 *

唐代韩愈自称"非三代两汉之书不敢观",以韩愈的博学多识,也深感"周诰殷盘,佶屈聱牙"的困难。这种困难,事出有因。

（1）中华民族历史悠久,文化丰富,未曾中断。

（2）中华民族长期以黄河、长江流域为活动中心,未曾远离,众多民族不断融合。

（3）中华文化主要用汉字记录,沿用了几千年,有改变,未中断。

这三项都构成了古书难读的因素,与西方古代文化比较,这一特点更明显。西方古埃及、古巴比伦,古希腊、希伯来文化,各有其鼎盛时期。时移世易,重心转移,有的文字曾当时流行,后来被弃置不用,成了死文字。若干年后被发现,经专家破译,原来的面貌未改变,如死海古卷,一旦被译,便有了结论,这些考古成就只有少数人参与,关心的人不多,有发言权的专家更少,专家的论断容易被接受。

中华民族的文化不同于西欧、中东的西方文化,中华文化几千年一直活着,文化的主要传播工具（汉字）一直在使用,汉字并

＊ 原载《群言》1996 年第 6 期。

未死去，只是写法、用法不断在改变，在改变中继续使用。同一个字、一个词，随时注入新时代的新内容，随时淡化其旧内容。如"国""家"这些字，老子时代与宋元以后的用法有很大的改变。哲学领域内的重要概念，如"道""德""仁""义""天"，不同流派，不同时代都有不同的解释，因袭中有革新，随时容纳新的内容（有民族的，外来语言的），它的涵义越来越丰富而多变化，旧的继续使用，新的又加进来，这是中华民族的社会历史独特条件下的现象。于是，古书越注解，引出的问题越多。

古书留给后人的难点不尽相同，有的字难识，如甲骨文，秦汉统一以前的六国地方文字，少数民族的文字等。古今社会生活的差异，古代的宗教生活与后来不同，保存下来的文献资料越丰富，研究起来，工作量也越大。

《老子》一书文字不多，版本不同，各种版本都只有五千多字，读古书的困难因素，《老子》中都会遇到。这些困难，都可以利用近代科学研究方法（结合民俗学、历史学、考古学、语言学、宗教学、语法学……），逐步一个一个地解决。最困难的是《老子》的独特的表达方式和哲学体系。如"道""德""天""圣人"等与先秦其他哲学流派不同。古今注解、诠释《老子》的著作多到千余种，各有所见，所见不同，从而增加了研究的难度。

古书没有现代标点符号，缺了这种阅读辅助工具，也造成了一些困难。《老子》全书八十一章，几乎每一章的标点、断句都有歧义，章节划分也不尽一致。如：

绝圣弃智，民利百倍；绝仁弃义，民复孝慈；绝巧弃利，盗贼无有。（十九章）

老子反对当时社会上虚伪的道德仁义，并不是从根本上反对道德、仁义。如果给这些概念加上引号，表达时就不易发生误解，写成"圣""智""仁""义"，老子原义就清楚了。《老子》书中，

"圣人"出现过三十一次,肯定"圣人"的救世作用,老子对"仁""义"也不是一概反对。

又如:

> 城中有四大,而人居其一焉。
>
> 人法地,地法天,天法道,道法自然。(二十五章)

在前人注解中有的断句为:

> 人法地地,法天天,法道道,法自然。

认为这样断句才构成"四大",照通常断句,成了"五大"。这种断句虽备一说,但不合老子原义,像这类分歧,也给研究者增加了困惑。

《老子》原文经过传写,错误沿袭千百年,以讹传讹,积重难返,本意反被淹没的也有,如:

> 大方无隅,
>
> 大器晚成,
>
> 大音希声,大象无形。(四十一章)

综观上下文义,"晚成"是错的,应当是"免成"。这里的"大方""大音""大象"之后均用否字词(无隅、希声、无形),马王堆甲、乙本均作"免成"。汉魏以降,世传《老子》均作"晚成",诸家注解也按"晚成"作注。千余年来,"大器晚成"已成为社会上通用的成语,积重难返。而且"大器晚成"反映了做成一件事,要速成反而得不到理想的结果,这里有一定社会经验的辩证法,用不着、也不可能取消这个充满智慧的成语。按老子原文,应是"大器免成",我在《老子》译文中这一句译作:

> 最方正反没有棱角,
>
> 最贵重的器物用不着加工,
>
> 最大的声音,却听不到它的声,
>
> 最大的形象,却看不到它的形。

古今人论老子的社会政治思想,多引用:

> 小国寡民,
>
> 使用什伯之器而不用,
>
> 使民重死而不远徙,
>
> 虽有舟舆,无所乘之,
>
> 虽有甲兵,无所阵之。
>
> ……(八十章)

中外古今学术界许多学者认为,老子理想的治国蓝图是"小国寡民",这应是一种误解。《老子》这里的"国",相当于今天的"城镇""市区",是指基层行政组织,而不是指统一国家的规模。《老子》中讲"小国"只有这一处,更多的情况下,老子讲到"大国",讲治天下、取天下的次数更多。春秋时人心目中的"天下"不能理解为今人心目中的"世界",而是指当时人的"全国"。老子理想中的"圣人"是治天下的能手。老子主张"小国寡民"是指基层行政组织小,才可以使老百姓不出乡里,安居乐业,"甘其食,美其服"。老子提出治大国的办法是"治大国若烹小鲜",提出不要常常搅动它。

这里可以看出老子、孔子都感到诸侯割据,互相争夺的混乱局面应早日结束,老子、孔子都有平治天下的宏愿。孔子主张恢复、加强周天子的权威,利用周朝制定的机制,加强中央集权,使社会变得有秩序;老子主张圣王无为,不扰民,减轻赋税负担,消弭战争,使老百姓有个安定生活。老子、孔子都有统一天下的愿望,只是采用的方法不同。这种不同,与他们的阶级立场有关,所代表的集团利益有关,不完全是方法的差异。

从老子、孔子开始,后来墨子提出"尚同",也有中央集权的倾向。后来的孟子提出"定于一",商鞅、庄子、荀子、韩非等人都集中在建立大一统国家的理想上。春秋战国诸子百家争鸣,共

257

同争论的主题是一个——如何统一天下。秦汉统一大业,是春秋战国长期酝酿达数百年的结果。为了实现这个统一大业,耗尽了无数圣贤的心力,历史实践已证明,大一统的政治格局体现了中华民族的共同愿望。秦汉统一后,两千多年间,统一时间长,而分裂时间短,说明中国各族人民拥护统一,反对分裂割据。全国统一,能给老百姓带来实际利益,如,遇到灾年,可以由国家统一调剂丰歉,兴修水利,抵抗外来侵略,进行大规模的物质建设和文化建设,结束国内战争等等。老子、孔子都希望有治天下的"圣人"出来完成历史任务。

中国古书中注释最多的有两部,一部是儒家的《易》,一部是道家的《老子》。并不是这两部书的道理丰富到非有千百种以上的注释不可,而是由于社会的发展,人类的进步,不断增加新内容,借古人的名义,发挥后来人的新思想,如果有人根据注释者的解释去回溯古代《老子》的本来面目,将会失望。如果根据不同时代权威的注释,去认识各个时代的学术发展面貌,则是可取的,是历史主义的方法。

中华民族源远流长,生机盎然,不断发展前进,除旧更新,影响深远的只有孔、老两家。中华文化没有孔子,不成其为中华文化;同样,没有老子,也不成其为中华文化。儒、道两家是中华文化的两大支柱,缺一不可(佛教传入中国,也成为中华文化的组成部分,宋以后九百多年来,被儒教主流吸收、融合,佛教影响不及儒、道长久)。

老学源流[*]

一

老子之学发轫于荆楚,但老子不是乡曲之士,他曾到过北方,当过周守藏史,熟悉历史文献记载,接触社会现实腐败现象。他的思想可以概括为三个来源和三个组成部分。

第一个来源,它继承荆楚文化的特点,贵淳朴自然,反雕琢文饰。

第二个来源,老子博学多闻,善于吸取古代文化遗产,总结前人经验。

第三个来源,老子亲眼看到春秋时期社会的混乱,旧秩序的崩溃,仁义口号的虚伪性。

这三个来源,很自然地构成了老学独特的思想体系,成为中国与儒学对峙并存、长达2000多年的两大流派。

这三个不同来源的思想,在《老子》书中都可以找到。

老子思想来源于荆楚文化,首先表现为对"水"的歌颂。荆

---

　　*　据《竹影集》。原载《寻根》1996年第2期,曾收入《皓首学术随笔》。

楚水乡,以水滋养万物的印象,远远超过北方。孔子也讲到过水,称叹"逝者如斯夫,不舍昼夜"。体察万物的变动不居;孔子还说,"仁者乐山,智者乐水",体察水的特点与智者有相似之处。老子对水的歌颂与理解大大超过生活在北方邹鲁的孔子。老子称赞水的美德:"上善若水,水善利万物而不争,处众人之所恶,故几于道。"(八章)"大道泛兮,其可左右。"(三十四章)把水比作道。又说"江海之所以能为百谷王者,以其善下之,故能为百谷王之。"(六十六章)"天下莫柔弱于水,而攻坚强者莫之能胜,以其无以易之。"(七十八章)

《老子》书中常借用植物生长的例子,说明贵柔的道理。植物幼苗柔弱而有生命力,植物壮大后,则枯槁而接近死亡。先秦古籍中,孔子、墨子、孟子的著作中经常信手举出身边事例来说明各自的理论,他们举出的例子既反映作者的个性,也反映了他们的社会性。

《老子》书中还经常从前人经验和古文献中吸取有用的东西。如:

> 古之善为士者(马王堆本作"善为道者"),微妙玄通,深不可识。夫唯不可识,故强为之容。(十五章)

接着描述古之善为士者,具有自然、朴素、谦退、谨慎、严肃、旷达、包容等品格。

> 建言有之:明道若昧,进道若退,夷道若纇,上德若谷,大白若辱,广德若不足,建德若偷,质真若渝。大方无隅,大器晚成。大音希声,大象无形。(四十一章)

> 盖闻善摄生者,陆行不遇兕虎,入军不被甲兵。兕无所投其角,虎无所措其爪,兵无所容其刃。夫何故?以其无死地。(五十章)

> 故圣人云,"我无为,而民自化;我好静,而民自正;我无

事,而民自富;我无欲,而民自朴。"(五十七章)

古之善为道者,非以明民,将以愚之。(六十五章)

用兵有言,"吾不敢为主,而为客;不敢进寸,而退尺。"
(六十九章)

老子讲的"用兵有言"是什么兵书上讲的,已无可考,看来是
一种成说,而不是老子首先提出的。《老子》书中的"建言有之"
"盖闻""圣人云""古之善为道者",表明这些说法都有来历。老
子曾主管周王朝的图书馆(守藏史),他所见到的历史文献不见
得比孔子少,但老子引用古文献并不多,也说明老子能利用古文
献而不特别看重文献的特点。

老子为亲眼看到当时从中央周王朝到地方诸侯的混乱无序
而失望。同时代的孔子也看到当时的社会混乱无序,由于观察
问题角度不同,他们的改革方案也不同。老子抨击当时的社会
弊端。如:

夫佳兵者,不祥之器。(三十一章)

天下有道,却走马以粪。天下无道,戎马生于郊。(四
十六章)

民之饥,以其让食税之多,是以饥。(七十五章)

大道废,有仁义;慧智出,有大伪。(十八章)

绝圣弃智,民利百倍;绝仁弃义,民复孝慈。(十九章)

夫礼者,忠信之薄而乱之首。(三十八章)

老子深刻地看到在仁、义、礼等口号下产生的种种弊端,他
放弃仕途而走向隐逸的道路。老子思想比孔子更接近农民、接
近农村,与官方朝廷保持一定距离。

《史记》有一段记载孔子问礼于老子时他们的对话:

孔子适周,将问礼于老子,老子曰:子所言者,其人与骨
皆已朽矣,独其言在耳。且君子得其时则驾,不得其时则蓬

累而行。吾闻之,良贾深藏若虚,君子盛德,容貌若愚。去子之骄气与多欲、态色与淫志,是皆无益于子之身。吾所以告子,若是而已。(《史记》卷六十三)

孔子向老子问礼,孔子已相当知名,并开始讲学授徒,孔子的志趣并没有世俗人那样追求声色之好。老子却斥责他"骄气""多欲",从而可见老子、孔子二人的价值观有极大的差异。

二

老子对中华民族的影响也有三个大的流向。

老学在哲学方面,对辩证法思想有极深远的影响。中国哲学中辩证法思想十分丰富,辩证法中有刚健为主的一派,以《易传》为代表;以柔弱为代表的一派,则导源于老子。中国哲学有以伦理实践为主的流派,起源于孔子;以高度抽象思辨为主的流派,则起源于老子。老子的抽象思辨发展到魏晋时期,形成魏晋玄学,以王弼《老子注》为高峰,从此开创了哲学史的一个新阶段。说老子开创了中国哲学本体论的先河,并不过分。

老学在宗教方面影响也很深远。东汉以后,道教兴起,最初张鲁在汉中创五斗米道,教信徒们诵习《老子》五千文以祈福免祸。此后,张鲁及其信徒徙往内地,五斗米道也在内地广为传播。

东汉河上公注老子,讲养气、炼形,又讲治国,救世。《老子想尔》是以注《老子》的方式来发挥道教思想的一部重要著作。东汉严君平是由哲学向宗教过渡的《老子》著作的阐释者。

此后,修炼外丹者(丹鼎派)借用《老子》名义的著作很多。借用老子注释的名义修炼内丹(心性修炼)的著作也很普通。由道教修炼派生的气功与武术成为中华民族的文化遗产。老子和道教奉祀的"太上老君",有若即若离的关系。《道藏》(道教全书)中以老子或《道德经》的名义的著作极多,成为道教重要的必读经典,虽与老子本人无关,却不能不承认老学影响的广泛。

老学思想也对中国政治有极深远的影响。汉初黄老之学,曾导致治理战后创伤的有效政策。此后每逢大乱之后,必采取清静无为的政策方针,与民休息,其指导思想多来自老学。老学的重要性,也经常引起历代帝王的重视。帝王以在朝当权者的身份宣传老子学说,与治国之术相结合,唐玄宗李隆基、宋徽宗赵佶、明太祖朱元璋都曾亲自撰写关于《老子》的注释。他们虽不能懂得老子的理论,却感到有必要利用老子在社会上的影响。如朱元璋注《老子》"文理不通,句读费解"(《四库提要》),足可证明为朱元璋自著。朱元璋认为《老子》一书,是"王者之上师,臣民之极宝"。

老学还启发了中国重要的军事思想,以黄帝《阴符经》为名义的兵书,渊源于老子。

北宋以后,儒教成为势力最大的中国教派,佛、道二教沦为儒教的附庸。在儒教大量著作中,老子的思想也受到极大的关注。吕惠卿、司马光、苏辙、彭耜,元代的吴澄,都从三教会同的角度讲解老子。苏轼为苏辙的《老子注》作跋,说:"使汉初有此书,则孔子老子为一,使晋唐有此书,佛道不二。"

中华民族五千年的文明史,五千年间社会不断发展,学术理论也随之发展。孔子、老子的学说虽是二千多年前出现的理论,但后来的注释者不断以注释代替著作,以述为作。我们不认为老子的学说本身有长久不变的影响力,而是由于中国学术的传统习惯,不断对古代著作随时给以富于时代精神的解释。每一个新时代的解释中都注入了每一时代的新内容。老学看来万古常新,并不能说老学本身不变,而是由于广大研究者随时注入新内容,新解释,所以它不会成为不变的考古研究的对象,而是人们生活中不可中断的精神营养。各种注释无不带有时代的烙印。近代人严复以进化论的观点评点《老子》,为他的改革中国政治寻找理论根据,就是一例。

中国古书中,注释最多的书有两部,一部是儒家的《易》,一部是道家的《老子》。《易》注,不下三四千种,《老子》注,也有千余种。并不是这两部书包含的道理丰富到非有数千种注释不可,而是由于社会的发展、人类的进步,随时有新的内容,要借用古代最有权威、人人都相信的著作的名义,讲明作者的思想。如果有人根据注释者的解释去回溯古代《老子》原著的本来面目,往往会失望。如果根据不同时代的丰富的注释著作去认识各个时代的学术发展面貌,则是可取的,也是会收到实效的。

从老学的"源"可以看出中华民族的文化在春秋时期的地区文化特色。中华民族不只起源于黄河流域,说黄河流域是中华民族文化的摇篮是对的,但不全面。长江流域也是中华民族文化的摇篮。以黄河、长江两大流域为中心,由此向周边辐射出去,从而形成中华文化圈,影响到周边地区和邻国。

中华文化没有孔子,不成其为中华文化;同样,没有老子,也不成其为中华文化。对儒道两家本身及流派研究得愈透彻,对中国认识得也就愈全面。

当然,我们也不能说中国秦汉以来2000年是孔子思想支配的,或者是老子思想支配的。因为2000年间,老学、孔学不断增加新内容,有些内容是老学中原有的,但未阐发得充分,也有些纯属于后人的思想,挂在古人名下阐发出来的,是古人不曾有过的思想。"中华文化既古老又年轻",其原因也在于此。

20 世纪中国哲学的使命感 *

　　冯友兰先生是哲学史家,又是哲学家,他以哲学家的观点治哲学史,故能独具特色。这里只讲一个问题——20 世纪中国哲学家的使命。

一

　　冯友兰学术活动的时代,在 20 世纪。中国人是怀着屈辱走进 20 世纪的。1900 年,八国联军占领了中国的首都北京,赶走了皇帝,被迫签订了不平等条约。从此,中国时时处在被瓜分的边缘。20 世纪给中华民族的历史使命是救亡图存,促进中国现代化,迅速摆脱半殖民地的地位。冯先生的哲学史是在这种背景下撰写的。它是一部学术著作,却又不是纯学术的著作。国家危难,唤醒了广大爱国人士,人们从不同的岗位提出救亡图存

---

　　* 据《竹影集》。原载《齐鲁学刊》1996 年第 2 期,题为《冯友兰先生对中国哲学的继承和发展》。

的主张。企业家提出实业救国,教育家提出教育救国,各政治团体和党派也都提出了他们的救国纲领。旧版《中国哲学史》出版于 1933 年,当日本军占领东北三省(1931 年)的后两年,他在《中国哲学史》序二中写道:

> 此第二篇稿最后校改时,故都正在危急之中,身处其境,乃真知古人铜驼荆棘之语之悲也。值此存亡绝续之交,吾人益思吾先哲之思想,其感觉当如疾痛时之见父母也。吾先哲之思想有不必无错误者,然"为天地立心,为生民立命,为往圣继绝学,为万世开太平",乃吾一切先哲著书立说之宗旨。无论其派别如何,而其言之字里行间,皆有此精神之弥漫,则善读者可觉而知也。"魂兮归来哀江南";此书能为巫阳之下招欤,是所望也。

《序》中用了"铜驼荆棘"的典故,绝不是夸大其词。当时的中国确实处在亡国的边缘。当时,日本军用飞机无限制地在市区上空低空飞行,学生上课时飞机噪音干扰了讲课,有时不得不停一两分钟。飞机过去接着再讲,机翼上鲜红的日本徽志刺伤了每一个中国人的心。北京已经是一个边城。果然。1937 年,日本侵华战争全面开始了。

十年后,冯友兰先生在战争流离颠沛中先后出版了几部哲学专著,《新理学》《新事论》《新世训》《新原人》等六部。他在《新原人》序中说:

> "为天地立心,为生民立命,为往圣继绝学,为万世开太平",此哲学所应自期许者也。况我国家民族值贞元之会,当绝续之交,通天人之际,达古今之变,明内圣外王之道者,岂可不尽所欲言,以为我国家致太平,我亿兆安心立命之用乎?……此新理学、新事论、新世训及此书所由作也。

出版《中国哲学史》十年后，也就是在日本侵略军战败投降的前二年，冯先生两次提出张载的"为天地立心，为生民立命，为往圣继绝学，为万世开太平"的名言，国家危难之际，爱国知识分子的历史使命感，一片赤诚跃然纸上。

冯先生从事哲学研究，不论治哲学史还是从事哲学理论构建，都与祖国的文化建设、民族振兴相联系。他不是寻章摘句地论述前代思想，而在于为民族、国家建立新文化准备条件：

> 通观中国历史，每当国家重成统一，建立了强有力的中央政府，各族人民和睦相处的时候，随后就会出现一个新的包括自然、社会、个人生活各方面的广泛哲学体系，作为当时社会结构的理论基础和时代精神的内容；也是国家统一在人民思想中的反映。儒家、新儒家都是这样的哲学体系。中国今天也需要一个包括新文明各方面的广泛哲学体系，作为国家的指针。（《自选集》6页）

这是1982年美国哥伦比亚大学授予哲学名誉博士学位时冯先生的讲话。他要用哲学为新中国的文化建设尽自己的力量。有些研究冯友兰先生思想的学者，兴趣都放在冯先生早年的哲学与晚年哲学的区别上。有人对他早年哲学多所肯定，对晚年哲学多有指责；也有人持相反的看法，肯定晚年，否定早年。冯先生自己却没有把它看作两种性质不同的著作，他认为文化不能割断，建立新文化离不开旧文化，继承旧文化是继承，批判旧文化也是继承。新与旧本不是对立的，而是衔接的。

在极"左"思潮冲击下，冯先生还是充满了自信，他从未怀疑中国哲学的价值，坚信为了建设社会主义的新思想体系，必须吸取中国古代哲学作为来源之一。离开旧文化就建不成新文化。

二

冯友兰先生是受旧哲学熏陶、培养的学者,他何以能很快地接受马克思主义的唯物史观?这种怀疑是可以理解的。事实上冯先生的旧哲学史中已开始运用西方社会学来观察社会,在许多地方已存在着与唯物史观的结合点。他的旧《哲学史》讲到汉代思想时说:

> 盖人之思想,皆受其物质的精神的环境之限制。春秋战国之时,因贵族政治之崩坏,政治、经济社会各方面之新秩序亦渐安定。自此而后,朝代亦屡有改易,然在政治、经济社会各方面,皆未有根本的变化。(493 页)

> 自春秋至汉初,一时之政治、社会、经济方面,均有根本的变化。然其时无机器之发明,故无可以无限发达之工业,因之亦无可以无限发达之商业,多数人民仍以农业为业。不过昔之为农奴者,今得为自由农民耳。多数人仍为农民,聚其宗族,耕其田畴。故昔日之宗法社会,仍保留而未大破坏。故昔日之礼教制度,一部分仍可适用。不过昔日之仅贵族得用者现在大部分平民亦用之而已。(487 页)

这些观察社会的方法,已接近唯物史观,已具有社会存在决定社会意识,经济为社会变革的基础的观点。冯友兰比贺麟更容易接受唯物史观,他们两人的旧哲学的根基不同,应是原因之一。

旧史学家把秦始皇焚书,尊信法家看作与儒家完全对立,冯先生在旧《哲学史》中早已指出秦皇、李斯焚书与汉武帝罢黜百家走的是同一条路线,都在为加强大一统的集权而努力,只是秦始皇的手段简单急躁了些。他说:

> 及汉之初叶,政治上既开以前所未有之大一统之局,而

社会及经济各方面之变动,开始自春秋时代者,至此亦渐成立新秩序;故此后思想之渐归统一,乃自然之趋势。秦皇、李斯行统一思想之政策于前,汉武、董仲舒行统一思想之政策于后,盖皆代表一种自然之趋势,非只推行一二人之理想也。(旧《哲学史》486页)

冯友兰先生这些观察问题的方法,都成为后来接受马克思主义唯物史观的思想基础。关于秦始皇与汉武帝所做的统一天下的思想,以及汉武帝尊儒的措施,在旧《哲学史》中也有接近唯物史观的看法。他说:

秦用儒家之说,以"坊民正俗",即其焚书、禁私学,亦未尝不合于儒家同道德、一风俗之主张,不过为之过甚耳。秦皇、李斯废私学,为统一思想之第一步,汉武、董仲舒罢黜百家为统一思想之第二步。(旧《哲学史》487页)

三

古人所谓"知人论世",是全面评价历史事件和历史人物的公平秤。中国的爱国知识分子在中国这个大环境中造就了他们的特性。如果不是有丰富的文化传统,不是深受帝国主义殖民主义的压迫,贫困落后的旧中国的知识分子的爱国主义思想不会这样坚定而强烈。

欧洲马克思主义有三个来源,这几乎是多数人的共识。也有人认为中国共产党也应上溯到这三个来源,这种推断不符合中国的实际状况。中国的马克思主义是爱国志士向西方寻求救国救民的真理,救亡图存的爱国主义,由此而引发为促进中国现代化。因此,中国的马克思主义是在中国这块土地上,结合中国的实际而形成的马克思主义。把马克思主义的原理与中国革命实际相结合,才真正找到出路。中华民族的救亡图存是二十世纪中国各族、各界的共同课题。

紧紧抓住这个主题,用它来衡量一个人,一件事,一种政策,一种主义,才能不致失误。

冯友兰先生的学术观点,人们可以赞成,也可以不赞成,见仁见智,不必强求共同的认识。冯先生的爱国主义是明白清楚的,是值得钦重的。有些崇拜洋人、迷信洋人,不懂得中国文化,不珍惜中国文化的人,没有资格对冯友兰先生的人格轻下断语。

在 30 年代初,冯先生在他的旧《哲学史》中曾说过:

> 历史上时代之改变,不能划定于某日某时。前时代之结束,与新时代之开始,常相交互错综……故中国哲学史中之新时代已在经学时代方结束之时开始。所谓"贞下起元",此正其例也。不过此新时代之思想家,尚无卓然能自成一系统者,故此新时代之中国哲学史,尚在创造之中;而写的中国哲学史,亦只可暂以经学时代之结束终焉。(旧《哲学史》1041 页)

到抗战中后期,冯先生贞元之际的哲学著作陆续发表,并开始形成自己的体系。他在《新理学》及以后的论著中以他自己的哲学作为结束。这种做法可以讨论。但是冯先生考虑问题的方法值得重视。因为他意识到中国已经进入一个新时代,与古代(冯先生叫作经学时代)有本质的不同,是从来没有遇到过的崭新时代。新时代要有与之相应的新哲学体系。新旧时代不同,不系于年代的先后,而在于社会性质的差异,在冯先生早年已看到并指出来,这种发展观是十分可贵的。他说:

> 直至最近,中国无论在何方面,皆尚在中古时代,中国在许多方面不如西洋,盖中国历史缺一近古时代。哲学方面特其一端而已。近所谓中西文化之不同,在许多点上,实

即中古文化与近古文化之差异。此亦非由于中国人之格外不长进,实则人之思想行为之多为适应环境之需要。(旧《哲学史》495 页)

贯穿着冯友兰先生一生的爱国主义精神成为他在为中国文化的发展,在旧中国和新中国始终不渝地精进不息。他把学术的命运与国运联系在一起。直至逝世前,还念念不忘地讲到知识分子对国家的兴衰要有参与意识,并指出这是中国知识分子的好传统,应当继承和发扬。他九十二岁高龄时还说过:

> 凡古老民族,都有许多文化传统,后来的人应当溯其源而究其流。择其善者而从之,其不善者而改之。从之是继承,因为这是历史在旧基础上的发展;改之也是继承,因为这也是历史在旧基础上的发展。从之改之结合起来,这个民族的特色就表现出来了。

> 《诗经》有一首诗说,"周虽旧邦,其命维新",我把这两句诗简化为"旧邦新命"。这四个字,中国历史发展的新阶段足以当之。

> "旧邦"指源远流长的文化传统,"新命"指现代化和建设社会主义。"阐旧邦以维新命"余平生志事盖在斯矣。(《自选集》9—10 页,《康有为〈公车上书〉书后》)

最后,引用冯友兰先生自己的话作为对他的哲学思想做出评价:

> 我经常想起儒家经典《诗经》中的两句话"周虽旧邦,其命维新"。就现在来说,中国就是旧邦而有新命,新命就是现代化。我的努力是保持旧邦的同一性和个性。而又同时促进实现新命。我有时强调这一面,有时强调另一面。右翼人士赞扬我保持旧邦同一性和个性的努力,而谴责我实现新命的努力。左翼人士欣赏我实现新命的努力,而谴责我保持旧邦同一性的努力。我理解他们的道理,既接受赞

扬,也接受谴责。赞扬和谴责可以彼此抵消,我按照自己的判断继续前进。

　　这就是我已做的事和将要做的事。(《自选集》8页)

作为20世纪的中国哲学家,冯友兰确实尽到了一个爱国知识分子、爱国哲学家的职责,无愧于时代赋予的历史使命。他爱祖国的优秀文化,他爱哺育他的这块国土,他与中华民族共同经历了山河破碎的苦难,甚至自己也加入了流亡的行列,他也分享了站起来的中国人不再受外国欺凌的欢欣。他和学生们庆祝新中国"五一节"冒雨游行。只要国家富强,文化繁荣昌盛,求仁得仁,无怨无悔。坚定不移,为文化为国运而铭心刻骨,忍辱负重,致力于学术的人太少了,太少了!

中国哲学史的里程碑[*]

——老子的"无"

"中国哲学史是中华民族的认识史",多年来一直沿着这条思路考察中国哲学的发展、变化,踪迹昭然、历然。老子首先提出了"无"作为最根本的范畴,是中国哲学史第一座里程碑。

人类认识外界,总是经历由外到内,由具体到抽象的过程。近半个世纪以来,儿童心理学发展较快,研究儿童认识外界的过程及其发展轨迹,经过观察、实测、比较,得出大体可信、比较接近儿童思维成长的实际状况。一个民族思维成长的过程与儿童心理的发展过程大体相似,至少可从中得到相关的昭示。

儿童认识外界先从身边周围的事物开始。由近及远,先认识母亲,后及家人,扩大到身外的食物、玩具,再扩大到鸟兽草木虫鱼等目力所及更大的范围。如高山、大河、天空、气象风雷等等外界,虽在视听范围之内,但并不能引起足够的认识。日月星

---

　　* 　据《念旧企新》,原载《中国哲学史》1997 年第 1 期,曾收入《竹影集》。

辰先被认识,日月依附着的更大的"太空"则较后才会引起注意。朱熹儿时,其父向他指示天空曰"天",朱熹问其父"天之上何物?"这被看作特异儿童的表现,所以古人特别记上一笔。古今中外千千万万儿童,是很少关心"天之上有何物"的。

儿童教育家还发现,小学生春游旅行,虽然喜欢爬山、涉水,但不懂得欣赏山水风景,朝辉落霞之美。认识过程总是由具体事物开始,由微细到宏大。儿童学习数字计算,也是先学计算一个两个实物,然后形成"1""2"……的数的概念。先有自然数的实数,"零"的概念形成较后。因为"零"没有形象,也找不到与零相当的对象(实体)可供参考。

我们回顾中华民族的认识史,竟与儿童思维成长过程有惊人相似之处①。

人类认识从有形开始,逐渐由分到合,由具体到抽象,形成"有"(存在)的概念。"有"有形象(大小、形色等),"有"有性质(坚软、轻重、香臭等),"有"有结果(得到或未得到),各种"有"(存在)都可见闻,可感知,可推得结果。这些都属于人类认识的幼年期。

随着生活实践、科学实践、社会实践的深化,从"有"进而认识到"有"的对立面——"没有"。

"没有"是生活中经常遇到的现实。打猎、捕鱼,可能"有",也可能"没有",而且出现的频率很高。把"没有"抽象到概念的

---

① 近代皮亚杰一派儿童心理学的研究,对成人心理研究也有推动作用。儿童思维可分四个阶段:(1)直观行动阶段;(2)具体形象思维;(3)形式思维;(4)辩证思维。有些著作指出,随着年龄的增长,思维能力逐渐提高。我们从哲学认识论的角度来看,年龄只是外在标志、而不是原因,思维水平提高的原因在于社会实践的不断深化。如果是禁锢中的儿童,即使年龄增长,缺少语言训练,不给信息交流机会,思维水平也无法提高。

高度,也作为认识的"客体"对待,达到这个认识水平,只在具有先进文化的民族才有这种可能。"没有"在未上升到概念时,只是一次性的客观描述。提出了"无",则是认识的一次大飞跃。

由于"无"具有"有"所不具备的"实际存在",号称为"无",并非空无一物,而有总括万有的特点,老子称之为"无状之状,无物之象"。它不同于"有",所以"视之不可见,听之不可闻,搏之不可得","此三者不可致诘,故混而为一"。对这一最高的负概念给予特殊名称,有时叫做"无";因为它具有规律性,也称为"道"。在一定情况下,"无"与"道"同义,有时"无"也是"道","道"也是"无"。

老子的"无"不是停留在描述性的"没有"的认识阶段。"无"并不是消极的存在,而是有它实际多样肯定性的涵义,有现实作用,有可以预测的后果,也是经常用来对待日常生活、政治生活的一个原则。"无"的发现,为人类认识史开了新生面,的确非同寻常。

《老子》书经历史上老学传人的补充、完善,现存的定本共五千七百字左右。这部书从各个方面提醒人们重视"无"的地位和作用。不但认识"无",而且用"无"的原则来指导日常生活、社会生活以及政治生活。

日常生活中认识"无"的功用:

　　　　三十辐共一毂,

　　　　当其无,有车之用,

　　　　埏埴以为器,当其无,有器之用;

　　　　凿户牖以为室,当其无,有室之用;

　　　　故有之以为利,无之以为用。(十一章)

把"无"的原则运用到政治生活:

　　　　取天下常以无为事。(四十八章)

以无事取天下。(五十七章)

我无欲而民自朴。(五十七章)

为无为,事无事,味无味。(六十三章)

是谓行无行,攘无臂,扔无敌,执无兵。(六十九章)

是对圣人处无为之事,行不言之教。(二章)

为无为。(三章)

为政治国,能无为乎。(十章)

道常无为。(三十七章)

吾是以知无为之有益。(四十三章)

不言之教,无为之益,天下希及之。(四十三章)

日常行为准则也离不开"无"的原则指导:

善行,无辙迹;

善言,无瑕谪;

善数,不用筹策;

善闭,无关楗而不可开;

善结,无绳约而不可解。(二十七章)

"无"也是政治生活的指导原则:

生而不有,为而不恃,长而不宰。(十章)

爱民治国,能无为乎?……明白四达,能无为乎?(十

章)

老子由"无"衍生出一系列否定概念以积极涵义:

绝圣弃智,民利百倍;

绝仁弃义,民复孝慈;

绝巧弃利,盗贼无有;

见素抱朴,少私寡欲。(十九章)

处理人际关系,要遵循"无"的原则,以退让、收敛为原则:

不自见,故明;

不自是，故彰；

不自伐，故有功；

不自矜，故长；

夫唯不争，故天下莫能与之争。（二十二章）

老子思想的深刻性在于善于从纷乱多样性的现象中，概括出"无"这一负概念。其可贵处在于把负概念给予积极肯定的内容。老子的"无为"不是一无所为，而是用"无"的原则去"为"。所以能做到有若无，实若虚，以退为进，以守为攻，以屈为伸，以弱为强，以不争为争，从而丰富了中国古代辩证法思想，建立了中国古代辩证法贵柔的体系，与儒家《易传》尚刚健体系并峙。两大流派优势互补，共同丰富了中华民族的文化宝库。

人类认识总是在旧的认识基础上提出新见解。新见解对旧知识来说，是一次进步。同时，这新见解往往成为后来更新见解的障碍。《荀子·天论》篇中曾指出，"老子有见于诎，无见于信"。老子发现了"无"的价值，把它提高到应有的位置，是老子的贡献。如果把"无"的地位、作用过分夸大，反倒背离了真理。比如，老子指出建房屋供人使用的地方是墙壁中间的空间部分。但也应看到供使用的空间部分是在墙壁、梁柱等实体支持下才能供居住，没有墙壁、梁柱、砖木的"有"，也就没有供起居的空间，只是一片空旷的开阔地，虽有空间（"无"），却不能居住。有与无互相依存，相得益彰。

总之，老子发现并提出了"无"这个范畴，是一大贡献，并赋予肯定、积极意义，功不可没。老子的"无为"，不是什么也不干，而是变换一种方法去干。

老子的辩证法贵无、尚柔，肯定生活，而不消极玩世。老子贵"无"而务"实"，不具有怀疑论色彩。战国末期出现黄老之学，讲治道，重形名，在战争后经济残破时期，用来恢复生产，收到了治国安民的实效。黄老不同于原来的老子，司马迁把老子与韩非子同篇立传，事出有因。韩非子也有《解老》《喻老》的著作，足见二者有内在的联系。老子、庄子，古来并提，老子多讲治国用兵，庄子更偏重于养生、适性，也采取了老子思想的一部分，但历史上还没有发现庄子治国安民的思想。

庄学作为老学的补充，自有其重要地位。庄学的高明、豁达，不谴是非，是庇荫在老子构建的大厦下设立的，离了老子，庄子的光彩就无从显露。这一点，正如王守仁之所以能自张一军，耸动天下，是在朱熹的基础上开创起来的。必先有朱熹，王守仁反对朱熹的格物的新见解才有新意。没有朱学，就没有王学。

"无"被提示出来，纳入认识最高范畴，涵盖范围广大无限，给后来道教神学提供了广阔驰骋的领域。这是另外的问题，本文从略。

艾思奇同志[*]

1949年,艾思奇同志受聘为北京大学哲学系教授。艾思奇同志是中国最早的马克思主义哲学家之一,在青年中有广泛的影响。不少知识青年读了他的《大众哲学》,投奔了延安。解放后,他又是与旧大学哲学界广交朋友,普及马克思主义哲学的功臣。

记得北平解放后,北京大学定期举行哲学双周座谈会。参加者有两部分学者:一部分是较早接受马克思主义思想的学者,其中有侯外庐、何思敬、徐特立、艾思奇和胡绳。另外一部分学者是当时北京大学和清华大学哲学系教师。北京大学有汤用彤、朱光潜、贺麟、郑昕、胡世华、齐良骥、任继愈。清华大学哲学系有冯友兰、金岳霖、邓以蛰、任华、王宪钧、张岱年。座谈地点在北大孑民堂。这是北大最大的一个会议室和对外接待室。时间定在隔周的星期日上午。每次谈论会,推一位主讲人,大家提问题讨论,不拘形式,交换意见,会场气氛生动活泼。清华大学远在城外,交通虽不便,但清华的教授们都按时参加,风雨无阻。因为解放后大家对马克思主义哲学很感兴趣,新旧哲学工作者

---

[*]　原载《念旧企新》。

互相交流,获益很多。

讨论的题目,记得有西方美学思想、黑格尔哲学、康德哲学、罗素哲学、杜威哲学、形式逻辑、数理逻辑、中国近代思想。记得关于形式逻辑是不是形而上学,当时有过争议,艾思奇同志主张形式逻辑即形而上学,金岳霖及清华、北大的学者都认为这两者不是一回事。经过反复辩论,后来取得共识,认为形式逻辑不是形而上学。金岳霖为形式逻辑正名,坚持真理,艾思奇虚怀若谷的风格深为哲学界称道。时隔几十年,当时争辩的问题早已不成问题,这次争辩已被遗忘,但在当时,却被看作一件大事。

旧中国有一个"中国哲学会",完全由会员交纳的会费维持,是一个纯粹民间的学术团体。这个学会不是专门研究"中国哲学",而是在中国全国范围内研究哲学的学会,中外哲学史、逻辑及其他属于哲学的领域都包括在内。全国解放后,这个学会自动停止了活动。原来在延安成立的新哲学会在北京成立,重新选举了会长和副会长,会长是李达,副会长由艾思奇和郑昕两人担任。李达当时任湖南大学校长,常住南方,实际负责人是艾思奇同志。

新哲学会成立后,吸收了社会上更多有造诣的哲学爱好者。记得当时佛教界巨赞法师也申请加入了中国哲学会。按照学会章程,新会员入会要有两位会员介绍,会长批准才能入会。郑昕和我充当了巨赞法师的入会介绍人。中国新哲学会会址在南河沿金钩胡同19号一所两进院的平房内。下设中国哲学史、外国哲学史、逻辑、中国近代思想史、辩证唯物主义与历史唯物主义五个组,各组分别为大学哲学系编写教学大纲及有关资料,也在这里举行过多次学术讨论会。新哲学会成立后,孑民堂的双周座谈会停止了活动,新哲学会的活动吸收了更多人参加。

当时全国解放不久,物资匮乏,编写的讲义都是手工刻写蜡纸,用手工操作的油印机印刷的。编写的《中国近代思想史提纲》就是在金钩胡同新哲学会中国近代思想史组筹备,后来由北大的几位教师完成的。

艾思奇同志在北大讲课,最初讲的是"社会发展史",这是北京大学全校学生共同必修课。当时北京刚解放,北京大学有文、理、法、工、医等学院,地址分散,人数众多,无法集中听课,而且也找不到能够容纳万人的大课堂。北大集中了几十位青年教员组成辅导班,由艾思奇同志先向辅导班教员讲一遍主要内容,然后由辅导班教员分别回到各个班向同学授课。艾思奇先向辅导教师讲一次,辅导教师回到各系,结合各系的情况,分别编写教材,向学生讲授。讲课方式与旧大学方式不同,隔周上课,隔周讨论,有点像"西明纳尔"(Seminar)的教学方式。艾思奇同志在这门全校必修课上,既负责讲课,隔一周又负责解答学生提出的问题。我作为"社会发展史"的辅导教师,既要上课,又要解答上课讨论中遇到的问题。因为有三位教师轮流讲课,我有充分时间阅读了一些马列主义有关参考书及马、恩等原著,接触到马克思主义哲学这个新领域,从此开拓了视野,打开了思路。艾思奇同志是我学习马克思主义的启蒙老师。在清华大学,讲"社会发展史"也采用北京大学的讲授方法,任华也担任过辅导教师。

在子民堂双周座谈会期间,学习过《实践论》和《论人民民主专政》。会上大家讨论过几次,后来又在新哲学会举行过讨论会。这几次讨论会艾思奇、胡绳等都多次发言。因为《实践论》中讲到知行问题,中国哲学史和西方哲学研究者多有自己的体会,发言很踊跃。冯友兰、贺麟、汤用彤、任华都有较长的发言,艾思奇同志也有多次发言,并解答问题,与会者都有不同的收获。

艾思奇同志最初讲授全校的共同课"社会发展史"以后,接着在哲学系开设的课程有辩证唯物论与历史唯物论及马列原著等课程,哲学系的学生都听过艾思奇同志讲课。他在延安、在高级党校讲课多年,经验丰富,深受学生欢迎。教员中我也是旁听者之一。

艾思奇同志为哲学系讲过一系列的课程,他主要讲辩证唯物主义、历史唯物主义。他讲话有浓重的云南口音,缓慢而有条理,具有云南人朴实、厚重的风格。他从不放声大笑,有时也迸发一句幽默的话。有一次讲到人的道德意识是自觉的行为,他说:"道德出于自我意识,不同于动物,狗就没有自我意识,只能给人当走狗。"引起同学们的笑声。艾思奇同志不笑,照常讲下去。

艾思奇同志讲历史唯物主义,引用中国"英雄造时势,时势造英雄"的成语。他说,社会存在决定社会意识,英雄是社会发展潮流中产生的。顺应社会潮流,英雄才能成为成功的英雄。不顺应社会潮流,或客观条件不具备,英雄便无用武之地。三国时期诸葛亮只能三分天下占据一分,要统一中国,就没有办到。欧洲的拿破仑也是英雄,他只是历史时代的产物,当时法国没有拿破仑,法兰西也会产生一位相当于拿破仑的人物出来,完成法国这场变革。在1951年,胡乔木发表了《中国共产党三十年》,文章中也讲中国共产党按照中国工人阶级的需要,培养塑造出自己的领袖。艾思奇、胡乔木的观点是历史唯物主义的,很有说服力,有力地驳斥了国家的兴衰全靠圣人,圣人出,天下治的唯心观。唯心史观认为有了尧、舜这样的圣王,天下大治,尧、舜不经常有,所以天下乱多治少。这种观点不合历史实际。

艾思奇在北大哲学系讲辩证唯物主义的范畴时,关于"必然和偶然"一对范畴,他举例说,一切反动的、不得民心的反动派必然失败,这是必然,至于哪天哪月灭亡,这是偶然,科学的历史观不同于算命卜卦的先生,区别在此。又举长期采用农村包围城市的战略,战略出于革命需要,出于群众的拥戴。有了革命,就有领袖,这是必然,至于这革命领袖产生于湖南还是江西,他是否一定叫毛泽东,则是偶然。他把道理讲透了,他的话是对的,经得起时间考验的。

艾思奇同志讲授历史唯物主义,也受到当时历史的局限。讲到社会的生产时,他引用恩格斯的说法:人类社会生产有两种,一种是物质生产,一种是人的生产(生产下一代,生育子女)。当时斯大林的政治经济学,只承认物质生产,人的生儿育女不算生产。艾思奇讲课时接受了斯大林的观点。记得他说,像恩格斯这样伟大的思想家"也难免有错误,不过只是一小点,不算什么大事,恩格斯还是了不起的大思想家"。斯大林反对恩格斯关于生产的说法,后来已得到改正。可见,学术问题有它的严肃性,政治干预奏效于一时,但不能行久及远。

北京大学哲学系的马克思主义哲学奠基人最早是20年代的李大钊,他讲授过唯物史观,后来中断了几十年。艾思奇来到北大后,中断了的马克思主义思想不但活跃起来,而且发展了。

艾思奇同志在北大讲课,大约5年左右,把马克思主义普及到高等学校,在北大哲学系留下深刻的印象,和高等学校的知识分子结下了深厚的友谊。艾思奇同志功不可没。

1953年以后,大批苏联专家来到中国,北京大学也分配来几位苏联专家。他们讲课很机械,只讲正面结论,不讲反面论点,不提倡辩论,不许反问。本来内容十分丰富的辩证唯物主义课,被苏联专家讲成了干巴巴的教条。考试也提倡死记硬背,学生的创造性受到压抑。《联共党史》讲到俄国十月革命后,农村消灭了富农阶级。学生问:"当年那些富农哪里去了?"苏联专家不耐烦了,反问学生:"你打听他们干吗,是不是要与他们通信?"学生们不敢再问了。

后来才知道,苏联派来的这些教师大多数不是第一流专家,也有从党政机关抽调来的,学术造诣和艾思奇同志不在一个档次上。

艾思奇同志向社会、向广大群众普及哲学,人们早已熟知。他在解放后,把马克思主义普及到大学、高等研究机构,与知识分子广交朋友,似未引起注意。当时形势下的哲学普及工作,十分艰巨。他把本来站在唯心主义阵营的大批旧知识分子引导到了马克思主义一边来。固然这是由整个革命形势决定的,但他的功绩是卓越的。我就是闻道较迟,接受启蒙教育的一个。

1961 年,参加编写大学文科教材,我负责主编《中国哲学史》教科书,集中住在西郊的高级党校,见面的机会较多,对艾思奇同志了解渐多。他多才多艺,喜游泳,喜音乐,爱好绘画,收藏齐白石的国画。对中国哲学史也有广泛的兴趣和独到的见解。为人豁达,能容忍,不与一般俗人争一日之短长,真理所在,则分毫不让。我深为他英年早逝而悲伤,又为他在"文化大革命"前离世而庆幸。艾思奇同志如果生前遇上"文化大革命",其结局将难以预料。

《易学智慧丛书》总序[*]

《易经》这部书幽微而昭著，繁富而简明。五千年间，易学思想有形无形地影响着中华民族的社会生活、政治生活以及人生哲学。

《周易》经传符号单纯（只有阴阳两个符号），文字简约（约二万四千余字），给后代诠释者留出驰骋才学的广阔天地。迄今解易之书逾数千家。近年已有光电传播媒体，今后阐释易学的各种著作势将更为丰富。

历代有真知灼见的易学研究者，从各个方面反映各时代、各阶层的重大问题。前人研究易学的成果丰富了中华民族的文化宝库。研究易学，古人有古人的重点，今人有今人的重点。今天中国人的使命是加速现代化的步伐，迎接 21 世纪。

易学，作为中华民族文化遗产，也要为文化现代化而做贡献。当代新易学的任务之一是摆脱神学迷信。易学虽起源于神学迷信，其出路却在于摆脱神学迷信。凡是有生命的文化，都植根于现实生活之中，不能游离于社会之外。大到社会治乱，小到个人吉凶，都想探寻个究竟。人在世上，是听命于神，还是求助

---

[*]　《易学智慧丛书》，沈阳出版社，1997 年版。

于人,争论了几千年,这两条道路都有支持者。

哲学家见到《易经》,从中悟出弥纶天地的大道理;德国莱布尼兹见到《易经》,从中启悟出数学二进制的前景;严君平学《易经》,构建玄学易学的体系;江湖术士不乏"张铁口""王半仙"之流,假易学之名,蛊惑愚众,欺世骗财。易学研究走什么道路,是易学研究者普遍关心的大事,每一位严肃的易学研究者负有学术导向的责任。

本丛书的撰著者多是我国近二十年来涌现的中青年易学专家,他们有系统的现代科学训练的基础,有较深厚的传统文化素养,有严肃认真的学风,易学造诣各有专攻。这部丛书集结问世,必将有益于世道人心,有助于易学健康发展,为初学者提供入门津梁,为高深造诣者申一得之见以供参考。

这套丛书的主旨,借用王充《论衡》的话——"疾虚妄"。《论衡》作于两千年前,旧迷雾被清除,新迷雾又弥漫。"疾虚妄"的任务远未完成。如果多数群众尚在愚昧迷信中不能摆脱,我们建设现代化中国的精神文明就无从谈起。我们的任务艰巨而光荣。

本丛书的不足之处,希望与读者同切磋,共同提高。

在《张岱年全集》出版座谈会上的发言*

　　张先生的贡献除了写作以外,在教育上、培育人才上成就也是很大的。现在各大学的哲学系,凡是教中国哲学史的,很多都是北大哲学系分散出去的。而那时教哲学史的,张先生是主力。中国的学术传统,从孔夫子起,就是一面著述,一面教书。张先生做得很好,而且已经见到了显著成果。拿教书育人来说,从第一代大学生,到第一代硕士生,再到第一代博士生,都是在北大哲学系这个重要基地培养的,张先生都是亲身参与、亲手做出了贡献的。我觉得,对国家的这个贡献不可估量。

　　张先生的生活很有规律,性情也好,不大生气。张先生会烹调,能做菜。在清华园时都是自己买自己做,一方面养生养身,一方面也怡养性情。张先生还很有童心。

　　张先生的著作分文献的整理、考据、哲学史。还有一方面,他没有得到充分的发挥,自己的体系年轻时开始酝酿,后来没有得到机会发展,这是客观原因造成的。第一代的教授,像汤先

---

　　* 原载《出版广角》1997 年第 3 期《哲学:人类文明的灵魂——专家学者评〈张岱年全集〉》。

生、冯先生、陈岱荪先生,他们有机会发挥他们的才能,张先生这一代为第二代,受时势环境所限,不光是张先生个人,整个一段相当长的时期,没有出现以个人出名的哲学家,这是很可惜的事情。不过在培养人才方面得到了补偿。张先生的学生,第三代第四代都成长起来了,这是个很了不起的事情,意义重大。

哲学的重要性 *

一

动物界的生存,完全依赖自然环境,适者生存。人类从动物界分离出来,对自然界既有依赖又有改造,同时还得到社会的保障。社会功能发挥得越充分,对自然环境的依赖会逐渐减弱。这是 20 世纪以来人们对社会关系的一般认识。

人类社会有两种群体组织对人类生存影响最大,一是民族,一是国家。文化发达的民族的生活融融泄泄,调达而上遂,生活较为舒畅。繁荣强大的国家法制繁密,境内宴然,其成员比生产落后的国家的成员生活得比较安全。所谓舒畅看起来好像海阔天空,自由翱翔,但飞不出文化传统价值观的界限。强大国家成员的安全,只能在法律制约范围内得到保证。

欧洲工业革命后的生产能力超过了人类有史以来创造的总和。上帝造不出完全相同的两片树叶,今天人类却复制出完全

---

　　* 据《竹影集》。原载《人的素质文集》,法鼓人文社会学院,1999 年版,题为《人·自然·社会》。

相同的生命个体。今天的人类气壮山河,硬要与造物主比比高低。

物极必反是天之常道,真理向前多跨进一步,也会陷于谬误。自然界默默无言地滋养着万物,如果对它过分掠夺,也会遭到报复。全世界的水旱灾害,去年我们南北江河大水灾就是明证。人类过于自信,以为无所不能,事实表明人对自然的关系还有待于进一步理顺。

二

人类赖以生存所凭倚的最高的政治群体单位是国家。国家下属的各个行政区划都从属于最高行政机构(国家的政府)。以血缘为纽带,语言、风俗文化结成的群体是民族。民族成员由众多分支构成。最高层的单位是民族。中华民族处在最高层,下属汉、满、蒙、藏等五十六个民族,构成中华民族共同体。国家、集体的利益是“公”,违反或不遵守国家、集体利益的行为是“私”。个体与集体的行为原则是不得以私害公。

为了提高民族素质,增强国家的综合国力,使全体人民明辨公私,成为健全人生的重要课题。中华民族有过光荣道德传统,先人后己,先公后私,先天下之忧而忧,后天下之乐而乐。在共同生活、相互依赖、相互支持的集体中,任何个体都要摆正公与私的关系。古代人类群体共同遵循的标准,现代文明国家的成员同样要遵守。以私害公,损公利己,因私废公,轻者背离道德,重者违法。如果违反民族内部共同习惯,违反民族文化传统,必受到谴责和制裁。但在不同民族之间发生矛盾,甲民族触犯乙民族的习惯和文化传统,迄今尚未找到有效、有法可依的制裁标准。

世界上有一百多个国家,国家有大有小,国家历史有长有短。各国境内成员都应受该国法律制约。国家法制只限于规范本国成员,它管不了外国的成员。爱国是各国公认的美德,卖国行为被万人唾弃。"人生自古谁无死,留取丹心照汗青",文天祥为国献身的爱国精神、崇高的民族气节受到称赞。同样一种行为,同样一个文天祥,在宋朝、元朝受到不同对待,原因在于文天祥爱的是宋朝,宋元有不同的利益。我们说公私关系,一般限于同一群体之内。在当前,政治群体最高层次是国家。国家之上,现在还没有更高的群体。二次大战以前有国联,二次大战以后有联合国。它是一个松散的国际组织,只是一个政治讲坛,对各国没有约束力,不具备实际制约和管理能力。大国欺侮小国,它无力干预,甚至参与战争的一方。迄今为止还没有形成国家以上、更高层次的国家群体组织。

秦汉以后,中国内部做到"车同轨,书同文,行同伦"。这几个"同",奠定了中国两千年繁荣昌盛的基础。今天的世界有点像春秋战国,面临分久必合的前景。当前世界上经济生活已开始一体化,一个地区的金融危机,一夜之间会波及全世界。古人的车同轨,今天世界交通可以用电脑联网,沟通全球信息,车不同轨,尚不影响地区间的交通。最成问题的是"行同伦"。因为道德标准、价值观,各国有各国的传统,有不同的理解。由于国家之间、民族之间利益不一致,以及文化传统的差异,有共同使用的名词,而缺乏共同认可的准则。

三

古人论史,关于政治变革的规律,称作"一治一乱","分久必合,合久必分"。回头看看,我们20世纪似乎乱多而治少。面对

21 世纪,从各种迹象看,局部动乱持续不断,世界大战的迹象不太明显。

再从社会心理现象考察,全世界人民人心厌战、厌乱。个别政治人物唯恐不乱,这毕竟是少数。欧洲成立共同体,亚洲、拉美、亚太地区也相继成立松散的联合的机构。从趋向看,东方西方都萌发某些联合的愿望。欧元集团的设计者把欧元作为政治一元化的先导。今天的世界像我国古代连年混战的春秋战国,人们企望有一天能改变这种局面。春秋战国百家争鸣,所争不外一个主题——如何实现天下统一。各家都有自己的方案。孔子尊周室,是利用已有框架,结束无序混乱局面,达到统一;孟子、商鞅、荀子、韩非都要统一天下,只是手段不同。老、庄不像孔、孟那样主动谈统一,但他们也提出要"治天下",治天下,说到底还要统一。天下统一的构想,从理论探索到秦汉建国,经历了漫长的过程。前代的经验对后人有所启发。

历史的变革,总有英雄人物出现,而其结局却不是几个英雄人物可以草率决定的。事后思忖,好像有一只看不见的手在操纵着,又好像沿着一条既定的方向前进。古人叫作"天心""天意"。天有没有心,有没有意志,不必妄测。而人群的意愿则是随时随地可以摸触到的。一个人的主观意志,作用有限。如果千千万万人的意志汇集在一起,将形成思潮,不再是个人的主观倾向,而是一种实实在在的社会力量。

中国古人的天下,局限于九州之内。今天人们的天下,是全世界,中国只是世界的一部分。春秋战国的强国不外秦、楚,今天的强国集中在欧美。全世界形成南北贫富悬殊的两大集团。虽然有由分至合的意向,但距离全世界的统一的目标尚十分遥远。

四

古代人的道德观、价值观，基本上是本民族以内的行为规则。孔子说，"三年之丧，天下之通丧也"。孔子的"天下"不出鲁、宋诸国。道德标准主要是本群体以内的个体与群体的关系的准则。中国被迫推向世界，生活在众多国家并存的国际大家庭里，个体群体之间关系的处理准则起了变化。譬如，为本民族、为本国而殉难者成为烈士，受到本族、本国人民的尊仰。各个国家和民族差不多都有自己的人民英雄，为民族献身的号曰"成仁""取义"。同样是死，譬如各国派出联合国维和部队，在非洲种族混乱区内，误蹈地雷身亡，死者值得同情，在人民心目中的形象，中国人看来似不及岳飞、文天祥等高大，在美国人心中似不及中弹而死的林肯伟大。

忠、诚、信、义、仁爱，这些道德的内涵超越国界，超越时代。但人们对本群体的义、利、公、私关系看得较重，要求严格。以大欺小，以强凌弱，在本群体之内被禁止，受谴责。在本群体以外发生的同类事件，人民反响的程度，不如反对国内、族内的不合理行为那样强烈。《墨子·非攻》说，"入人园圃，窃人桃李，谓之不义"。攻人之国，杀害外国无辜人民，战胜国不以为不义，反倒把这些行为载入史册，传之后世。《墨子》所指窃人桃李的行为，损害的是本国人的利益；攻人之国，掠夺杀戮，损害的是别国人民的利益。掠夺者把从外国抢来的财物如能使本国人分享一部分，还可能得到本国人的拥护。墨子用类推法指出，窃人桃李为不义，攻人之国的行为不但不受批评，反而受到称颂，认为"不知类"（概念混乱）。墨子没有细分损害本群体利益与损害另外群体利益。在国内国外上，标准是不同的。

五

国家的法律保护内部成员的生命财产,而海外殖民者掠夺外国的财富,回到本国受到称赞,成为民族英雄。

人们都相信,世界有公理、正义,社会应当有公平合理的秩序。前人所构想的天下为公的"大同世界",反映了有正义感的人士的善良愿望。少数人的愿望,如果只流行在少数人小范围之内,不过是空想。如果充分发挥人类的群体智慧,不断地把宏伟理想反复传播,像墨子那样"上说下教",像荀子那样"锲而不舍",真理总会被更多人所接受。多数人的愿望汇集起来,形成社会思潮,便是物质力量,势将所向披靡。在更广泛范围内,真理、正义终将会实现。

促进世界大同,经济因素能从内部起推动作用。经济交流可以带动政治交流。欧洲欧元的出现已初步显示经济一体化,将促进政治一体化的倾向。康有为《大同书》曾设想,将来大同世界的出现,泯除国界,无种族歧视,取消家庭,没有贫困,个体与群体之间完全是新型的社会关系。古人习惯称颂的天下如一家,中国如一人,虽然遥远,并非虚幻。

哲学讲认识论,是探究认识主体与外在客体关系之学。今天新的认识论不同于旧的认识论之处,在于我们讲的认识主体以群体为主体,而不是个体的主体。群体认识提高了,才能更有效地提高认识的广度和深度,减少片面性和偶然性。群体认识提高了认识的准确程度,人的认识不再停留在书本上,不只表现在理论体系上,而是见诸社会实践,体现在家庭生活、社会政治生活,哲学不仅给人以知识,而且给人以行为力量。不仅独善其身,自己成为明白人,而是兼善天下,造就一大批明白人。个人素质的提高是认识的起点，全民族的素质提高，才能符合人类共同前进的要求。

六

当代知识领域各门学科越分越细，甚至细到同一门类的不同分支学科不能赞一辞。二战以后，国家数目急剧增加，学术流派纷然并出。多元化的世界给现实生活带来新的困惑。于是学术界新趋势又趋向开始调整，呈现了交叉学科、边缘学科、综合学科。自然科学与社会科学之间，交流互补，呈上升趋势。由于信息手段的改善，交流融会，已初见成效。自然科学本无国界，只有文学、艺术带有民族特色，其精品也能超越民族界线，被更多的人所欣赏。

众多学科中，唯有哲学未能与现实社会发展步骤相协调。哲学是智慧之学，看来它高入云霄，却不离日用。看似不着边际，却深系天下安危、万民忧乐。就是这个学术王冠顶点的哲学，在众多学科中发展得最缓慢。其他学科借助交通工具，比较容易收到促进交流的效益，而哲学相形见绌。今日哲学认识到唯一可以称为超越前人的是哲学认识的群体化。化个人智慧为群体智慧，化个人道德修养为群体道德修养。迄今为止，过去的哲学家的著作为个人著作，传之后世，但远远没有达到影响群体的社会生活、行为准则的地步。群体智慧尚未充分发挥。古代小农经济谚云"万恶淫为首，百行孝为先"。而人类的混乱愚为万恶之源。脱愚以智慧为先。

从20世纪经历过的人，深知世界污染严重，要使之净化。这一目的并非一朝一夕可以做到。只要坚持不懈，发扬集体认识的力量，化个体智慧为群体智慧，发挥群体智慧，即可参天地之化育。不去改造世界，必被世界所吞没。世界前途光明，人类前途无限，事在人为。

"中国墨子学会"在 21 世纪
所面临的任务 *

——在第四届墨学国际研讨会开幕式上的发言

　　这次墨学国际研讨会,将是本世纪所召开的最后一次研讨盛会,意义重大。作为学会的成员之一,我参加了历次研讨会议和有关活动。从起步到现在,眼看着我们的墨学研究队伍在成长壮大,研究的人越来越多,成果也越来越丰富、越来越扎实,形势喜人! 高兴之余,下面我就我们的学会在新的世纪所面临的任务讲几点意见,供参考。

　　面对即将到来的 21 世纪,我想我们学会所面临的首要任务,就是继续扩大研究成果,把墨学研究引向深入。具体说来就是要像解决墨子里籍问题那样,一个个地解决墨子研究中的若干重大问题。墨于出生在什么地方? 过去学术界曾有种种说法。现在经过滕州和山东大学墨学专家的深入研究和多方论证,墨

---

　　*　原载《文史哲》1999 年第 6 期。

子的出生地问题已经解决了。我想以后不会再争论墨子是什么地方人，墨子就是滕州人！这已成定论。这个成果是要载入史册的，我们已做出了科学结论。现在和将来，我们写学术史、哲学史就要记载下来。应该说，这是个很大的成就，是一个从事专题研究的成功例子。与此相关的，是墨子的生卒年问题，今后应该提出来好好解决。孔子的生年，现在定在公元前551年，另一个说法是公元前552年。孔子这么一个学派，这么一个学者，早一年、晚一年，对孔子的研究影响不大。但是，对墨于生年的判断相差就太大了，各种学术著作的说法，相差150年，150年，跨度太长了。我们作为山东人、滕州人，不能坐视不管，应像解决墨子的出生地那样解决这个问题。解决起来有难度这是肯定的，但总是可以解决的。其难度不会超过夏、商、周断代。夏、商、周断代工程，所要解决的一些年代问题连文字记载都没有，难度之大，可以想象。可我们国家投入人力物力，通过地下发掘，借用高科技手段，一些关键年代问题，现在已基本上弄清了。鲁般（公输般）的生卒年，大致可以有个上限和下限。鲁般与墨子大致同时。我们应该下大力气，早日解决墨子的生卒年问题。这个问题如果解决了，我们的墨学研究就又向前跨进了一大步。希望大家共同努力，把这个问题解决掉。今后墨子研究中的另一个问题，也是最重要的问题，就是对墨子的跨学科联合攻关问题。墨子的书内容很丰富，博大精深，不是墨子一个人写的，是一个学派集体的著作，如同管子的书不是管子一个人写的，有管子的也有管子学派的一样。因为内容丰富，研究的难度就很大，这不是某一个人或某一学科很少一点知识就能解决得了的。譬如自然科学、技术科学等知识，墨子书里都有，刚才好多位发言都提到了，墨子是"百科全书式的学者"，对他的研究要各学科通力协作才能出成果。像力学的问题、光学的问题、声学的问题、物理学的问题、热学的问题等,仅凭人文社会科学的学者是解决不了的,只有与理工专业的学者联合攻关,才能拿出新的成果。台湾王赞源教授对我说,大陆的墨学研究已经形成了四个基地:济南山东大学一个,滕州墨子研究中心一个,天津南开大学一个,北京中国人民大学一个。依我看,这四个研究基地,要在"中国墨子学会"的协调下,加强联系,分进合击。像墨子的工程科学,就可以确定专题,做出分工,鼓励博士生们进行"窄而深"的专题追索。论文通过答辩后,好的给予奖励,帮助出版。如此做它几年,年轻的专家就成长起来了,一举多得,这有多好!值得咱们学会去做。山东大学,是多学科的高等学府,文理齐全,当仁不让。中共山东省委、滕州市委这么支持,这不难做到。我们年龄大的精力有限,不可能做很多工作了,许多年轻人已经接上来了,很有希望。有关扩大墨学研究成果的问题就讲这些。

我们所面临的另一个任务,就是要加强对墨子的宣传力度问题。我觉得应扩大我们的宣传,要充分利用山东省文化资源丰富的优势,首先向世界进行宣传。宣传要与文化旅游结合起来。我们国家地域如此辽阔,历史如此悠久,其中堪称文化大省的,据我所知有四个。山东是第一个,历史最为长久,文化遗产丰厚,陕西是一个,河南是一个,山西是一个,山西受战争影响小,地上地下文物保护比较好。山东有文化旅游方面的优势:三孔(孔府、孔庙、孔林)是一个点,孟庙、孟林也是一个点,淄博、青州、滕州也是点。如果将这些点统筹联合,向世界宣传,效果之大,很难估量,值得我们去做。

第三是积累资料。积累资料,山东有特殊优势:地理的优势、文献的优势,别的省市没办法比。积累资料要有一个系统的打算和实施办法。张知寒教授曾提到要搞一个《墨子大全》,想把全部的墨学成果和研究资料整理集中起来。我知道台湾也出过《墨子集成》一类的书,我们可以在这个基础上继续前进,而且要增加比原始资料更多的东西。通过对原始资料的深加工,加上最新的研究成果,我们可以尽快把张知寒教授、也是整个学界、特别是中国传统文化继承者的愿望变成现实。山东省有关部门应该考虑这个问题。

我想,上述三件事情做好了,对于墨子的研究和认识就又跨进了一步,对我们的青少年的教育也有好处。

再从21世纪所处的形势来看,墨子研究所具有的现实意义更为突出,更为明显。譬如,当前世界最为关心的是和平与发展的问题,而这两个问题其实也是比较古老的问题,墨子关于这两个问题的论述很多,可以给我们许多启示。墨子很重视生产,"发展"的问题实质上就是个生产的问题。生产的问题很重要,墨子讲得很多,比孔子讲的多。"和平"的问题更为人们所关心,墨子讲的更多,非攻反战是他思想的核心部分,讲得非常好。他反对侵略战争,不反对正义战争。我们的先人把这两个传统很好地结合起来,中国历史才发展到今天。墨子的书中恰好这两个方面的内容都有:维护和平,反对侵略战争。墨子维护和平有行动,有一整套的措施,他让侵略者得不到便宜,侵略就碰钉子,碰回去。这种精神是儒家所缺少的,别的学派也不如墨子具体。墨子的有些措施就能制止住侵略战争。这都是宝贵的遗产,很值得我们学习,很值得我们发扬。

认识论的起点[*]

——《孙子兵法》序

　　泰山瑰巍,东海苍茫,海岳钟秀,厥育圣哲。鲁有文圣孔丘,齐有武圣孙武,滕有科圣墨翟。三圣炳耀,相映呈辉。孔墨之言,广被天下;孙子兵法,历久弥新。近世以来,举凡企业筹谋,都市建设,博弈竞技,国际折冲,每借鉴于《孙子兵法》,其影响已超出战阵范围。此书言简意深,体大思精,撮其旨要,要归"知己知彼"四字。世之决策者,三复斯言,其庶几乎。

---

[*]　曾收入《皓首学术随笔》。

李贽的悲剧结局 *

李贽曾以狂猖激烈的言行,引起社会的关注,人们认为他不合时宜,性情古怪孤僻。做地方官及学校教官,为上级所不喜。退而著书、讲学,也遭到道学者们的围攻,终于以 76 岁的高龄被迫害,死于狱中。

中国思想史上出现了这样一位怪杰,值得引起治学者的深思。

研究中国哲学史,不能忽略其地区性。秦汉以后,中国是个统一的大国。这个统一的大国,给广大人民带来了实际利益。同时,为使这个大国保持巩固,除了政治上要高度集中以外,还要思想上的集中统一。为了强化集中,必须限制那些不利于集中统一的现象。

秦汉以前,中国学术界普遍关心的问题是如何建立一个集中统一的多民族国家。由于地域辽阔,民族众多,各地区风俗各异。为了推进这个多民族统一大国巩固完善,中国人民花费很长时间,不断使这个制度完善。经过若干朝代的努力,达到了中央高度集权的目的。凡事物的利弊,往往相伴出现,高度统一做

---

* 原载《首都师范大学学报(社会科学版)》2000 年第 4 期。

到了,随之带来了原先没有的弊端。

李贽生活在明朝嘉靖、万历时期。庸劣昏聩的两个皇帝长期掌握着全国最高权力。明朝开国时期,朱元璋英武过人,而且来自民间,他废除宰相制,皇帝直接行使政府职权(指挥六部),提高了行政效率,暂时舒缓了民间疾困,没有出现什么问题。传了几代以后,接连出现几位庸劣皇帝,大小政事都要由皇帝亲手裁决,高度集中的权力很自然地落在皇帝亲信的宦官手中。宦官包围着皇帝,形成明朝致命的祸害,宦官的祸害伴随着明朝的终结。

政治的腐败,影响到社会风气的败坏。

明朝以科举取士,造就了大批说假话的官僚。因为科举考试的答案早有规定,应试者"代圣贤立言"。不能发表与标准答案不同的意见,诱迫士子说假话。这批应试士子自幼被训练成揣摩试官的意见、随波逐流的文风、唯上是从的性格。名为学习孔孟之学,实际上背叛孔孟的宗旨。

李贽是科举考试中的过来人,深悉其中的积弊,只是如实揭示出当时一些假道学的真面目,自然地遭到多数庸众的围攻。

以个人的力量与社会力量抗争,其悲剧性的结局不言而喻。

李贽这个人的出现,与他的时代及地区文化环境的关系也应引起我们的注意。

泉州在宋代是中国对外贸易的重要港口,李贽自幼生长在这里。泉州是李贽新思想的温床。福建又是中国理学大师朱熹一生讲学活动的重要基地,也是传统文化很发达的地区(当时文化发达的地区还有浙江、江西、湖南。福建文化最发达)。福建刻书业的兴旺可以侧面说明闽学的兴盛。李贽生长在闽学盛行、中外文化交汇的泉州,有可能从另一个视角来看待传统文化。因而感到"读传注不省,不能契朱夫子深心"①。

中国地域辽阔,各地区经济发展极不平衡,明朝中叶以后沿海及长江下游经济比较发达,出现了手工业工场,如苏州纺织工人的集体反抗官吏盘剥即是一例。福建泉州得风气之先,在海外与内陆交会处,外来最新非传统文化(特别是早期市民的公平交易观及重商观念)与中国最系统的传统文化的接触,必然会引导有识之士认真思考。一些切近生活的实际问题,如凭本领生活(种田),将本求利(经商),与士大夫比起来,并不见得低人一等。个人合理的要求应当被认可。"夫私者,人之心也。人必有私,而后其心乃见。若无私,则无心矣。如服田者,私其秋之获,而后治田必力"②,"穿衣吃饭即是人伦物理。除却穿衣吃饭,无伦物矣"③。

如果李贽当初不是定居在湖北的麻城,最后不是定居在北京通州,而是辞官后告老还乡,回到泉州,或在深得人民拥戴的云南姚安度其晚年,即使他仍然抨击腐败,讲学收徒,所受的迫害也会相对减轻一些,也许得以终其天年。

李贽虽然以出家人的姿态,却抱着一颗火热的童心,无所顾忌地指摘社会积弊,活动在保守势力很强的内陆湖北和北京,又是孤军作战,用匕首直刺敌人的要害,其悲剧性的结局势难避免。

由于中国儒教势力过大,中央集权的政治结构过于严密、完整,新的社会因素资本主义势力,难得发展,虽有几次萌发的机遇(一次在明中叶,一次在清初),都未能成长起来,一直到鸦片

---

① 《焚书》卷三。
② 《藏书》卷三二。
③ 《焚书》卷一。

战争(1840)，中国社会自然经济堡垒依然难以打破。

　　李贽的狂狷性格早已为人们所熟知，狂狷性格、不羁言行的背后，确有它的社会基础，李贽从内心还是希望这个大明王朝祛除积病，恢复真正的纲常名教，疾恨欺世盗名、言不由衷的伪道学。只是当时新生的社会力量尚未成熟，尚不能作为一个独立的阶级出现在历史舞台上。直到第一次欧洲大战期间，中国才有了真正的新生的社会力量。经济变革在先，文化思潮随之继起，李贽的真价值得以揭示出来。应该对他做出公允、可信，为多数人认可的评价。

旧中国知识分子的爱国主义 *

20 世纪对全世界来说，是很不平凡的一百年。它的前五十年爆发了两次世界大战。第一次世界大战，战场中心在欧洲；第二次世界大战，战火波及欧、美、亚、非，有二十亿人口被卷入。世界地图重新画过，历史也要增加新的篇章。这里只说中国。

一

20 世纪的中国也经历了差别明显的两个阶段。前后两段大体各占五十年。

有五千年文明史的古国，文化底蕴深厚，它的创造发明曾对世界文明做出过卓越贡献。鸦片战争后，列强侵掠日甚一日，丧权辱国条约一个接着一个被迫签字，国耻、国难纷至沓来。一旦受到此种空前的奇耻大辱，其精神所受震动的强烈，远非不曾经历此种苦难的国家人民所能理解。中国人民带着屈辱跨进 20 世纪的门槛。八国联军占领北京，城区分驻八国的侵略军。北京

---

* 原名《二十世纪的中国与中国的哲学家》，载湖北教育出版社《玄圃论学续集》，收入《皓首学术随笔》时改今名。

大学属于沙皇俄国占领区,教室用作马厩,教学仪器被破坏弃置,狼藉满地。市区大街天天有侵略军杀人示威,把砍下的人头挂在高处示众。今天仍可看到当年西方记者拍摄的老照片,侵略军用来记载他们的战绩。中华民族发愤图强,摆脱民族危难的强烈念头,化为全国、全民的共同意志。

八国联军侵华的第二年,强迫清政府又一次签订了丧权辱国的《辛丑条约》,今年恰恰是《辛丑条约》一百周年。孙中山推倒帝制,建立民国,但清政府签订的不平等条约仍未能废除。1949 年新中国建立以后,才废除一切不平等条约,中国人真正站起来了。

20 世纪的后五十年,新中国建立,中国得以行使一个主权国家应有的权利。中间走过弯路,受过挫折,犯过错误,但终于靠自己的力量,纠正了错误,探索前进,才取得今天的成绩。

新中国建国已过了五十年,人们深感把一个贫穷落后、发展不平衡的大国使它现代化,还要走很长的路。这里不需要预言,只能根据中国的国情,结合历史经验,进行可能的瞻望。

"多民族的统一大国"是秦汉以来两千年的国情。"多民族的统一大国"这个现实可谓来之不易。它是无数志士仁人从理论到实践,进行千百年长期探索得来的。

中华民族的历史表明,它是几千年来生活、栖息在广大的黄河、长江流域,众多的族群部落的融合、交流的结果。传说舜南巡,死于苍梧,禹会诸侯于涂山,与今天考古发现的华夏古遗存,有了可以理解的联系。南方的河姆渡文化,北方的龙山文化、红山文化,都说明华夏民族生存的空间的广大,又从发现出土的带有龙凤形象的古器物及生活物品看,及民间古老传说,伏羲、女娲、洪水故事、天地开辟故事,人类起源,此类传说南北相望,十分相似。过去我们过于看重已有的文献记载,对文物考古见到的少,而且未给予足够的重视,认为黄河流域是文化的源头,不算错,但不全面。近年来,荆楚文化的大批发现,又有四川三星堆文化,长江三峡工程发现巴文化,使我们扩大了视野,打开了思路。《山海经》这部传说很久的地理书,也要重新研究,给予新的评价。

长江、黄河广大流域成为中华民族的生活基地,又是文化基地。由于生活、文化的长期融合,才出现几千年稳定巩固的政治结构,多民族统一的大国。因此,中华民族几千年来形成了融合、交流、共同发展的好传统。从春秋战国开始酝酿建立统一大国,古人讲平治天下的途径。秦始皇开始实现了这个设想。秦始皇以后汉到清末,维持多民族统一大国的政治格局,长达两千多年,不是偶然的,这是中华民族从生活实践中共同认可的。多民族的统一大国是中国几千年民族赖以延续、国家赖以生存的根基。

秦汉以后则是探索多民族统一大国如何完善和巩固的途径与可能。经过千百年无数聪明才智之士的实践论证,前人的目的已达到了,而且做得很有成绩。我们几千年物质建设、文化建设的实物具在,均可以证明前人的成功。

16世纪,西方欧洲社会发生了变化,他们社会变化的结果到19世纪逐渐扩大影响到亚洲。清朝乾隆盛世已与西方发生接触,以后与西方接触越来越频繁,直到鸦片战争,引发了正面冲撞。中国从"天之骄子""天朝王国"的地位跌落下来,成为半殖民地。这个打击对全体中国人民太大,此后一波未平,一波又起,国家由富强小康趋于贫弱。

20世纪中国的遭遇,引起有识之士的深刻反思,"五四"以后,西方科学知识大量涌进,震动了朝野上下。20世纪的中华民族,20世纪的中国,这个大环境中成长起来了一批知识分子阶层,春秋战国以后,中国又出现规模空前的"百家争鸣"。这个新的"百家争鸣",超出中国已有的百家流派,还有外国的百家,势如潮涌,参加进来,规模之大,前所未有。

20世纪80到90年代之间,社会上学术团体纪念名家、专家、大师百年诞辰纪念会接连不断。史学家有郭沫若、陈垣、陈寅恪、侯外庐、吕振羽、翦伯赞等人;经济学家有马寅初、孙冶方等等;语言学家有罗常培、魏建功、王力、吕叔湘;文学领域有冰心、陆侃如、冯沅君、郑振铎、茅盾、沈从文、闻一多、老舍、朱自清、叶圣陶等;哲学家有熊十力、汤用彤、金岳霖、朱光潜、宗白华、梁漱溟、冯友兰,逝世于台湾的有方东美、钱穆,逝世于美国的陈康、萧公权等等。这里只是随手列举,不能详备。以毛泽东为首的一代革命家,领导中国翻身自强,已家喻户晓,不必多说。这些事实都足以说明20世纪是人才辈出、群星灿烂的特殊时代。说它千载一遇也不过分,因为20世纪的后五十年,地球上有五分之一的人口改变了命运。

学历史的人都知道,人才随时都存在,只有社会大变革、新旧交替之际,才能有脱颖而出的机遇。汉初人才多出于丰沛,光武中兴,大臣多出于南阳。民国以来,人才多出于闽粤、两江、两湖。北方京师首善之区,往往成为保守势力的堡垒。

我们比较熟悉的文化学术界之所以人才辈出,有其共同原因。中国哲学产生于中国这块土地上的人才,20世纪的中国哲学家只能产生在20世纪的中国,他们受过中国传统文化的熏陶,又亲身接受过现代科学的洗礼。其中的大师们不能说人人学贯中西,但都受过近现代文化、科学的影响,有的还经过严格的科学训练。

(1)他们都和全国人民共同遭受列强欺凌,有着刻骨铭心的切身体会。凭着知识阶层对新事物的敏感,对过去的文化、历史有较多的认识,他们的爱国热忱、忧患意识更甚于一般群众。新旧文化交替之际,他们身上既有旧学传统,又有新学烙印。

(2)他们受过传统旧制度的折磨,有对新思潮的向往。即使他们中间有人反对白话文,提倡文言体,他们的精神还是现代型的,如林纾文言文体翻译西方小说,这是新潮下的产物。学衡派坚持用文言写作,他们还是推动着现代化的道路前进,反对回到中世纪。

(3)他们都不同程度地构建自己的新体系,他们的体系中各人条件不同,其体系有的朴实,有的善巧,有的中国成分多些,有的外国成分多些。他们共同的倾向是以他们的新体系为中国文化建设尽力。

(4)他们有的对中国传统的缺点看得多,有过激的批判,但总的倾向在于除旧布新,清理旧文化,创建新文化。因而,国学大师也接受进化论,自称"不好读古书"的金岳霖先生以"论道"名其哲学著作。

二

中国哲学家是在中国这块土地上哺育成长起来的知识分子。他们的经历与中国近代史同步,他们的生活遭遇与中华民族同命运。他们所从事专业、学科不同,但他们都认同中国多民族统一大国的现实情况。他们观察问题的着眼点,也都是从这里出发的。熊十力先生精于玄思,他不是历史学家。1939年抗战期间,他和几个学生在重庆璧山县中学借住,讲学,写他的《新唯识论》语体文本。我和贺麟先生去看望他,他很兴奋地对贺先生说:我正思考"五族同源"的问题,最难解决的回族起源,现在解决了。说到高兴处,在贺麟先生肩上拍了一掌,放声大笑。当中华民族危急存亡的关键时刻,多民族统一大国的命运也牵动着这位哲人的心。1948年冯友兰先生在美国讲学,他说:"当时我有一种感觉,我在外国讲些中国的旧东西,自己也成了博物馆里的陈列品了。当时我想,还是把自己的国家搞好。我常想王粲《登楼赋》里的两句话:'虽信美而非吾土兮,夫安可以久留?'"他启程回国,上船以前过海关的时候,查护照的人看见上面打的是"永久居留"的签证,就说:"你可以保存这个签证,什么时候再到美国来都可以用。"冯先生说"不用了",把签证交给他就上船了。

每一个爱国的知识分子都深知"多民族统一大国",是中国几千年来立国的基石。靠了它,形成了中国特色的思想文化传统,生活准则、宗教信仰、伦理规范,都要符合这一基本国情。这一现实,连反对中国的敌对势力也看到了它的重要性,有的力图破坏民族的团结,有的制造国家领土的分裂,阻挠统一。

回顾中国哲学发展史,即可发现中国过去的一切哲学流派都是在研究中国文化中的民族的和睦共处,融合交流,维护国家安全统一的学问,它成为几千年的思潮主流。

20世纪已过完,正走向21世纪的时刻,站起来的中国人继续走现代化的道路。国家的处境已不像20世纪初期那样列强环伺,危机四伏,已不同于严复《天演论》发表的时代。记得庆祝金岳霖先生从事教学六十五周年的大会上,金先生感慨万分,语重心长地说:"从少年起就怕亡国,现在总算放心了。"在场的我们这一辈的老学生都深为感动,为之动容。现在我们的国土上还有强国插手,千方百计分裂我们的国土。我们公海航行时还受到强国无理阻挠,领海领空还受到无理侵扰。证明富民强国的路还很长,还要继续走。迄今为止,20世纪的梦魇并未完全消失。20世纪学人传下的接力棒,发展学术、爱护祖国两重任务,我们 21 世纪的学人还要接过来,传下去。

中国哲学家在中国这块土地上研究哲学,外来新学说必须吸取,上一辈学人已经树立了榜样。已往的经验表明,任何外来的新学说,必须有一个与中国已有的学说相结合的过程。按照中国人所理解的模式来理解外来思想。由于语言和民族传统不同,不可能与发源国家有同样的理解。也就是说,外来外国新学说、新思想,自觉或不自觉地加工后,才能起作用,发生社会影响。有时中国人理解的外来新思想到中国经过移植,看上去有些走样,却更能化为中国文化的新成分;原封不动地照搬,往往不成功。尽管有人认为失去原味,却正是具有深厚传统文化的民族的优势所在。

中国哲学的繁荣昌盛时期,是在古代封建社会。封建社会的影响既深且久。因此,未来 21 世纪的中国哲学必须以最快的进度跳出中世纪封建哲学的模式,全力迎接新时代的现代思潮。由于中国哲学走出中世纪并不太远,过去,中国哲学提倡干预生活,深入生活,不走纯学术的传统还要保留。西方哲学的发展,由浑沌到分析,又由高度分析到综合,看来这是未来学术的大趋势。这是一条认识发展的必由之路,中国也要这样走,才能以更高明的方式,构建成完备的新体系,适应新时代。先有宗教,后有哲学,哲学是从宗教分离出来的学问。今天的哲学要以崭新的面貌出现,结果当年宗教曾负担过的职能,化解人们的心理精神困惑,解答人们的终极追求,干预生活,深入生活,提高人类的精神境界,使人性的优点、特点得到充分培养,全面发展。人们有信心,也有能力通过自己的理性力量来对待一切可能遇到的疑难问题。

将来,人们不靠神仙皇帝,不靠外力,而是靠哲学来指导人生。20 世纪的中国给中国锻炼了几代哲学家,我们要在前人开创的道路上继续前进。

　　将来人类进入大同社会,国家组织消亡,还会有宗教和哲学存在。如果社会再发展,宗教消亡后,哲学还会存在,因为哲学可以兼容宗教的职能,宗教不能兼容哲学的职能。哲学将与人类共存。

认识世界的方向道路[*]

一

《大学》本来是《礼记》的一篇,唐朝韩愈把它从《礼记》中选出来,作为他的哲学体系的一个组成部分,建立道统,用来与当时流行的佛教、道教抗衡。宋朝的程颐把《大学》《中庸》与《论语》《孟子》并列,用作讲授理学的基本教材,认为《大学》的理论地位远非《论语》《孟子》所能替代。

朱熹继承程颐的观点,并加以补充、发挥,写成《四书集注》。《四书集注》是用朱熹的观点解释《四书》的,原文是古人的话,注解是朱熹自己的话。按照传统的理解,只有圣人的言论才能称为"经"。"经"的价值是永恒的,只能信奉,不准怀疑。由于朱熹的注解与经合并传播,《四书》被定为国家教材,列为全国青少年的必读之书。朱熹的注解与《四书》融为一体,与《四书》同时讲授。国家科举考试,凡是出自《四书》的题目,必须以朱熹的注解

---

* 据《竹影集》。原载《南昌大学学报(人文社会科学版)》2001 年第 1 期。

为准,不允许应试者自行提出自己的新解释。朱熹的《四书集注》的解释依附于《四书》,取得与《四书》同样的权威地位。伴随着明清几百年的科举考试制度,其深远影响是无可比拟的。

近代社会把哲学仅仅当作一种纯理论、一种学说来传播、讲授,听讲者可以接受,也可以不接受。古代的儒教却不是这样。儒教的经典是圣人之言,经典上的每一句话都是绝对真理。圣人的教条是不允许讨论的。因为圣人之言是天理,非圣就是犯法、犯罪。

在这种大背景下,看朱熹的"格物"说就比较符合当时的实际。

二

朱熹读书认真仔细,用力极勤。他读过的古文经典指出的问题,有根有据。他读《大学》发现"格物"一章的文字有残缺,他说:

> (《大学》)凡传十章,前四章统论纲领指趣。后六章细论条目功夫。其第五章乃明善之要,第六章乃诚身之本,在初学尤为当务之急。

按:朱熹《大学章句》顺序,第一章释"明明德",第二章释"新民",第三章释"止于至善"。

第四章"此谓知本,此谓知之至也"。

第六章"所谓诚其意者,毋自欺也……故君子必诚其意"。

第七章"所谓修身,在正其心者……此谓修身在正其心"。

第八章"所谓齐家在修其身者……此谓身不修不可以齐其家"。

第九章"所谓治国必先齐其家者……此谓治国,在齐其家"。

315

第十章"所谓平天下在治其国者……"

从《大学》文句结构看,第一章到第三章讲总纲领,文字清楚。第六章到第九章都有起句,有结语。起句都以"所谓……者"作为起句,都用"此谓……"作为结句,表达得比较完整。第四章,按《大学》各章结构,开首少了"所谓知本者……"只有结句"此谓知本,此谓知之至也"。第五章内容及起句、结句都缺,与其他各章不类。根据近年考古出土文物中简牍形式比较推断,其中显然有缺失。而且第四章的"此谓知本,此谓知之至也",既有第四章致知的内容,也涉及第五章"格物"的内容,因为致知、格物讲的是一回事。

第十章开头很明确,起句有"所谓平天下在治其国者",但下面讲了许多关于治国的具体方针措施,有教化原则,有使民之道,有为民榜样,有德教以民为宝,讲对臣下宽容,讲爱恶分明,讲任人唯贤,讲忠信,讲生财之道、用财之道,重义轻利,以义为利。这一部分头绪多,句式不规整,讲了许多具体措施。最后没有总结性的"此谓平天下者在治其国"。不像其他几章的表达形式简明。

三

朱熹对第五章做了说明:

> 右传之五章,盖释格物致知之义而今亡矣。间尝窃取程子(颐)之意以补之曰:所谓致知在格物者,言欲致吾之知,在即物而穷其理也。盖人心之灵莫不有知,而天下之物莫不有理。惟于理有未穷,故其知有不尽也。是以大学始教必使学者即凡天下之物,莫不因其已知之理而益穷之,以求至乎其极。至于用力之久,而一旦豁然贯通焉,则众物之

> 表里精粗无不到,而吾心之全体大用无不明矣。此谓格物,
> 此谓知之至也。

《大学》原书有缺失,这是事实,不但朱熹指出来,别人也能看得出来。问题是朱熹所补充的这一段解释是否符合《大学》原意。朱熹说是根据程颐的意思补的,我看比较接近事实。程颐教人做格物功夫,今日格一物,明日格一物,格得多了,自然有一天悟出事物相互间的理。朱熹还称赞程颐讲格物致知的道理切实可行,他不说格尽天下之物,也不说只要格一物,而是根据各人的不同实践,通过自己的认识得出自己的结论。

根据哲学发展的线索及中华民族认识史来看,朱熹所增补的这一段“格物传”并不符合《大学》原义。因为孔孟时期,即使稍后的曾子、子思时期,都没有发展到本体论的阶段,“众物之表里精粗无不到,而吾心之全体大用无不明”,“体”“用”作为中国哲学的重要范畴,春秋战国还没提到日程。这类哲学问题只能产生在魏晋玄学本体论之后,而不能在它以前,不可用后来发生的思想诠释先秦哲学。

朱熹创立的“格物说”丰富了中国哲学史,它成功地把天下万物众理归结为一个天理。众物之表里精粗(关于自然、社会、历史之理)与人类的全体认识过程的认识范围融合为一体。这个理既有自然之理(物理),也有人心之理(伦理),从而构成了相当完整的哲学体系。

“格物”是打开智慧之门的钥匙。由“格物”向心发掘,可以逐步充实人们的内心修养,格物、致知、诚意、正心;由格物向外扩充,可以实现修身、齐家、治国、平天下。内心修养的最高境界为“内圣”。向外扩充的最大境界就成为“外王”。

四

秦汉以后，中国人民经过长期酝酿，建成了多民族的统一大国，多民族统一大国符合中国国情，在古代小农经济直接归属于大一统的国家，必须建立广土众民共同利益的政治制度和思想体系。从个人到集体，修身、齐家、治国、平天下的思想体系，《大学》提供了纲领。把个人与国家的从属关系看作为个体与整体不可分割的有机联系。这种体系恰恰是秦汉经过南北朝、隋唐千百年长期探索，多方寻找的思想体系。宋朝经过二程，再经过朱熹，终于完成了儒教。儒教建立后，中国传统文化把人民的内心修养、家庭生活、社会生活、政治理念打成一片，融为一体，构成稳定政教合一的体制。如此广土众民的大国，它经过多少风吹浪打，天灾人祸，内忧外患的侵扰，都一一克服，继续前进。朱熹完成的这个体系满足了中国古代分散的小农经济社会的需要。在低水平的生产条件下，能够集中有限的剩余产品，把分散的、少量的财富集中使用，从而有可能完成较大的工程建设及文化建设。地区广袤的多民族大国能形成坚固的文化共同体，《大学》的作用不可低估。千百年来，以《四书》教育全国人民的深远影响不可低估。

世界上几个大的文化形态，如欧洲文化、印度文化、中华文化，都有该文化共同体的原典文化。欧洲的《圣经》（新旧约），阿拉伯世界的《古兰经》，中国的《四书》《五经》，都是各地区文化发展的母本。在各自的母本上不断孳生出许多分支。

研究欧洲文化、阿拉伯文化，不能越过《圣经》《古兰经》，研究中国文化不能越过《四书》《五经》，特别是近一千年来，《四书》的影响超过《五经》。《四书》中的《大学》占有纲领地位。

《大学》朱熹解释的"格物"说又是每一个读书人初学入德之门、齐家治国之道。

我们将跨入 21 世纪,正在建设有中国特色的社会主义新文化。新文化与旧文化有衔接关系,不能一刀两断。只有吃透旧文化,才能更好地建设新文化。文化可以在适当的砧木上嫁接,而不能焊接。我们引进吸收外来各种文化,有成功的,也有不太成功的,也有完全失败的。原因在忽略新旧文化如何继承、改造、发展的规律。

朱熹成功地诠释了中国传统文化,如《大学》《中庸》,给予新内容,虽不能说符合古代曾子、子思的原旨,却适应宋明社会的需要,所以能维持八九百年不衰。朱熹的结论,今天未必可采,朱熹走的道路、继承和创新的方法值得借鉴。

21 世纪的中国哲学 *

一　出发点和落脚点

时间如逝水,世界各国都为迎接 21 世纪作准备。各国国情不同,21 世纪将会给不同的国家、不同的民族带来不同的命运。虽然同住在一个地球村,确是有人喜,有人忧,各自承受自己的命运。

全球经济一体化的趋势越来越明显,20 世纪已出现征兆。今后的影响更深广,势成燎原,不可逆转。各民族、各国家的现状有差别,全球经济一体化造成的效果也有差别,这里只谈中国哲学这个小领域。

经济一体化,政治多极化,是当前的现状。我们要从中国的国情说起。"多民族的统一大国"是中国的国情。从两千多年前奠定这种格局,就被全国各族人民所接受。古代没有民意测验,从人民默认它,安于这种制度的行为中即可以看出,人民是愿意接受的。两千多年间曾有几度民族不统一的时期,但人们并不

＊　原载《中国哲学史》2001 年第 1 期。收入《皓首学术随笔》。

喜欢这种分裂,因为分裂给人民带来更多的灾难,生活不安定,战争频繁。即使在分裂时期,有识之士都主张统一,认为分裂是不正常的。多民族和平共处和要求全国统一一样,得到各族人民的支持、认可。

关于民族的认同,在中国历史上,不大看重肤色、血统,更看重文化、礼教的异同。秦汉以来,当初中原杂居的众多民族、部落群体,逐渐融合为华夏族。以长江、黄河流域为基地。华夏族不断与周边邻近的民族交流、融合,共同生活,形成了人数占绝大多数的汉族。汉族人数众多,但追根穷源,中国并没有纯汉族。汉族本身就是华夏众多种族融合、交流的总称。

“多民族统一大国”是两千年来的国情。这个国情显示着中华民族的思想文化、生活准则、宗教信仰、伦理规范、风俗习惯、政治制度的综合体。这个综合体决定着中国哲学的全部内容。

观察中国的历史,研究中国的哲学,都不能不以此为出发点,又落脚到这个出发点。中国哲学必然带有中国的民族特点、历史文化特点,反映它的祈向和理想。

二　中国哲学的定位

社会发展如何分期,世界迄今没有定论。我们采用按照生产方式划分法,即:原始社会,奴隶社会,封建社会,资本主义社会,社会主义社会,共产主义社会五种社会形态。其次序是按人类社会发展的历史顺序排列的。原始社会只有宗教,还没有哲学,进入奴隶社会,由于出现了生产分工,有人有了多余的时间从事精神创造,开始有了文化产品,哲学逐渐从宗教中分化出来。世界上各种流派的哲学都产生在奴隶社会,西方的古希腊、罗马,古希伯来,中国的春秋战国。秦汉统一后,建成统一的多民族封建大国,这种情况一直持续到 1840 年鸦片战争后,中国才开始摆脱封建社会,走向近代化,有了微弱的资本主义。这就是说,中国哲学的形成、发展、成熟,其精彩的演出、主要活动都在中国封建社会阶段,此前的奴隶制阶段和后来的资本主义社会阶段的哲学都不及西方欧洲哲学丰富,而封建社会的哲学,从全世界来看,中国哲学最丰富。因为中国封建社会发展得最完备、最典型。为中国封建社会配套的哲学体系最完整、齐全,增加了封建社会的稳定性。

中国古代传统哲学与世界各国古代哲学一样,主要是依附于神学的主干上,它总称为"经学"。经学,经天纬地,裁成辅相,包罗万象。既包括认识论,又有世界观、价值观、方法论,还有政治经济学。中国古代(从 7 世纪开始)流传很广的《大学》"三纲领""八条目",为中国传统哲学提供了一个完整的思想体系框架。

近世学者多以为中国哲学重人伦实用,西方欧洲各派哲学重逻辑推理,由此推演下去,又有人区分西方哲学为思辨之学,中国哲学为实践之学。这种区分看起来简洁明快,但不准确。持这种观点的人采用横切办法,把当时传入中国被中国人看到、感到的中西哲学差异现象,当成中西哲学差别的属性。原因在于他们不曾作历史的考察。西方中世纪与中国古代同属于神学统治时期。西方传统宗教是基督教,中国的传统宗教是儒教。这两种宗教都是深入社会、沁入人心、干预生活、支配政治的庞大精神力量。

西方基督教的奥古斯丁(Auretius Augustinus,354—430)说,"理解为了信仰,信仰以便理解",提出精神是实体,上帝是真理、至善,倡"原罪"说。后来有安瑟伦(Anselmus,1033—1109),与中国的周程邵张同时,托马斯·阿奎那(Thomas Aquines,1222—

1274），约当南宋末年，晚于朱熹。把他们神学家的著作与中国的程朱学派对照，他们也大讲存天理之正，去人欲之私，以及原罪论，居然与程朱学说若合符节。他们从未谋面，不通声气，但他们对人生、对社会及人生价值的看法竟出奇地相似。

鸦片战争以后，中国被迫打开国门，面向世界。这时西方欧洲已进入资本主义阶段。中国鸦片战争的失败，表现为战争工具落后，大刀长矛打不过洋枪大炮。实质上是两种社会制度正面较量的必然结果。封建社会必然抵抗不住资本主义社会，不只是战争工具落后，主要是封建专制主义落后，民意不得伸张，朝廷官员与广大群众想法脱节。

"五四"新文化运动，从政治制度深入到文化层次，引发了中西文化对比的研究兴趣。西方的哲学开始引起更多知识分子的兴趣。中西文化对比成为热门话题。中西对比，人们注意到了东西方地区文化的差异，却忽略了中西双方还有社会发展所处阶段的差异。当时人们看到的西方文化是近代资本主义文化，当时中国占领思想阵地的是中国封建社会文化。双方相比，中西文化相差一个社会发展阶段。

西方经过文艺复兴运动，经过三四百年的反对封建思潮，中世纪的封建文化受到长期的清算，西方近代科学思想得到社会多数的认同、接受。可是当时中国的封建思想并没有得到批判性的清算。批判性的研究不是对旧文化一棍子打死，抛弃不顾，而是仔细分析，采取其中的有用的，抛弃其中的过时的糟粕。"五四"时代有志之士、爱国学者，把主要精力用在反对外来侵略势力，反对替外国侵略势力充当帮凶的军阀，全力用于救亡图存，没有顾得上对封建文化进行剖析，取其可用，弃其糟粕。这一任务，直到今天，还不能认为已经做够了，应当说还远远不够。

中国封建势力、封建思想的根子比西欧扎得更深、更牢固。

因为西方中世纪的封建势力一是教皇代表的教权,一是各国诸侯贵族割据势力代表的政权。这两股力量互有起伏,没有合成一股。中国封建社会不同于欧洲封建社会,在于它的多民族统一大国,秦汉以后结束了诸侯割据,不像欧洲长期诸侯国林立,政教双轨。中国自10世纪以后,建成了儒教,形成了完整的政教合一的封建机制,皇帝是教主,教主也是皇帝。欧洲皇帝即位,要教皇加冕才算取得上帝的批准。中国的皇帝即位,自己给自己任命就够了,历代皇帝的诏书都自己宣称"奉天承运"。政教合一,政教不二,是中国国家的特点,也是中国宗教的特点。由于中国缺少了西方的产业革命。缺了文艺复兴以后长期批判封建的过程,封建思想的根子扎得既深且广,它不仅表现在哲学思想方面,也深入到人们的生活方面,家庭生活(如孝),政治生活(如忠君),宗族生活(如拜祖先,尊族权)。这些思想对团结群众,抵抗外来侵略,稳定社会秩序,增强民族凝聚力诸多方面都曾起过积极作用。长期分散经营的自然经济、小生产的封建社会得以长久维系,与儒教思想的凝聚作用有不可分割的关系。

三　中国哲学如何走向世界

我国学术界经过长期观察比较,流行一种看法,认为中国哲学与西方哲学不同,中国重综合,善于从整体观点看问题,西方哲学重分析。这种看法,事出有因,事实上确有此种现象,重综合,有整体观念,是中国哲学的特点,这应当看作近代科学出现以前共同的特点。近代科学出现,最先建立功绩的是分类学,因为科学实验、观察,最有效的手段是从整体中截取一部分,放在特定的、有控制的环境中,经过反复考察试验,直到用同一方法,在同一条件下得出的结论相同,证明这个结果是可信的,可以放诸四海而皆准。西方的医学发展得力于解剖学,生物学的进步得力于植物分类学;有了显微镜产生了细胞学,有了望远镜推进了天文学,通过长期大量的生物考察创建了进化论。分门别类越来越细,对于某一门类的认识越来越深。这是 19 世纪到 20 世纪科学发展的总趋势,18、19 世纪有物理学家、化学家,20 世纪由于学科分类过细,再也不可能产生全能物理学家、化学家。因为物理学研究者只能精通物理学中的一个门类一个分支,不可能产生全能物理学家。

20 世纪末,出于社会生产的需要,制造产品的需要,社会要求将极端分散的众多学科集中起来,合成一个产品。一部汽车的零部件多达万种,后来导弹、原子弹要求的综合程度更高。由分散到综合,跨学科、多学科协作将是 21 世纪学科的趋势。看来中国哲学的喜欢综合,习惯从整体考察的思维模式又将引起人们的重视。

我们从事中国哲学研究的人,现在还不要过早地乐观。因为现代社会要求的综合、整体观,是经几百年精密分析,细致分工的基础上的综合,不是原始状态的分析以前一种朴素浑沦状态。试以中医为例,中医有很好的临床经验,有些验方很灵验,但中医要在 21 世纪取得大发展,走向世界,为世人所接受,还要经过近代分析化学、生理学、解剖学、生物学的洗礼,把《黄帝内经》中朴素直观的五行、阴阳、三焦、虚实表里等辨证施治的经验,用科学语言表达出来,才可以立足于不败之地,为全人类造福。

中国哲学也面临这样的处境。只是与医学科学不同,任务更艰巨,涉及学科更广。

四　中国哲学前途无限

经过近代到现代,西方哲学与自然科学一样,也是走越分越细的道路。当初哲学从宗教分离出去,还包括一部分宗教功能,试图解决人生归宿、终极精神安慰等人人都遇到的困惑。还有一些社会不平等造成的心理不平衡等问题,都曾要求哲学来答复、解释。后来,终极精神追求由宗教去解决,心理不平衡由心理学分担;价值观、伦理学避开法律制度,法律学追求纯理论的探索。本来与生活十分贴近的学问(哲学)都逐渐远离生活,深入到概念分析、语言分析的狭窄地带。

中国哲学本来脱离中世纪哲学不太远,一直干预生活,深入生活,在古代曾起过积极作用。进入近代社会后,由于没有洗尽封建残余影响,个人的权利不被重视。合理的物质要求得不到合理的对待,轻视科学技术,以贫困为荣,以生活富裕为精神堕落的契机,把农村田园贫困生活当成改造思想的课堂,把城市现代文化看成罪恶的渊薮。在极"左"思潮泛滥时期,哲学思想一度与现代社会背道而驰,对资本主义带来的弊端没有克服的信心,缺少对治的办法。这种精神状态根本缺乏建设有中国特色社会主义的勇气。

中国哲学的前景无限广阔。因为我们有前人没有遇到的机遇,有前人留下的丰厚遗产。文化遗产早已存在,只是过去没有科学地对待它,有时捧到天一样高,不敢触动一根毫毛;有时弃置不顾,或一脚踢开,贬斥得一无是处。这两种偏向,是我们这一代人都有的切身经历。

文化有继承性,不能白手起家,传统文化是抛不掉、打不烂的。"文化大革命"中曾捣毁曲阜孔林孔庙。这样疯狂行为恰恰是披着马克思主义外衣的封建迷信的泛滥,借打孔子之神,造马列之神。

中国哲学的封建主义的深层次的问题清理得不够,我们责无旁贷。

世界各种思潮一齐涌来,我们对它们要鉴别取舍,还要有一个消化吸收的过程。为了鉴别取舍,要提高我们文化识别本领,才不致上当受骗。有的人到外国取经,取经者正赶上某种学说流行,流行的未必是真经。即使是真经,他们用得上,拿来是否对我们适用,还要通过实践检验。"五四"以后,我们有成功经验,也有失败的教训。这些经验和教训都是可贵的教材。

西方哲学发展,由浑沌到分析,又由分析到综合,看来这是21世纪的大致轮廓。对中国哲学来说,我们不能安于自己的浑沌、综合,认为比西方的分析更高明,这是一种误解。有人讲今天电子计算机的二进制法《易经》早已讲过了;火箭发射原理宋代早已发明,只是西方火箭飞得更高而已。这是极端无知的说法。从浑沌的统一,经过近代科学分析的洗礼,再进行综合,这个否定之否定(黑格尔说的正—反—合)的认识步骤必不可少。融会中西,经过新的否定之否定的必由之路,从宗教分离出来的哲学,今天要以崭新面貌,接过当年宗教负担的职能,化解人们心理精神负担,解答人生的终极追求和终极关怀问题。未来的哲学要干预生活,深入生活,提高人们的精神境界,使人性的优点、特点,得到充分教养,全面发展。哲学要解决人类最自由的追求,最大的精神安适。人类社会生活中总会遇到问题。要通过自己的力量来对待一切发生的疑难问题,如果不图侥幸,不靠神仙皇帝,那只有靠哲学,哲学必将与人类共存。我相信,到了大同社会,国家机构自然消亡后,哲学还要继续存在下去。

继承古代　开创现代 *

一　中国哲学的出发点和落脚点

　　21 世纪,最明显的特征是在经济生活中的全球一体化,在政治生活中的世界多极化。在文化生活中,人们正在探索一条从未走过的路,既不可能一体化,也不可能满足于目前强国推行的双重的多标准的失序状态。哲学是追寻真理,追求真理,探索人生安身立命的一门学问,不能没有自己的立足点,应当有自己的标准。

　　哲学是一定时发生在一定的地区、一定的民族的社会群体文化长期积累的精神产品。它是一个民族、一个地区社会文化的精华部分。中国哲学带有中华民族的民族性、地区性。哲学离开它赖以生存的群体的理解和支持,就失去生命力。历史上不断有新的哲学理论代替旧的哲学理论,基本上与社会的变迁、文化的发展同步前进。哲学理论有时超前一些,有时滞后一些,

---

　　* 据《竹影集》。原载《中国社会科学院研究生院学报》2001 年第 4 期。题为《瞻望二十一世纪的中国哲学》。

但大致与它的社会发展变迁的步伐如影随形,相去不远。

也有异时异地异民族的哲学理论被介绍到新的地区、新的环境,那是该学派的理论适应了该地区、民族的需要,按照该地区、民族的理解而被接纳的。

哲学问题看似悬在高空,并不是解决一个一个的具体问题,但它又不是可有可无的空谈,关系到人类的今天和明天。

不同的国家和地区有不同的社会环境和文化传统,因而给哲学打上国别的、地域的、民族的烙印。这是哲学不同于自然科学的地方。欧洲近代哲学史给我们提供有益的借鉴:法德毗邻,鸡犬相闻,英法相隔,一衣带水,英、法、德三国的哲学精神面貌各异。中国哲学发生在长江、黄河两大流域。春秋战国时期同属古代社会(包括奴隶制、封建制),而邹鲁、荆楚、燕齐、巴蜀、闽粤等不同地区文化各异,才有了不同学派的百家争鸣。秦汉以后,国家统一,增强内部交融的机会,但地区间仍有某些文化生活的差异。南北朝的南北文化不同,唐宋以后的地区发展不平衡,也为后来不同学派提供了各自的理论的讲坛。中国的国情是"多民族的统一大国"。从两千多年前奠定这种格局,就被全国各族人民所接受。几千年来人民默认它,可见这种制度人们是愿意接受的。两千年间曾有几度国家不统一的时期,但人们不喜欢这种分裂,因为分裂给人民带来更多的灾难,生活不安定,战争频繁。即使在分裂时期,有识之士都主张统一,认为分裂是不正常的。

关于民族的认同,在中国历史上,不大看重肤色、血统,更看重文化、礼教的异同。秦汉以来,当初中原杂居的众多民族、部落群体,逐渐融合为华夏族。以长江、黄河流域为基地。华夏族不断与周边的民族交流融合,共同生活,形成了人数占绝大多数的汉族。汉族本身就是华夏众多种族融合、交流的总称。中国并没有纯汉族。

"多民族统一大国"是两千年来的国情。这个国情显示着中华民族的思想文化、生活准则、宗教信仰、伦理规范、风俗习惯、政治制度的综合体。这个综合体决定着中国哲学的全部内容。

观察中国的历史,研究中国的哲学,都不能不以此为出发点,又落脚到这个出发点。中国哲学必然带有中国的民族特点、历史文化特点,反映它的祈向和理想。

二　中国哲学的定位

社会发展如何分期,学术界迄今没有定论。现在按照生产方式划分法,即:原始社会、奴隶社会、封建社会、资本主义社会、社会主义社会和共产主义社会五种社会形式。其次序是按人类社会发展的历史顺序排列的。原始社会只有宗教,还没有哲学。进入奴隶社会,由于出现了生产分工,有人有了多余的时间从事精神创造,开始有了精神产品,哲学逐渐从宗教中分化出来。世界上各地区的哲学都产生在奴隶社会,西方的古希腊、罗马,古希伯来,中国的春秋战国。秦汉统一后,建成统一的多民族封建大国,这种情况一直持续到 1840 年鸦片战争后结束,中国才开始摆脱封建社会,有了微弱的资本主义,走向近代化。这就是说,中国哲学的形成、发展、成熟,其精彩的演出、主要活动都在中国封建社会阶段,此前的奴隶制阶段和资本主义社会阶段的哲学都不及西方欧洲哲学丰富,而封建社会的哲学,从全世界来看,中国哲学最丰富。因为中国封建社会发展得最完备,最典型。为中国封建社会配套的哲学体系最完整、齐全,增加了封建社会的稳定性。

中国古代传统哲学与世界各国古代哲学一样,主要是依附于神学的主干上,中国古代总称为"经学"。经学,经天纬地,裁成辅相,包罗万象,既包括认识论,又有世界观、价值观、方法论、伦理学、美学,还有政治经济学。中国古代(从6世纪开始)流传很广的《大学》"三纲领""八条目",为中国传统哲学提供了一个完整的中古封建思想体系框架。

近世学者多以中国哲学重人伦实用,西方欧洲各派哲学重逻辑推理,由此推演下去,又有人区分西方哲学为思辨之学,中国哲学为实践之学。持这种观点的人采用横切办法,把当时传入中国,被中国人看到、感到的中西哲学差异现象,当成中西哲学差别的属性。原因在于他们不曾对中西双方作历史地考察。西方中世纪与中国古代同属于神学统治时期。西方传统宗教是基督教,中国的传统宗教是儒教。这两种宗教都是深入社会,沁入人心,干预生活,支配政治的巨大精神力量。

西方基督教的奥古斯丁(Auretius Augustinus,354—430)说"理解为了信仰,信仰以便理解",提出精神是实体,上帝是真理、至善,倡"原罪"说。后来有安瑟伦(Ansel-mus,1033—1109),与中国的周、程、邵、张同时,托马斯·阿奎那(Thomas Aquines,1222—1274)约当南宋末年,晚于朱熹。他们也大讲存天理之正,去人欲之私,以及原罪论,居然与程朱学说若合符节。他们从未谋面,不通声气,把这些神学家的著作与中国的程朱学派对照,会发现他们对人生、对社会及人生价值的看法竟出奇地相似。

鸦片战争是西方资本主义与中国封建主义制度正面较量的结果。民意不得伸张,朝廷官员与广大群众想法脱节,封建社会必然抵抗不住资本主义社会。

"五四"的新文化运动,从政治制度深入到文化层次,引发了中西文化对比的研究兴趣。西方的哲学开始引起更多知识分子的广泛关注。中西对比，人们注意到了东西方地区文化的差异，却忽略了中西双方还有社会发展所处阶段的差异。当时人们看到的西方文化是近代资本主义文化，"五四"时代及以前占领中国思想阵地的是中国封建社会文化。双方相比，中西文化差一个社会发展阶段。

西方经过文艺复兴运动，经过三四百年的反对封建思潮，中世纪的封建文化得到长期的清算，西方近代科学思想得到社会多数的认同、接受。可是"五四"时期中国的封建思想并没有得到批判性的、科学的清算，而是对旧文化一棍子打死，抛弃不顾。"五四"时代有识之士、爱国学者，把主要精力用在反对外来侵略势力，反对替外国侵略势力充当帮凶的卖国军阀，全力用于救亡图存，没有顾得上对封建文化进行剖析，取其可用，弃其糟粕。这一任务，直到今天，还不能认为已经做够了，应当说还远远不够，还要我们这一代人继续来清理。

中国封建势力、封建思想的根子比西欧扎得更深、更牢固。因为西方中世纪的封建势力一是教皇代表的教权，一是各国诸侯贵族割据势力代表的政权。这两股力量主要是配合，也有矛盾，没有合成一股。中国这个多民族统一大国，秦汉以后结束了诸侯割据，不像欧洲长期诸侯国林立，政教双轨。中国自 10 世纪以后，建成了儒教，形成了完整的政教合一的封建机制，皇帝是教主，教主也是皇帝，欧洲皇帝即位，要教皇加冕才算取得上帝的批准，中国的皇帝即位，自己给自己任命就够了，历代皇帝的诏书都自己宣称"奉天承运"。政教合一，政教不二，是中国国家的特点，也是中国宗教的特点。由于中国缺少了西方的产业革命，缺了"文艺复兴"以后长期反封建的过程，封建思想的根子扎得既深且广，它不止表现在哲学思想方面，也深入到人们的生活方面，政治生活（如忠君)、家庭生活(如孝)、宗族生活(如拜祖先,尊族权)。这些思想对团结群众,抵抗外来侵略,稳定社会秩序,增强民族凝聚力,诸多方面都曾起过积极作用。长期分散经营的自然经济、小生产的封建社会得以长久维系,与儒教思想的凝聚作用有不可分割的关系。

三　中国哲学如何走向世界

我国学术界经过长期观察比较,流行一种看法,认为中国哲学与西方哲学不同,中国重综合,善于从整体观点看问题,西方哲学重分析,这种看法可谓事出有因,事实上确有此种现象。重综合,有整体观念,应当看作近代科学出现以前共同的特点。近代科学出现,最先建立功绩的是分类学。因为科学实验、观察,最有效的手段是从整体中截取一部分,放在特定的、有控制的环境中试验,反复考察试验,直到用同一方法,在同一条件下得出的结论相同,证明这个结果是可信的,可以放诸四海而皆准。西方的医学发展得力于解剖学,生物学的进步得力于植物分类学,有了显微镜产生了细胞学,有了望远镜推进了天文学,通过长期大量的生物考察创建了进化论。分门别类越来越细,对于某一门类的认识越来越深。这是19世纪到20世纪科学发展的总趋势,18、19世纪欧洲出现了大物理学家、化学家,20世纪由于学科分类过细,再也不可能产生全能物理学家、化学家。因为物理学研究者只能精通物理学中的一个门类一个分支,不可能产生全能物理学家。

20世纪末,出于社会生产的需要,制造产品的需要,社会要求将极端分散的众多学科集中起来,合成一个产品。一部汽车的零部件多达万种,后来导弹、原子弹的制造,分工更细,要求的综合程度更高。由分散到综合,跨学科、多学科协作将是 21 世纪学科的大趋势。看来中国哲学的喜欢综合、从整体考察的思维模式会重新引起人们的重视。

我们从事中国哲学研究的人,好像可以以逸待劳,赶上了好机会。现在还不要过分高兴。因为现代社会要求的综合、整体观,是经过近现代科学几百年精密分析、细致分工的基础上更高一级的综合,不是中世纪原始状态的浑沌、笼统,浑沌是分析以前一种朴素状态。试以中医为例,中医有很好的临床经验,有些验方很灵验,但中医将要在 21 世纪取得大发展,走向世界,为世人所接受,却必须经过近代分析化学、近代生理、解剖学、生物学的洗礼,把《黄帝内经》中朴素直观的五行、阴阳、三焦、虚实表里等辨证施治的经验,用科学语言表达出来,才可以丰富医学知识,为全人类造福。

中国哲学也面临这样的处境。只是与医学科学不同,任务更艰巨,涉及学科更广。

四　中国哲学前途无限

文化交流是文化发展的生命所系。按照交流的通则,总是文化高的一方影响文化低的一方,文化低的一方则处于被支配的地位。没有文化的民族,在世界民族之林没有发言权。科学文化落后要挨打,受奴役。

每一个有良心、向往美好理想、维护正义的民族,处在不美满、不合理的现实世界,我们将何以自处?中华民族向往的大同世界必将来临,但要在大同世界来临之前先要做到自存自保。我们尊重其他民族文化的生存权利,也要保持住中华民族文化的生存和发展的权利。不可忽视文化交流中的势差现象。世界大同之前，自己民族有先被消融的危险。

　　经过近代到现代，西方哲学与自然科学一样，也是走越分越细的道路。当初哲学从宗教分离出去，还包括一部分宗教功能，试图解决人生归宿，终极精神安慰，人人都遇到的困惑。还有一些社会不平等造成的心理不平衡等问题，都曾要求哲学来答复、解释。后来，终极精神的安慰由宗教去解决，心理不平衡由心理学分担；伦理学与法学彻底分开，避开法律制度，法律学追求纯理论的探索。哲学本来与生活十分贴近，却逐渐远离生活，陷入概念分析、语言分析的狭窄地带。20世纪的西方哲学已面临萧条局面，因为它成为哲学家的纯思维训练，以至成为思维游戏。因为它远离生活，不能解决人们的最大困惑，倒是西方的宗教得以大行其道，西方欧美的高等院校的哲学系相当冷落，而宗教系门庭兴旺。这种现象足以发人深思。

　　中国哲学本来脱离中世纪哲学不太远，它一直干预生活，深入生活，在古代曾起过积极作用。进入近代社会后，由于没有洗尽封建残余影响，个人的权利不被重视，合理的物质要求得不到合理的对待，轻视科学技术，以贫困为荣，以生活富裕为精神堕落的契机，把农村田园贫困生活当成改造思想的课堂，把城市现代文化看成罪恶的渊薮。在马克思主义受到歪曲，极"左"思潮泛滥时期，哲学思想一度与现代社会背道而驰，对资本主义带来的弊端没有克服的信心，缺少治理的办法。这种精神状态根本缺乏建设有中国特色社会主义的勇气。

　　中国哲学遇到了前人没有遇到的机遇。历史留下的文化遗产十分丰厚，只是过去没有人花力气坐下来认真研究它，缺少细入毫芒的科学分析功夫，有时捧到天一样高，不敢触动它

335

一根毫毛;有时弃置不顾,或一脚踢开,贬斥得一无是处。这两种偏向是我们这一代人的切身经历,这类错误不能再犯。

文化有继承性,不能白手起家,传统文化是抛不掉、打不烂的。"文化大革命"中曾捣毁曲阜孔林孔庙。这样疯狂行为恰恰是披着马克思主义外衣的封建迷信的泛滥,借打孔子之神,造马列之神。

中国哲学的封建主义的深层次的问题清理得不够,还要继续清理,我们责无旁贷。

世界各种思潮一齐涌来,我们对它们要鉴别取舍,要有一个消化吸收的过程。为了鉴别取舍,首先要提高我们的文化识别本领,才不致上当受骗。有的人到外国取经,正赶上某种学说流行(流行的未必是真经),即使是真经,他们用得上,中国拿来是否适用,还要通过实践检验。"五四"以后,我们移植外来学说,有成功经验,也有失败的教训。这些经验和教训都是可贵的教材。

西方哲学发展,由浑沌到分析,又由分析到综合,看来这是21世纪的大致轮廓。对中国哲学来说,我们不能安于自己的浑沌、综合,认为比西方的分析更高明,这是一种误解。有人讲今天电子计算机的二进制法《易经》早已讲过了;火箭发射原理宋代早已发明,只是西方火箭飞得更高而已。这是极端无知有害的说法。从浑沌的统一,经过近代科学分析的洗礼,再进行综合,这个否定之否定(黑格尔说的正—反—合)的认识步骤必不可少。融会中西,经过新的否定之否定的必由之路,从宗教分离出来的哲学,今天要以崭新面貌,接过当年宗教曾担负过的职能,化解人们心理精神困惑,解答人生的终极追求和终极关怀问题。未来的哲学要干预生活,深入生活,提高人们的精神境界,使人性的优点、特点,得到充分教养,全面发展。哲学要解决人

336

类最自由的追求,最大的精神安适。人类社会生活中总会遇到疑难问题,要通过自己的力量来对待,如果不图侥幸,不靠神仙皇帝,那只有靠哲学,哲学必将与人类共存。我相信,到了大同社会,国家机构自然消亡后,哲学还要继续存在下去。

哲学必将与人类共存 *

中国哲学与西方哲学

21 世纪,最明显的特征是在经济生活中的全球一体化,在政治生活中的世界多极化。在文化生活中,人们正在探索一条从未走过的路,既不可能一体化,也不可能满足于目前某些强国推行的双重的多标准的失序状态。哲学是追寻真理,追求真理,探索人生安身立命的一门学问,不能没有自己的立足点,应当有自己的标准。

中国哲学带有中华民族的民族性、地区性。"多民族统一大国"是几千年来的国情。这个国情显示着中华民族的思想文化、生活准则、宗教信仰、伦理规范、风俗习惯、政治制度的综合体。这个综合体决定着中国哲学的全部内容。观察中国的历史,研究中国的哲学,都不能不以此为出发点,又落脚到这个出发点。中国哲学必然带有中国的民族特点、历史文化特点,反映它的祈向和理想。

---

* 原载《文明》2002 年第 6 期。2009 年第 8 期重载。

我国学术界经过长期观察比较,流行一种看法,认为中国哲学与西方哲学不同。中国哲学重综合,善于从整体观点看问题,西方哲学重分析。这种看法可谓事出有因,事实上确有此种现象。重综合,有整体观念,应当看作近代科学出现以前共同的特点。近代科学出现,最先建立功绩的是分类学,因为科学实验、观察,最有效的手段是从整体中截取一部分,放在特定的、有控制的环境中试验,反复考察试验,直到用同一方法,在同一条件下得出的结论相同,证明这个结果是可信的,可以放诸四海而皆准。西方的医学发展得力于解剖学,生物学的进步得力于植物分类学,有了显微镜产生了细胞学,有了望远镜推进了天文学,通过长期大量的生物考察创建了进化论。分门别类越来越细,对于某一门类的认识越来越深。这是19世纪到20世纪科学发展的总趋势。18世纪和19世纪欧洲出现了大物理学家、化学家,20世纪由于学科分类过细,再也不可能产生全能物理学家、化学家。因为物理学研究者只能精通物理学中的一个门类一个分支,不可能产生全能物理学家。

20世纪末,出于社会生产的需要,制造产品的需要,社会要求将极端分散的众多学科集中起来,合成一个产品。一部汽车的零部件多达万种,后来导弹、原子弹的制造,分工更细,要求的综合程度更高。由分散到综合,跨学科、多学科协作将是21世纪学科发展的大趋势。看来中国哲学的喜欢综合,从整体考察的思维模式重新引起人们的重视。

我们从事中国哲学研究的人,好像可以以逸待劳,赶上了好机会。现在还不要过分高兴。因为现代社会要求的综合、整体观,是经过近现代科学几百年精密分析、细致分工的基础上更高一级的综合,不是中世纪原始状态的浑沦、笼统,浑沦是分析之前的一种朴素状态。试以中医为例,中医有很好的临床经验,有些验方很灵验,但中医要在 21 世纪取得大发展,走向世界,为世人所接受,就必须经过近代分析化学、近代生理、解剖学、生物学的洗礼,把《黄帝内经》中朴素直观的五行、阴阳、三焦、虚实表里等辨证施治的经验,用科学语言表达出来,才可以丰富医学知识,为全人类造福。

中国哲学也面临这样的处境。只是与医学科学不同,任务更艰巨,涉及学科更广。

交流发展　前途无限

文化交流是文化发展的生命所系。按照交流的通则,总是文化高的一方影响文化低的一方,文化低的一方则处于被支配的地位。没有文化的民族,在世界民族之林没有发言权。科学文化落后要挨打,受奴役。每一个有良心、向往美好理想、维护正义的民族,处在不美满、不合理的现实世界,我们将何以自处?中华民族向往的大同世界必将来临,但要在大同世界来临之前先要做到自存自保。我们尊重其他民族文化的生存权利,也要保持住中华民族文化的生存和发展的权利。不可忽视文化交流中的势差现象。世界大同之前,自己民族有先被消融的危险。

经过近代到现代,西方哲学与自然科学一样,也是走越分越细的道路。当初哲学从宗教分离出去,还包括一部分宗教功能,试图解决人生归宿、终极精神安慰、人人都遇到的困惑。还有一些社会不平等造成的心理不平衡等问题,都曾要求哲学来答复、解释。后来,终极精神的安慰由宗教去解决,心理不平衡由心理学分担,伦理学与法学彻底分开,避开法律制度,法律学追求纯理论的探索。哲学本来与生活十分切近,却逐渐远离生活,陷入概念分析、语言分析的狭窄地带。20 世纪的西方哲学已面临萧条局面,因为它成为哲学家的纯思维训练,以至成为思维游戏。因为它远离生活,不能解决人们的最大困惑,倒是西方的宗教得以大行其道,西方欧美的高等院校的哲学系相当冷落,而宗教系门庭兴旺。这种现象足以发人深思。

中国哲学本来脱离中世纪哲学不太远,它一直干预生活,深入生活,在古代曾起过积极作用。进入近代社会后,由于没有洗尽封建残余影响,个人的权利不被重视,合理的物质要求得不到合理的对待,轻视科学技术,以贫困为荣,以生活富裕为精神堕落的契机,把农村田园贫困生活当成改造思想的课堂,把城市现代文化看成罪恶的渊薮。在马克思主义受到歪曲的极"左"思潮泛滥时期,哲学思想一度与现代社会背道而驰,对资本主义带来的弊端没有克服的信心,缺少对治的办法。

中国哲学遇到了前人没有遇到的机遇。历史留下的文化遗产十分丰厚,只是过去没有人花力气坐下来认真研究它,缺少细入毫芒的科学分析功夫,有时捧到天一样高,不敢触动它一根毫毛;有时弃置不顾,或一脚踢开,贬斥得一无是处。这两种偏向,是我们这一代人的切身经历,这类错误不能再犯了。

世界各种思潮一齐涌来,我们对它们要鉴别取舍,要有一个消化吸收的过程。为了鉴别取舍,首先要提高我们的文化识别本领,才不致上当受骗。有的人到外国取经,正赶上某种学说流行(流行的未必是真经),即使是真经,他们用得上,中国拿来是否适用,还要通过实践检验。"五四"以后,我们移植外来学说,有成功经验,也有失败的教训,这些经验和教训都是可贵的教材。

西方哲学发展,由浑沦到分析,又由分析到综合,看来这是21世纪的大致轮廓。对中国哲学来说,我们不能安于自己的浑沦、综合,认为比西方的分析更高明,这是一种误解。有人讲今天电子计算机的二进制法《易经》早已讲过了;火箭发射原理宋代早已发明,只是西方火箭飞得更高而已。这是极端无知有害的说法。从浑沌的统一,经过近代科学分析的洗礼,再进行综合,这个否定之否定(黑格尔说的正—反—合)的认识步骤必不可少。融会中西,经过新的否定之否定的必由之路,从宗教分离出来的哲学,今天要以崭新面貌,接过当年宗教曾负担过的职能,化解人们心理精神困惑,解答人生的终极追求和终极关怀问题。未来的哲学要干预生活,深入生活,提高人们的精神境界,使人性的优点、特点,得到充分教养,全面发展。哲学要解决人类最自由的追求,最大的精神安适。人类社会生活中总会遇到疑难问题。要通过自己的力量来对待,如果不图侥幸,不靠神仙皇帝,那只有靠哲学,哲学必将与人类共存。

高令印《简明中国哲学通史》序 *

　　高令印先生的《简明中国哲学通史》即将出版,远道来函,要我为此书写一篇《序》。我与高令印先生学术上相知多年,他在中国哲学史领域从事多年的教学和研究,成绩斐然,得到同行的重视。他的文章时有创意,这里无须多说。我只就这部分文稿谈一点意见。

　　中国哲学发生发展在中国,它随着社会的变革带来了思想变革,涌现许多哲学家、哲学学派,他们的学说丰富了中国思想文化宝库。

　　中国哲学史思想之所以丰富多彩,除了内部原因外,外来文化也引起中国哲学的变化。中华民族善于随时吸收先进的新思想,融合外来思想,及时形成新体系。在中国哲学史上,秦汉不同于先秦,魏晋不同于两汉,原因在于能代表时代思潮,创造新形式,增加新内容。中国哲学史上最大的一次变革是把外来的印度佛教思想改造成中国佛教,又把中国佛教与本土的道教、儒教结合,形成以儒教为主的三教会通的新体系。这一变革改变了中国哲学的旧面貌,铸成儒教新体系。这一体系在中国长期

---

　　*　高令印《简明中国哲学通史》,厦门大学出版社,2002 年版。

统治达一千多年之久。直到"五四"以后,中国与西方近代思想接触,中西文化交流,中国更多地接触了西方文化,其中既有西方近代资本主义文化,又有欧洲新兴的马克思主义思潮。马克思主义输入俄国,引发了十月革命,创造了社会主义苏联政权。马克思主义传入中国,经过了几十年的吸收融会,形成了毛泽东思想。

自从马克思主义中国化以后,为中国哲学思想增加了新内容,即毛泽东思想。过去的中国哲学史著,只讲中国本土的哲学自身的传承流变,把毛泽东思想归入马克思主义哲学,让它自成体系。高令印先生新著的《简明中国哲学通史》正式把毛泽东思想纳入中国哲学史序列,这是中国哲学史研究的一次创举,一次意义重大的变革。不包括毛泽东哲学的中国哲学史是不完整的。

毛泽东哲学是继承并发展中国传统哲学的新哲学。毛泽东哲学决不能看做单纯地从外国引进的西方思想,而是在中国原有的基础上融入了西方马克思主义的新思想体系。马克思主义是历史的产物,必然受历史的局限,毛泽东哲学既纳入中国哲学史众多哲学家的序列,人们对它也要像对待古往今来的一切哲学家一样,供人们学习研究,研究它的形成发展的规律。这是一项十分困难,是必须不避艰险去完成的重要任务。愿哲学界大家共勉,加强研究,使之深化。

高令印先生要我为此书写一篇序,我认为他这本书把毛泽东哲学列入中国哲学史,使中国哲学史开了新生面,值得欢迎。

2002 年 4 月 1 日

李贽改革悲剧给后人的启示*

　　李贽是卓越的思想家，生长于嘉靖与万历皇帝统治时期。明朝这两个皇帝十分昏庸，而又统治时期最长。这两位昏君中间，经过张居正的短期整顿，有所起色，随后又回到文恬武嬉的老样子。

　　李贽主张改革，从理论上提出"童心说"，就是说号召人们说真话，不要说假话。偏偏这又是一个从上到下弥漫假话的社会。之所以出现这种现象，是皇帝为首的政府大力提倡的结果。明朝科举考试以八股取士，政府限定用朱熹的《四书集注》的观点为标准答案，美其名曰"代圣贤立言"。应试者不得用自己观点来做文章，只允许用圣贤的口气来诠释五经四书上的文句。这就是说，用科举取士的指挥棒，指导天下读书人，照抄程朱学派的文句应付考试。应付得好就可以从此走上做官的道路，不按这条道路走，就没有上进的机会。

　　读书人要上必须走科举这条道路。明朝立国二百多年，通过八股考试走上仕途的何止成千上万，李贽面对的几乎全部是八股应试的读书人。可以断言，李贽打击面太宽，遭到的阻力自

　　*　原载《首都师范大学学报（社会科学版）》2002 年第 6 期。

然也大。

中国的改革家都有他们的抱负、理想。最早的商鞅、吴起，以后的范仲淹、王安石，直到清末的康有为，这些改革家、思想家针对他们所面临的社会问题提出过有益的改革方案，都有贡献。改革家必须上边得到国君的支持，下边有一批同僚的支持。他们的改革主张，有的得到贯彻执行，有的夭折了。不论成功与否，改革家们的命运结局都不太好，有的为改革牺牲了性命，有的事业无成，受到政治迫害。李贽的改革遭遇比所有改革者都惨。他的改革思想上边遭到皇帝的反对，下边遭到保守官僚的反对。因为李贽的主张触犯了他们的利益和名誉。李贽的对立面强大而顽固，李贽为了捍卫自己的理想，不计后果，孤军奋战，只能以悲剧结局。

明末有东林党出现，也提倡政治改革，东林党打击面偏重在某些政治人物或政府的某些政治措施，涉及方面较狭窄，以聚徒讲学形式，稍后逐渐形成了一个议政团体，比李贽当年孤军奋战的处境强一些。东林党遭遇迍邅，但略胜于李贽。

李贽并不主张推倒明朝皇帝，另起炉灶，他主观上还是希望明朝上下能够改弦更张，由萎靡疲沓到清明有为。有识之士，如李贽这样的思想家早看到病情危急，病入膏肓。而当时在位者"自我感觉良好"，不以为然。

明朝的万历时期，欧洲已开始萌发资本主义，向近代社会迈进。中国在世界的地位开始下滑。当时流行谚语，讽刺朝廷腐败："翰林院的文章，太医院的药方，武器库的刀枪，光禄寺的茶汤。"(《万历野获编》卷二十四)。明朝皇帝出自民间，从朱元璋始。对于知识分子只是在必要时利用一下，并不重视，他对知识分子有一种本能的不信任感。明朝几个起作用的文人，如宋濂、刘基，结局都不好，后来对知识分子用廷杖责罚，有的死于杖下。

皇帝选后妃，不信任知识分子家庭出身，多选自民间。皇帝不重视文化，皇帝幼年受的教育也不正规。如武宗亲征宸濠造反，不当皇帝而当"威武大将军"。因为他在幼年听到保姆讲故事，最高的官是大将军，不知道皇帝的超越地位。明朝皇帝文化水平一般不高，兴趣庸俗，喜好斗蟋蟀，玩鹰术，游猎，寻求性刺激。在历代王朝中明朝的皇帝兴趣低下，文化不高算是比较突出的。李时珍青年时曾被推荐在太医院，他看不惯太医院的腐败，抛弃京官的优越待遇，回到乡下，深入民间，广泛搜集药材标本，著成《本草纲目》这部药学宝典。

《儒林外史》所描写的明朝中期以后的知识分子精神状态，可以帮助我们更好地理解当时的社会风气。李贽致耿定向的信，指出当时读书人只知道中举，发迹，为子孙谋。明朝士大夫虽然都曾熟读四书五经，他们的行动完全是另一回事。

李贽在云南姚安任地方官，亲身经历了当官者的污浊与百姓的苦难。他对现实政治改革绝望了，决定辞官不做，另谋挽救社会危机的道路。他定居麻城后，认真反思，结合古今历史经验，写了许多史论、政论的专著，提出了一整套社会改革理想。

探讨李贽的改革经验，并不是发思古之幽情，而是我们今天也面临着非改不可的新形势。因为我们正处在新旧制度交替之间，比如行政效率低下，腐败之风屡禁不止，市场经济与计划经济转轨时期的不相衔接，等等。与李贽的改革有相似处，也有不相同处，就是在世界竞争的激烈，国际环境的复杂，远远超过李贽所遇到的。

现在要指出的是，李贽所处的时代和他所遭遇的障碍，我们今天已不存在。要求改革的不是少数人而是多数人，我们是从上到下都致力于改革，走向现代化，是全国上下共同的愿望，凡是不利于现代化的都要改。李贽所要求的改革，在明朝始终推行不开,只有等到农民起义军李自成推翻明王朝时才结束这场争辩。

新中国建国后,也出现不少失误,给国家和人民造成不少损失(如"大跃进"、人民公社、"文化大革命")。这些错误都由政府自己改正,改正后又走上正轨。

马克思主义哲学不同于过去一切哲学,就在于它提出了群体的认识。掌握真理,不能只限某一两个先知先觉的哲学家,社会改革不是少数哲学家的事,而是人民群众自己的事。现代社会的改革,不靠神仙皇帝的拯救,而是靠觉醒的群众自己来争取。群众愚昧、不自觉的环境下,孤军奋战,成功的可能性很小。从策略上讲,李贽反对虚伪,反对说假话,是正确的。但他指摘了孔子,自然犯了众怒。王阳明也主张改革,反对说假话,他以朱熹为靶子,指名道姓批评朱熹。批评朱熹,实际上也涉及孔子。李贽的改革思想提出的问题过于超前,比如男女平等的思想,当时的妇女没有自觉的平等要求,更难被男人为主体的广大群众所接受。于是反对者对李贽进行人身攻击。谣诼四起,使李贽处于孤立地位,有口难辩。自诩民主先进的美国,直到1920年,美国妇女才取得与男人同等的选举权,时间比中国的五四运动还迟了一年。李贽的主张比美国的男女平等观提前了三四百年,显然太超前,难为多数人所理解。

今天我们要的是,不但改革方向要对,而且要看到今天中国的处境已不同于李贽。当年李贽提出的改革,只限于中国一国之内。今天的中国是跻身于世界的中国,中国的改革既是中国的,又涉及世界。中国处在世界激烈竞争大潮中,落后就要挨打,不改不行,改得慢了也不行。落后就要挨打,中国人民对此有切身感受。我们有充分信心迎接新世纪,把自己应当改革的事办好。李贽的改革,对我们有启发。

我对《老子》认识的转变 *

　　解放后关于《老子》的争论,我也是参加者之一,当时集中于探讨老子的哲学是唯心主义还是唯物主义。学术界曾一致认为这是个十分重要的问题,这个问题不解决,先秦哲学史就写不下去。各方面参加者争论是热烈的,态度也是认真的。主张老子属于唯心主义的,和主张老子属于唯物主义的,都写了不少文章,结果没有争出个分晓来,任何一方都没有把对方说服。十年动乱以后,学术界又提出了这个问题,第二次开展了关于老子哲学的讨论,由于十年动乱,人们还来不及深入钻研,从发表的文章看,还没有看到有什么重大的突破,只是双方的主张者,从人数方面看,似乎主张老子属于唯物主义的人,比 50 年代第一次讨论时略为增加。

　　我一向认为老子哲学思想比孔子、孟子都丰富,对后来的许多哲学流派影响也深远。总期望把它弄清楚。1963 年出版的《中国哲学史》教科书认为老子是中国第一个唯物主义者;1973 年出版的《中国哲学史简编》(是四卷本的缩写本),则认为老子属于唯心主义。主张前说时,没有充分的证据把主张老子属于

---

　　* 　据《竹影集》。本为《老子研究的方法问题》节选,文字有所变动。

唯心主义者的观点驳倒;主张后说时(《简编》的观点),也没有充分证据把主张老子属于唯物主义者的观点驳倒。好像攻一个坚城,从正面攻,背面攻,都没有攻下来。这就迫使我停下来考虑这个方法对不对。正面和背面两方面都试验过,都没有做出令人信服的结论来,如果说方法不对,问题出在哪里? 我重新检查了关于老子辩论的文章,实际上是检查自己,如果双方的论点都错了,首先是我自己的方法错了。

我国哲学发展的正道 *

新世纪新阶段，我国社会主义现代化建设和中华民族的伟大复兴展现出光明前景，我国哲学发展也迎来了黄金时期。继往开来、立足生活、提倡争鸣、确立规范，是我国哲学发展的正道。

在社会大变革、大发展的时代，人们常说"继往开来"。如果认真追问一下，只要承认哲学的发展观，就无处不是"继往"，无处不是"开来"。看得见的和看不见的变化，生生不息，数不胜数。文化是有机体，也有它的生命，随时在继往开来，从未停止。承认这种事实，就不难看出，"继往"继的是五千年来的中外一切哲学成果；"开来"开的是社会主义新文化、新哲学。文化有继承性。这是现象，也是规律。在极"左"思潮泛滥时期，曾提出过"与一切传统思想彻底决裂"。事实上，这是办不到的。孔庙的石碑砸破了不少，但一些人头脑中的封建专制思想依然存在。这说明，我们只能批判地吸收前人的成果来创建新业绩，只能在已有的基础上不断前进，而不是推倒重来。文化建设不能"白手起家"。

＊　原载《人民日报》2004 年 9 月 10 日。

哲学是文化的精华部分(不少民族有着丰富独特的文化而没有哲学),文化来源于生活创造,哲学则是对生活创造的精神产品进一步的反思、确认、提炼、组织、构建。哲学体系成长很慢,但它一旦形成,就可以影响千千万万人的生活方向,形成生活准则、社会准则。大到立国之本,小到为人处世,都与哲学有关。没有哲学的民族是没有前途的民族。我国的哲学工作者不可妄自菲薄,而有责任把我国的哲学研究好、发展好,使全社会认识到哲学的重要作用,脱离愚昧,启迪智慧。

哲学发展的最好方式,也许是唯一方式,是交流与争鸣。揆诸中外,概莫能外。我们应当倍加珍视争鸣,善于利用争鸣,积极营造争鸣的环境。珍视争鸣,就要对不同学术流派、学术观点予以宽容,听对方把话说完。真理只有一个,走向真理、发展真理的路径不止一条。"非此即彼"的两分思维方式,只能阻碍学术的健康发展。无疑,学术交流的渠道今后会更通畅,这是有利的条件。但与交流渠道通畅同步,我们自己鉴别是非真伪的本领也要相应提高,这样才会从交流中受益。鉴别本领不高,将会被迫或盲目接纳伪劣文化,不但不能受益,反而会交流越多受害越大。

建立学术规范,维护科学尊严,纠正浮躁不实、急功近利的短视行为,也是我们共同的责任。有两点似应成为学界的共识:第一,讲自己懂得的问题。专家不是万事通,不能什么都讲。第二,讲自己同意的话,尽量不说违心的话。学术著作是精神文化产品,它的寿命应尽可能延长一些。如果拿不准、想不通,宁可不说,而不能以其昏昏、使人昭昭。

任继愈论墨子 *

三　表

墨子的学说中,他的认识论是比较光辉的一部分,具有唯物主义的观点。他所提出的认识客观事物的方法和检查认识可靠性的标准就是有名的"三表"或"三法"。"表"和"法"都是标志、标准的意思。"三表"就是判断认识正确与否的三个标准。在《非命上》中说:

> 言必有三表。何谓三表? 子墨子言曰:有本之者,有原之者,有用之者。于何本之? 上本之于古者圣王之事。于何原之? 下原察百姓耳目之实。于何用之? 废(发)以为刑政,观其中国家百姓人民之利。

在《非命中》和《非命下》中,也有类似的记述,这里只就《非命上》的"三表"加以阐述。至于"三法"也即上篇中的三表,就不再重述了。

墨子的第一表认为,要判断事情的真假是非,不能只凭主观

---

　　*　原载蔡尚思主编《十家论墨》,上海人民出版社,2004 年 10 月版。

的印象,而要有历史的根据、前人的经验。这就是他所谓"上本之于古者圣王之事"。墨子和孔子在当时都是博学的人,今天我们所读到的《墨子》中,有许多地方引用了《尚书》《诗经》,也引用了当时周、郑、燕、齐等国的历史——《春秋》。墨子并不是故意掉书袋,自炫博学,而是为了说明他的论证有根据,他要在前人的经验、历史的记载中寻找间接的经验。间接的经验在认识过程中是必不可少的。这是人类认识的特点之一,是其他动物所没有的。

墨子和他的论敌展开辩论时,经常使用这一武器。墨子在驳斥命定论的主张时,就曾举出古代的一些例子作为证据。他说:

> 古者桀之所乱,汤受而治之。纣之所乱,武王受而治之。此世未易,民未渝,在于桀、纣,则天下乱,在于汤、武,则天下治,岂可谓有命哉?(《非命上》)

墨子更进一步追问那些相信有命的人说"先王之宪亦尝曰:福不可请,而祸不可讳(违)。敬无益、暴无伤者乎? ……先王之刑亦尝有曰:福不可请,祸不可讳。敬无益、暴无伤者乎? ……先王之誓亦尝有曰:福不可请,祸不可讳。敬无益、暴无伤者乎?"(《非命上》)墨子的非命学说给当时的命定论者以有力的打击。

墨子的第二表认为判断事情的真伪是非,要根据"百姓耳目之实",就是说要用广大人民亲身的经验作为标准,不能只凭主观想象。他在反对命定论者的辩论中也曾使用过这一武器。他反问那些相信有命的人说:

> 我所以知命之有与亡("亡"即"无")者,以众人耳目之情知有与亡。有闻之,有见之,谓之有。莫之闻,莫之见,谓之亡。(《非命中》)

墨子又说,可是事实上,自古及今,"亦尝见命之物,闻命之声者乎？则未尝有也"（《非命中》）。耳目感官经验是知识的直接来源，通过直接经验可以得到正确的知识，这是一般认识的途径。我们必须肯定，墨子提出了这一点，是对的。但是认识的对象不尽是感官所能直接接触得到的，比如墨子在上面所举的"命"，根本就是一个抽象名词，即使有，也是看不见、摸不着的东西。墨子攻击别人时，常说人家"不知类"，对于这一问题，墨子自己也犯了"不知类"的毛病。如果有人用墨子的方法驳斥墨子，问他，请他把"义"的形状、声音拿出来让大家看看，墨子一定也拿不出来。这是墨子思想不够缜密的地方。

　　第一表和第二表的重要性已如上述，但墨子的认识论还不是严格的合乎科学标准的认识论。墨子的认识论的主要缺点，在于他不能分别感性认识和理性认识在本质上既有区别而又有联系的辩证的关系。墨子的认识论更多地停留在仅靠感觉经验（有的是古人的——第一表，有的是当前的——第二表）这方面，而忽略了理性认识的重要性。这里，主要的是他不认识实践在认识过程中的作用。因而，墨子知道只凭主观印象容易出错误（这是对的），但他把过去的以及现在的某些根本无法通过实践来证实的所谓"经验"，又常常当作衡量事情真假的标准，这显然是不对的。

　　墨子所提出的第一表、第二表是唯物主义认识论起脚的第一步，认识必须通过感觉，通过直接经验和间接经验。但是仅仅停留在这一步是不够的，感性认识不上升到理性认识，就不能使人认识到事物的本质，就形不成科学的认识。

　　关于第三表，墨子认为判断事情的真假是非，要根据"发以为刑政，观其中国家百姓人民之利"。这是墨子的认识论的最主要、也是最根本的思想方法。墨子反对战争，反对世袭贵族奢侈浪费的生活，甚至最为人诟病的《天志》《明鬼》《尚同》各篇言论,也都是从这一标准,即以它合不合"国家百姓人民之利"为出发点的。墨子思想中许多丰富的、带有人民性的进步因素,都是在这一标准指导下发展出来的。

当然第三表也有缺点,墨子经常把国家的利益和人民的利益看得没有矛盾,实际上王公大人和百姓的要求和利益有很大的差异,二者既有共同性,也有矛盾性,因此他所提出的"国家百姓人民之利"就失去了标准。因而往往产生了墨子的主观愿望和客观事实相矛盾的结果。

总之,墨子的思想方法,和判断真理的标准("三表")的根本精神是唯物主义的。墨子认为判断事物的总的精神和方法,是反对主观,相信客观。他的"三表"都是为了防止认识上的片面性和主观性而提出的。"三表"也都是根据经验(第一表、第二表),根据客观效果(第三表)才做出判断。缺点是他没有把唯物主义贯彻到底。

应当指出,墨子不明白认识和实践的辩证统一的关系(上文已做过分析),但也不是完全不认识实践的重要性。墨子在某些问题上也还是相当重视客观实践的效果的。他曾在《耕柱》篇中说:

> 言足以复行者,常(尚)之;不足以举行者,勿常(尚)。

又说:

> 言足以迁行者,常之,不足以迁行者,勿常。

> 今瞽曰:巨者白也,黔者黑也。虽明目者无以易之。兼白黑,使瞽取焉,不能知也。故我曰:瞽不知白黑者,非以其名也,以其取也。(《贵义》篇)

这里墨子的意思是说,议论经得起实践考验的,才重视它;经不起实践考验的,就不重视它。现在如果有一个瞎子说:"巨是白色,黔是黑色。"即使明眼的人也无法说他不对。可是把白色、黑色混在一起，叫瞎子选择，他就不能辨别了。所以说瞎子不认识黑白，不是凭他们口说，而是看他们的选择。从以上这些话来看，墨子并不是完全不知道实践在认识中的作用的，并且也承认实践是辨别真假的客观标准。这都是他的认识论中的唯物主义因素。但是遇到另外一些问题，比如关于宗教方面的，关于古代传说方面的许多鬼神迷信的记载，他就放弃了以实践检查真理这一科学原则。

墨子和他的弟子们，既然出身于具有丰富生产知识的劳动者阶层，而且他们还会制造守城的器械，足证他们具有一定的科学知识，在他们科学实践的基础上，会产生自发的唯物主义倾向的认识论，这是完全可以理解的。事实告诉我们，有许多科学家，尽管在他们所研究的某些小范围内，是自发的唯物论者，但是在更广大的知识领域内，特别是对于社会、对于文化、对于历史的发展这些性质复杂、变化繁多的现象面前，他们很容易变成唯心主义者。墨子的社会历史的观点也是唯心主义的，而在认识论方面有唯物主义的因素，这一矛盾不但不值得惊诧，倒是可以理解的。

此外，墨子在思想方法上提出了推理的重要性：

> 彭轻生子曰：往者可知，来者不可知。子墨子曰：籍设而（尔）亲在百里之外，则遇难焉。期以一日也，及之则生，不及则死。今有固车良马于此，又有奴（驽）马四隅之轮于此，使子择焉，子将何乘？对曰：乘良马固车，可以速至。子墨子曰：焉在不知来（怎么说未来的事无法知道）？（《鲁问》篇）

墨子也最早提出具有科学意义的"类"的概念。指出逻辑上的"界说"（定义）的重要性。墨子经常用揭露论敌分类观念混淆的方法来驳倒对方。例如公输般只知道不可无故杀一个人，可是却替楚国造云梯攻宋国,准备杀害很多的人。墨子在《公输》篇中就曾指斥他"义不杀少而杀众,不可谓知类",把公输般驳得没有话讲。墨子对于"界说"的认识也是相当明确的。下面有这样一个有名的辩论:

> 子墨子问于儒者曰:何故为乐?曰:乐以为乐也。子墨子曰:子未我应也。今我问曰:何故为室?曰:冬避寒焉,夏避暑焉,室以为男女之别也。则子告我为室之故矣。今我问曰:何故为乐?曰:乐以为乐也,是犹曰:何故为室?曰:室以为室也。(《公孟》篇)

通过以上这一论辩,我们可以清楚地看出墨子思想方法逻辑的严密性。在墨子思想方法的逻辑性的严密的基础上,后期墨家又进一步做出了极有价值的贡献。

寿命最短的黄老学派，
效应长久的黄老思想*

　　黄老之学,兴于汉初也消亡于汉初。从兴起到消亡,只有七十年左右。我国自古以来学术流派众多,但在同一时期遍及全国各地区,并得到政府认同支持的并不多,只有黄老学派的势力曾推广到全国各地,覆盖黄河、长江两大流域的广大地区,上自中央政府下及地方官吏,共同贯彻。老子学派的社会基础是个体农民,老子哲学的中心思想是维护农民的利益。比如反对城市繁华奢侈,歌颂农村的自然生活,使农民"甘其食,美其服,乐其居","不见可欲,使民心不乱";反对战争使人民受害,因为战后的创伤一时难以恢复,"大兵之后,必有凶年";反对重税,"民之饥,以其上食税之多,是以饥","民之难治,以其上之有为"。这些表述都出自小农的内心企求。秦朝无法实现这些愿望,在汉初,都不同程度地满足了。汉文帝时期农民赋税为三十税一,在中国历史上算是最轻的。

　　但还要看到,汉代是一个前所未有的多民族的大国,统辖的范围几乎包括黄河、长江两大流域的广大地区,南到岭南,北临

---

　　*　原载《齐鲁学刊》2006 年第 1 期。

大漠,全国范围内民族众多,风俗语言各异。为了统治这样的大国,政府要权力高度集中,行政效率要坚决有力。否则,无法进行有效的管理。所以治国思想是法家思想体系。强化君主的绝对统治权力,在全国设置郡县,郡县长官直接由皇帝任命,不能世袭,地方行政只是代中央执行政令,而不能自行立法。

小农经济是个体的、分散的、自然经济的模式,而中央政府则要求是高度集中的有效管理。如果按照农民的愿望,完全满足农民的利益,势必削弱中央的权力;同时,还要看到分散的个体农民需要有一个强有力的政府保护。有了统一的政府,对内可以免于内战,对外能有效地抵抗外来入侵,遇到灾害年景,可以得到政府统筹救济。农民希望政府减轻劳役,强有力而不过分严苛。

先秦法家主要为君主设计富国强兵的理论。秦朝用暴力统一了天下之后,仍然用暴力的办法治理天下,却失败了。因为统一以前秦国管辖范围只限于今天陕西、川陇为中心的部分地区,民工自带口粮应召服劳役,行程不太远,工程量也不太大。参加战争,因军功还可能有改善处境的可能。统一六国以后,辖区扩大到长江、黄河两大流域,东到东海,北到大漠以南。征募全国劳役修长城,修驰道,建宫殿,建陵墓,每项工程调动几十万民工。农民出工,自带口粮,从几千里外到指定地服劳役,完全超过了个体农民承受的能力。秦朝灭亡,不是外面的力量,而是内部揭竿而起的农民。

汉代第一代皇帝刘邦就是亲身参加农民起义的一位领导者。刘邦取得天下后,认识到用武力可取得天下,但管理天下不能专靠武力。黄老思想应运而生。

黄老思想的两大基本原则是既要维护中央集权的有效统治,又要照顾到广大农民的利益,使他们安居乐业,吃饱肚子。

汉朝初期黄老思想的主旋律,在于轻徭薄赋与民休息。这一政策实行了七十年,收到了实效,国家粮库的旧粮用不完又加入新粮。几十年下来,以致"太仓之粟陈腐不可食"。国家经过惠帝、文帝、景帝三代皇帝的治理,国力充实了,为第四代皇帝汉武帝创造了施展其雄才大略、文治武功的条件。黄老思想最活跃的时期也正是汉建国后到文帝、景帝及武帝初期。武帝壮年以后,放弃黄老,推荐儒术,儒学(后来演变为儒教)兴起,黄老学派从此消失。

黄老学派的"老"是老子,"黄"指的是炎黄民族信奉的始祖黄帝。在春秋战国时期诸子百家争鸣,未发现黄老学派,它要想在思想界争得一席之地,才抬出黄帝以壮声势。黄帝是中华民族公认的领袖。古代思想家为了增加本学派的声望,儒家孔子尊周公,墨家尊禹,孟子尊尧舜。黄老学派自称继承黄帝、老子的思想,实质上是老子加秦朝的法家。汉初人对秦朝的暴政记忆犹新,对法家抱有反感,但是,为了全国统一的有效管理,又必须树立一种强制型的治国理论。汉朝有意回避它与秦朝的继承关系,于是出现了黄老学派。

实际上,老子思想中也有统治人民的愚民思想。国君不使百姓有知识,但要保证老百姓吃饭、穿衣、居住等生活的基本条件。韩非把百姓看成耕田作战工具。老子与韩非看似互不相干的两家,却有一条暗流互相沟通。司马迁的《史记》把老子与韩非合在一起,写成《老子韩非列传》。古人曾指责司马迁分类不当,认为老子不应与韩非摆在一起。其实两家有相融相通处,《史记》的安排并不能算错,而且是可以理解的。

黄老学派退出历史舞台,它的著作没有机会流传,长期湮没,人们已不知道黄老学派有哪些文献著作。1973年长沙出土帛书《经法》《十六经》等四种佚书,第一次提供了黄老学派的哲学著作。它提出"道"的概念,认为"道"有规律可循,"合于道者谓之理,理之所在谓之顺;物之不合于道者谓之失理,失理之所者谓之逆"。《黄帝四经》认为天下事物即使最细小如秋毫,也都有它的"形"和"名",所以循名察实。这是先秦韩非思想中经常提及的君主用以考察臣下的方法。黄老思想经常把"道"与"天地"看作同义语,但不及老子的深刻;也主张虚无生有,有生于无,与老子相同;也讲到对立事物如顺逆、生死、文武、刑德、祸福等,可以互相转化,善于利用可以得益,不懂得利用即受害,与老子相同。"刑"与"德"也是相辅相成的关系,主张文武并用,"因天之生也以养生,谓之文;因天之杀也以伐死,谓之武。文武并行,则天下从矣"。两者虽同样重要,但应学习天道,多用生,少用杀,多用德,少用刑。天有四时,春夏秋为生,冬为杀。生为文,杀为武,文武结合,三分文,一分武,四时中,三季(春、夏、秋)为生,一季(冬)为杀,是顺乎天意的。《黄帝四经》重视平衡和调和,提出了"度""极""当""宜"等概念,反对过分,提倡适度。

黄老学派还强调老子贵柔守雌的思想,提出"雌节"这个概念,刚柔、阴阳、雌雄矛盾的主导一方是柔、阴、雌,而刚强的一方居从属地位。这相同于老子的思想。《十六经》中说"立于不敢,行于不能","重柔者吉,重刚者灭"。这些理论在汉初十分流行,这些思想老子思想都有,并不新鲜。因此,汉初黄老学派的哲学部分,有的被后来的更有力的学派所吸收,如董仲舒的天人合一思想;有一部分本来是老子思想的重复。老子学派早于黄老学派,而且影响深远,黄老学派中与老子哲学重复的部分,老子讲过的,没有重复的必要,自然消亡。

唯一能代表黄老思想特色的是其中的无为而治的政治思想。大规模的农民战争之后,旧王朝覆灭、新王朝初建时期,都要有一个恢复时期,与民休息。随着汉代经济的恢复,由"无为而治"转向儒家的"刚健进取",后来儒家成为主流、正统,黄老无为精神完成它的历史使命,退出历史舞台。

汉以后,儒家发展成儒教,其他流派没有登台表现的机会,只有在儒教大旗下,夹带一些非儒教的内容。学术台面上能公开亮出的旗帜只有孔子、老子两家,孟子为孔子的辅翼。其他学派游离孔、老两家之间,说到底只有孔孟与老庄四派两家而已。

关于《道德经》*

《道德经》是老子的代表作,是先秦诸子传统文化的主要经典之一,另一部经典是《论语》。这两部著作,影响了中国两千多年。老子、孔子的思想传播影响到全世界。这里只谈《道德经》。

一 尊道

哲学上,提出"天道观"。这是春秋时代的热门话题。先秦诸子及其著作中,没有不讲到"天"的。老子、孔子、墨子、庄子、荀子、韩非及当时的政治家,都讲到"天"及天道。各家从不同的角度来提出问题和解释,得出不同的结论,创立了不同的学派。把"道"作为最高范畴,集中阐发,老子是第一人。

老子的天道观,有以下特点:

"天"是无为的、自然的,没有意志,开始对天神上帝的崇高地位提出了怀疑。

《天道》是循环的。老子是周朝的史官,史官通晓天文学,观

---

* 原载《哲学与宗教》第 1 辑,上海古籍出版社,2007 年 1 月。收入《皓首学术随笔》。

察天象。"大曰逝,逝曰远,远曰反"。天道无时不在变化,不是静止的。

春秋时期(前770—前477年),周王朝对全国失去控制,政治上失去中心,出了富而不贵的新兴阶级,社会上下尊卑、贵贱的旧秩序起了变化。旧秩序已被打乱,新秩序尚未形成。这种变化影响到每一个成员,敏感的知识界更有深切感受。

老子的《道德经》是一部哲学著作,特点是探求世界万事万物的规律性,而不是就事论事,解决一个一个的局部问题。哲学提出的全局观点,是从老子开始的,后来不断发展丰富。

道——混沌不可分的,是"一"。

道——本来就存在,自然。

道——构成万物的原始材料,朴。

道——不同于任何具体事物,肉眼看不见感官不可触摸,无形无象。

道——事物的规律。人、物、自然社会都离不开道。

"道"本来是人们行走的道路,是个普通名词。老子第一次赋予哲学概念。它不好描述,表达起来有困难,他用"无名""朴""无用""无象""无形""无状之状""无物之象""大象无形"等来描述"道"。

"道"是精神性的还是物质性的,老子本身没有说清楚,当时的人类认识只能到这个水平。老子的认识已经是处在人类认识的最前沿。后人可以用自己的认识来解释《老子》,代替老子发言。但是老子没讲清楚的问题,代替老子讲得再清楚,也不能认为是老子的思想。

老子的哲学,使人从宗教、神学中初步摆脱出来,在当时是了不起的贡献。

二 贵无

老子另一个贡献是第一个提出了"无"的概念,这是中国哲学史第一座里程碑。这个问题,过去的研究者讲得不够,这里要多说几句。

人类认识外界的过程,总是由外向内,由具体到抽象。近半个世纪以来,儿童心理学发展较快,研究儿童认识外界的过程及其发展轨迹。经过观察、实验、比较,得出大致可靠、比较接近儿童思维成长的实际状况。由此推广一个民族思维成长的过程,与儿童成长的过程与儿童的心理发展的过程大体相似,至少可以从中得到相关的昭示。

儿童认识外部世界,总是先从身边周围的事物开始,由近及远。先认识母亲及其家人,扩大到身外的食物、玩具,再扩大到鸟兽、草木、鱼虫等目力所及的范围。如高山、大河、天空、气象、风雷等外界,虽在视听范围之内,并不能引起足够的认识。日月星辰先被认识,日月星辰附着在更大的"太空"中,则较迟才会引起注意。朱熹幼时,他父亲抱着他指天空说"天"! 朱熹问其父,"天之上有何物"? 这被视作特异儿童的表现。所以古人对这种事特别记上一笔。古今中外千千万万儿童,很少关心"天之上有何物"的。

近代中外儿童教育家还发现,小学生春游虽然喜欢跋山涉水,但不懂得欣赏山水风景、朝晖露霜之美。人类认识过程总是由具体事物开始,由微细到宏大。儿童学习数字计算,先计算一个一个的实物,然后形成"1、2……"数的概念。先认识自然的实数。据中外数学史上的记载,"零"的概念形成较迟。因为"零"没有形象,也找不到与"零"相当的实体对象可供抽象。

我们回顾中华民族的认识史,竟与儿童的认识成长过程有着惊人的相似之处。

人类认识从有形开始,逐渐由分到合,由具体到抽象,才形成了"有"的概念,西方谓之"存在"。"存在"的原始意义本来是"在这里",是可以摸得到、看得见的一件一件的东西,是具体的"有"。"有"有大小、形象、颜色等;有软硬、轻重、香臭等性质;有得到或失去等。各种"有"都可见闻,可感知,可推得结果。这都属于人类认识的幼年期。

人类生活实践、社会实践的不断深化,从"有"认识到"有"的对立面"没有"。"没有"是生活中经常遇到的现实。原始人打猎捕鱼,可能"有",也可能"没有",两者出现的频率都很高。把"没有"抽象到概念的高度,作为认识的客体对待,达到这个认识水平,具有先进文化的民族,才有这种可能。"没有"在未曾上升到概念时,只是一次性的客观描述,人类千百万年早已重复了无数次,老子提出了"无",标志着中华民族认识的飞跃。

"无"这个概念具有"有"所不具备的"实际存在",方称为"无","无"并非空无一物,它与"有"都具有总括万有的品格。老子称之为"无状之状,无物之象"。它不同于有,所以"视之不可见,听之不可闻,搏之不可得,此三者不可致诘,故混而为一"。对这个负概念给予特殊的名称,有时称之为"无";因为它具有规律性,也称为"道"。无也是道,道也是无。

老子的"无"不是停留在描述性的"没有"的阶段,"无"并不是存在的消极面,而有它实际多样性肯定的涵义,有现实作用,有可以预测的后果,在日常生活、政治生活中一刻也离不开它。"无"的发现,为人类认识史上开了新生面,的确非同寻常。

《老子》一书,经过历代这一学派传人的补充完善,它从各个方面提醒人们重视"无"的地位和作用。不但要认识"无",而且从"无"的原则来指导政治生活、日常生活及社会生活。

把"无"的原则用到政治生活,并上升为治国的原则:

> 取天下常以为无事。

> 我无为而民自化,我好静而民自正,我无事而民自富,我无欲而民自朴。

> 为无为,事无事,味无味。

> 圣人处无为之事,行不言之教。

> 为无为。

> 爱民治国,能无知乎?

> 生而不有,为而不恃,长而不宰。

> 道常无为。

> 吾是以知无为之有益。

> 不言之教,无为之政,天下希及之。

日常生活认识"无"的功用:

> 三十辐共一毂,当其无,有车之用。埏埴以为器,当其无,有器之用。凿户牖以为室,当其无,有室之用。故有之以为利,无之以为用。

> 善行无辙迹;善言无瑕谪;善数不用筹策;善闭无关键,而不可开;善结无绳约,而不可解。

《老子》由"无"衍生出一系列否定概念的积极涵义:

> 绝圣弃智,民利百倍,绝仁弃义,民复孝慈;绝巧弃利,盗贼无有……见素抱朴,少私寡欲。

处理人际关系,要遵循"无"的原则,以退让、收敛为原则。

> 不自见故明,不自是故彰;不自伐故有功,不自矜故长。

> 夫唯不争,故天下莫能与之争。

老子思想深刻可贵处,在于从纷乱多样的现象中概括出"无"这一负概念,把负概念给予积极肯定的内容。老子的"无为",不是一无所为,而是用"无"的原则去"为"。所以能做到有若无,实若虚,以退为进,以守为攻,以屈为伸,以弱为强,以不争为争,从而丰富了中国古代辩证法思想,建立了中国古代贵柔的辩证法体系。与儒家《易传》尚刚健为体的辩证法体系并列。儒道两家这两大体系优势互补,相辅相成,丰富了中华民族的文化宝库。

人类认识总是从旧的认识的基础上提出新见解。新见解对旧知识来说是进步。还应指出,死守此新见解不变,往往妨碍更新见解的出现。《荀子·天论》指出"老子有见于屈,无见于伸"。老子发现了"无"的价值,把它提高到应有的地位,是老子的贡献。如果把"无"的作用无限夸大,超过极限会走向荒谬。比如老子指出建房屋供人使用的地方是墙壁中间的空虚部分,房屋的价值在于它的空虚部分。如果把墙壁、梁柱、砖、木看成无足轻重,毫无使用价值,这所屋子就建不成,成了无墙无柱的一片开阔地,房子也就不存在了。

总之,老子发现、提出了"无"这个范畴,是一大贡献,功不可没,他的贵无,是肯定生活而不是消极避世。他的贵无原则不具有怀疑论性质。战国末期,出现了黄老学派,讲治道,重刑名,在战国后期民生凋敝的时期,起了安定社会、恢复生产的作用,形成黄老无为思想。汉初"文景之治",古称盛世,其指导思想是无为而治。无为思想对恢复生产、安定社会、医治战争创伤,作用至为明显,汉初如此,唐初、明初、清初、开国初期都是如此,都实行过休养生息的政策。

三 尚柔

人之生来也柔弱,其死也坚强。万物草木之生也柔脆,其死也枯槁。故坚强者死之徒,柔弱者生之徒,是以,兵强则灭,木强则折,强大处下,柔弱处上。

上善若水,水善利万物而不争。处众人之所恶,故几于道。居善地,心善渊,言善信,政善治,事善能,动善时。夫唯不争,故无忧。

老子认为水最接近道。他列举生活中与水的品格相近或相似的几种现象做比喻。居住要像水那样安于卑下;存心要像水那样深沉;交友要像水那样相亲;言语要像水那样真诚;为政要像水那样有条理;办事要像水那样无所不能;行为要像水那样待势而动。正因为他能像水那样与物无争,才不犯过失。

柔弱胜刚强。

天下莫柔弱于水,而攻坚强者莫之能胜。其无以易之。弱之胜强,柔之胜刚,天下莫不知,莫能行。是以圣人云:受国之垢,是谓社稷主。受国不详,是谓天下王。正言若反。

天下没有比水更柔弱的东西,而攻击坚强的力量没有能胜过它的,因为没有什么能代替它。弱之所以能胜强,柔之所以能胜刚。天下没有人不懂,就是没有人能照着做。因此,圣人说承受全国的不理解,才算得国家的主宰,承担全国的苦难,才算得国家真正的君王,上述这些正面的论述恰像是反面的。

弱者道之用。

柔弱是道的作用。

道的作用在于柔弱。万物运行,其规律是,面向反的方面运动("反者道之动"),道运动作用是柔弱。贵柔弱的辩证法,是弱势群体的哲学,它是弱势群体处世、生活及诸多方面的经验总结。

用于处世之道,老子主张不争强斗胜;用于用兵布阵,老子主张后发制人;用于作战,老子主张以守为攻,以逸待劳。面对

370

强大的敌人,老子主张避实击虚。这种深刻的辩证法思想充分体现了我国古代农民的生存发展的世界观。老子取的例子也多来自农民生活实践。以草木、农作物做比喻。特别是南方水稻产区的农民经验。把水的种种品格予以抽象提高到哲学思维的高度。指出水的品格,性格趋下,说它弱,它最弱;说它强,它又最强,冲决堤坝,冲倒大树,洪水夹带来泥石流可以造成灾难性破坏。

中国共产党领导的红军发明游击战,用劣势兵力战胜强敌,逐渐壮大。以致后来大规模的抗日战争、抗美援朝战争,都继续发挥以弱胜强的战略指导思想,仍可看到老子的柔弱辩证法的影响。这种军事辩证法、战略思想在八路军、新四军中得到普遍推行,文化不高的士兵容易理解和运用,主要在于我们当年的士兵是穿上军装的农民,一听就懂,一学就会。

四　治国

老子《道德经》是一部讲伦理道德的著作吗？我们说,基本上不是,这是一部空前的哲学著作,而不是伦理学。它是以生活实践为切入点,引导人们进入高度抽象思维境界,告诉人们天道变化,万物发展变化的总道理。老子的"道"是总规律,天地万物普遍遵循的总原则,而不是教人做一个循规蹈矩的顺民。如果说,老子也讲到人世间的问题,那就是"无为而治"的治国的方针政策,其目的在于不扰民,与民休息,减轻人民负担。民之难治,"以其上食税之多"。老子指出用刑罚治国,不是好办法,"民不畏死,奈何以死惧之"。他理想的社会的人民都能做到"甘其食,美其服,安其居,乐其俗,邻国相望,鸡犬之声相闻,民至老死不相往来"。他描绘出的农村百姓过的是一种宁静、自给自足、安适的田园生活。从这里也可以看出老子反映我国古代小农生活的理想画卷。

老子说的"小国寡民"不是主张回到原始公社社会,他说的"国"不是现代的"国家"的国(春秋战国时,"国"指城镇居民区)。"小国寡民",指的基层单位要小。老子讲"圣人治天下"的"天下",相当于后来的国家(不是今天的世界或全球)。

老子的《道德经》,讲治国之道,治天下才是头等大事,人间的伦理放在第二位,所以说:

> 故失道而后德,失德而后仁,失仁而后礼。礼者忠信之薄而乱之首也。

这是说,失去了道而后才有德,失去了德而后才有仁,失去了仁而后才有礼。礼这个东西,它是忠信的缺失,是大乱的祸首。

老子反对"仁",认为"仁"并不是最高境界,这一点恰恰与孔子相反。他说"天地不仁,以万物为刍狗,圣人不仁,以百姓为刍狗"。天地无所谓仁慈,听任万物自生自灭。圣人无所谓仁慈,听任百姓自生自灭。

又说"大道废,有仁义","绝仁弃义,民复孝慈"。

"生而不有,为而不恃,长而不宰"是治国的最好原则。让百姓自由自在地在此生活,君主不干涉。所以《老子》不是提倡讲道德、说仁义、有关伦理修养的书,而是从世界观的高度讲治理天下的原则。所以他说"大道废,有仁义",仁义不是最高追求的目标。

老子的政治理想,无为而治,反对扰民的统治者,他说:

> 太上下知有之,其次亲而誉之,其次畏之,其次侮之
> ……

> 功成事遂,百姓皆谓我自然。

意思是说,高明的统治者,人们仅仅知道他的存在;其次的统治者,人们亲近他、称赞他;更次的统治者,人们畏惧他;最次的统治者,人们轻蔑他。

老子思想是中华文化的瑰宝,中华高度文明起源春秋战国时期。这个时期正是全人类走向高度文明的时期。西方的古希腊文化,出现了苏格拉底、柏拉图、亚里士多德;古印度次大陆出现了释迦牟尼;中国出现了老子和孔子。欧洲、印度和中国三支文化是在相互隔绝的状态下,各自成长起来的。东方西方的前进的步伐不约而同,文化起源的"多元化"本是事实。宣扬文化只有一个源头,这个源头只能出自西方的言论不符合事实。

五　纠妄

2004 年 5 月,不少重要新闻媒体都在报道《道德经》进入了大学课堂的消息。

5 月 10 日的《光明日报》以"《道德经》引进华中科大"为题报道说:"从 1996 年至今,该校学生选修《道德经》人数已超过 8000 人。"认为该课程是"素质教育好形式"。这一课程获得了 2001 年湖北省高等学校省级教学成果二等奖(文科类)。文章还介绍说,校评委的推荐意见是:"具有在全国高校推广的价值。"同年《人民日报》5 月 13 日第 3 版以"人文之光照耀科学摇篮"为题的报道,着重介绍熊良山主讲的《道德经浅释》。认为该课程"滋润着莘莘学子的心田","像甘霖洒入干涸的土地,校园内重塑起人文精神,弥补由于经济和科技高速发展所造成的现代文明裂缝"。

在这两家报纸报道前后,《湖北日报》《中国青年报》等重要报纸,新华网、人民网、《求是》新闻网、冠名"中国科学院"等重要网站,也都报道了上述内容或文章。

与此同时,2004 年 5 月上旬,由武汉大学、中国社科院哲学所等单位举办"海峡两岸首届当代道家研讨会"上,熊良山提供了论文。他的《道德经浅释》被与会者知晓。会上,台湾大学哲学系教授陈鼓应和香港中文大学哲学系教授王煜阅读了熊良山的《道德经浅释》以后,对该书牵强附会、望文生义的"浅释"非常惊讶。王煜教授认为该书不止是错误百出,而且是"百孔千疮"。举例如下:

1."道,可道,非常道。名,可名,非常名",浅释成"道,可以叫道,也可以不叫道。可以叫'道'这个名,也可不叫这个名"(第1页)。

2."善建者不拔",浅释为"搞建筑的人,其建筑不容易损坏"(第21页)。

3."使民重死而不远徙",浅释为"即使百姓受重刑而死,也不愿离去"(第31页)。

4."如享太牢",浅释为"(心里)实际像坐大牢一样的痛苦"(第48页)。

5."我愚人之心也哉",浅释为"用我的愚昧去满足人民的心愿"(第49页)。

6."无为而无不为",浅释为"开始什么都不会,炼到后来什么都会"(第54页)。("为道者日损",修道德的人,练功的知识越少越好。)

7.把"太上,下知有之",解释成"太上老君,下面的事情他知道"(第166—167页)。

8."为天下谷",浅释成"这就是天下的稻谷"(第285页)。

9."古之善为士者",浅释成"古时会当兵的"(第330页)。

10."智慧出,有大伪",浅释成"知识太突出,大家都虚伪"

（第 366 页）。

11."知其雄,守其雌",浅释成"知道公的,守住母的……公的（雄性的）之间相互竞争,都有自己的'势力范围',在势力范围内的雌性就是该雄性的配偶,该雄性为了守住它的配偶,守住它的势力范围,常常与'入侵者'进行搏斗,并以清静处下的方式向雌性'示爱',获得雌性的'青睐'"（第 284 页）。

类似的错误有三百多处（以上据"学术研究有行规"一文,载于《科学时报》）。还有比如"复归于婴儿"被浅释为"归根结底是传宗接代"（第 284 页）,"孔德之容"浅释为"孔隙中容纳的德"等等。

这样的一本书,如何可以作为教育学生的教材,又如何可以向全国推广！

工科副教授熊良山的《道德经浅释》来自他的老师孙享林的《李聃道德经意解》。孙享林是根据他练气功的体验写成的,其中有"三花聚顶""五气朝元""九转还魂丹"之类的鬼话。这位孙享林 1988 年就曾创"自然神功"。自称有特异功能。宣称熟读《道德经》,能使道德高尚,百病不生,能修出谷神。谷神也就是阳神。修出了阳神,即可得道,可以永生。孙享林还说,"老子认为人只要修出谷神,灵魂是可以不死的。太上老君创道以后,就坐镇大道的轴心,指挥整个大道的运转,宇宙中的各个银河系、恒星系、星球体上发生的事情,太上老君都能知道。"读了《道德经》让学生去修道,修出谷神,去指挥宇宙运行。

2004 年 6 月 10 日,《科学时报》以"学术研究有行规"为题,报道了陈鼓应、王煜对《道德经浅释》的批评,也报道了熊良山和他的老师孙享林对学者们所提批评的答辩。

熊良山认为:"我们的学生学习《道德经》,不是以学习哲学或研究那些古文为目的。专家们认为不对的解释至少也是一种解释。"他认为自己所用的是一种主客观结合的方法,并认为:"对《道德经》从古到今都是各有各的观点,学术界也从来没有统一过,你在街上买 10 本《道德经》的注释,没有一本是一样的,大家都是这样子。"

孙享林则认为:"那些专家们认为《道德经》是他们的专长,只有他们有发言权,我们没有发言权,我们没有这种文化水平,理解不了。"孙享林认为假如只是听专家的,按专家们的意见行事,就是一家争鸣,不是百家争鸣,他要改变研究方法。

曾经为《道德经浅释》写过序言的杨叔子院士在得知《道德经浅释》的错误以后则说,这是"'糟蹋'了《老子》"。是的,熊良山《道德经浅释》确实是一种"糟蹋"性的解释。6 月 20 日《科学时报》载有"反思熊良山现象",李荫远院士指出熊良山在"戏说老子"。

熊良山的《道德经浅释》作为教材,向全国推广。如果照这样推广下去,受害的将不仅是华中科技大学的八千人,而是全国几百万的大学生!

向熊良山谬论首先发难的是香港、台湾两位教授;熊良山授课的华中科技大学,竟无一人对此提出质疑,表现出漠不关心;众多媒体跟着吹捧。我们的人文素质哪里去了?

六 批判地继承

老子"无为而治"的精神没有过时。"小国寡民"是两千多年前老子的理想,意在减轻百姓负担。"千里之行,始于足下,九层之台,起于垒土",老子重视事物的萌芽状态,防微杜渐,每一个人都应重视。老子教人不自夸、不骄傲,做事不要忽视细节,与今天社会上的浮躁对照,值得反思。

老子反对欺诈、虚伪,倡导纯真、朴素,这些思想在他无为政治理论中讲得比较充分,直到今天,仍不失其光辉。但这一观点讲过了头,就会走向谬误。为了保持纯朴,而反对知识;为了反对欺诈,而提倡愚民("非以明民,将以愚之")。反对欺诈是好的,但提倡无知、表彰愚昧是错的。社会的进步在于脱愚,开发人的智力。智力低下、文化落后的民族将难以立足于世界民族之林。老子曾说过"大智若愚,大巧若拙",这是老子思想高明的见解,充满着辩证的智慧。老子看到"大智若愚"不是真愚昧,"大巧若拙"不是真的笨拙。可惜老子这一闪光点转瞬即逝,其主旋律却在教人避免接触新事物,才能保持精神的纯洁:"不见可欲,使民心不乱","五色令人目盲,五音令人耳聋。"有了知识,破坏了原始的纯朴,把人引向邪路。

老子的倡导淳朴、轻视文化的思想,两千多年来深入人心,直到 20 世纪 60 年代,还在起作用,以致影响国家的文教政策。很长一段时期人们把农村看成净化灵魂的圣土,把城市看作孳生罪恶的渊薮。干部犯了错误,要下放在农村去改造思想。青年学生下乡接受农民的再教育。高等学校、科研机构中,谁热心读书,就被贬为"白专"道路。"知识越多越反动"的口号曾一度流行。20 世纪 60 年代,全世界科技突飞猛进,我们却反对读书,耽误了现代化的步伐,拉大了与科技先进国家的距离。

对老子《道德经》这部人类知识宝库,要充分认识它的价值。中华文化如果缺了老子思想,就不会有今天的成就,同时也要批判地继承,一味顶礼膜拜,也会走偏了方向。

近代,特别是近百年来,哲学、社会科学与自然科学分头发展,互不照应。自然科学一日千里,一天的生产力超过过去几千年的总和,人文科学却比两千多年前进步不大。自然科学这条腿太长,人文科学这条腿太短,以致知识结构出现了跛足现象。

认识自然深入到物质内部结构,却不懂得自己如何对待生活;能管天管地,移山填海,但管不住自己行为的盲目性。这种病已蔓延为全世界的流行病、常见病。病因不是自然科学走得太快,而是哲学走得太慢。

可怕的是,病情日益恶化,而患者自我感觉良好。也有人注意了这一现象,开出药方,教人投奔宗教。全世界传统宗教重新活跃,新兴宗教流派遍布欧亚美各国,数以千计。在宗教名义下发动的摩擦以致流血冲突,层出不穷。于事无补,反增混乱。说到底,指导人们走出误区的正当出路是学好哲学,树立正确的世界观、人生观、价值观,已成为全人类面临的共同的必修课。缺的哲学课一定要赶快补上,事在人为,前景光明,愿与大家共勉。

建设中华民族共有精神家园 *

——中国哲学的未来

一　中国哲学的特点

　　"哲学"这个词中国过去没有,在 1903 年以前都没有,但关于哲学的问题是有的。我们现在的教科书里面讲的大都是近代西方的哲学及标准,意思说哲学是研究思维与存在的关系。这个定义对西方哲学来说是有意义的,但是对中国哲学来说就不完全是这样了。司马迁在《史记》中说,他写这部书是"究天人之际",就是探求人和自然的关系,这一条恰恰是中国哲学要解决和研究的问题。古希腊有"爱智","智"包括很广,社会政治、自然,还有哲学都属于"智"。后来希腊的哲学思想就提出做学问没有什么目的,而是要每一个人认识他自己,这是研究人的问

　　*　原载《光明日报》2007 年 12 月 13 日第 10 版。

题。提出人要认识自己,这是一个很大的进步。为什么这样说呢？人类要生存,首先要解决认识自然的问题,人的进步也是从认识自然开始的。人的衣食足了以后,他要考虑更多的问题,哲学总是从先解决温饱以后才产生的。所以当人开始认识自己的时候,是很大的进步。

哲学的产生是有条件的,要有一定文化的基础。每一个民族都有自己独特的文化,而且每一个民族的文化都对世界文化宝库有所贡献。比如诗歌、舞蹈、饮食、服装,这些都包含有文化内容。但是哲学不同,哲学是抽象思维,不是认识一件一件具体的事物,它是要抽象到涵盖面更广的领域和范围。每一个民族都有它的独特文化,但不能说每一个民族都有哲学,没有文字的民族就没有哲学,这是哲学的抽象意义决定的。过去我在云南少数民族地区做社会调查,发现那里的人们对好坏、大小这样的概念可以理解,但是对"仁、义、礼、智"这个程度的概念就很难理解。哲学有更高的抽象思维,比一般的科学还要更抽象一些。西方有的学说认为哲学是一个高入云霄的概念,也就是说随着科技的发展,很多的哲学都要解决一个问题的,这是它的任务。哲学"究天人之际",将自然、社会、人生都包括在里面,它又不是针对具体的某一个问题,但任何问题如果缺少了哲学的指导,就会出问题。哲学有一种看不见的用处,就是中国人说的"无用之用"。哲学能盖工厂、盖房子吗？都不行。但哲学与社会活动、社会生活以及社会的需要是分不开的,如果哲学脱离社会和现实生活,不能解决实际生活中的问题,那这样的哲学就没有尽到它的责任,就不够格。我看到中国人对哲学的定义范围与西方近代不同。宋朝的哲学家张载说一个读书人的任务是"为天地立心,为生民立命,为往圣继绝学,为万世开太平",这是最高的目的,这个目的就中国的哲学家来说是一个很重要的定义,很多

380

哲学家、很多种中国哲学史也提出这个定义,在西方看来这个是哲学问题吗?"为万世开太平"是政治家的事情,"为天地立心,为生民立命"是宗教的事情,他们总是觉得不一样。

在西方,中世纪的时候,哲学和神学没有分开,一切的学问都属于神学,哲学是神学的奴婢,神学统管哲学,哲学比神学低一层。随着人类对自然认识的深入,各门学科分类越来越细,自然科学分物理、化学、生物等等,哲学也分美学、伦理学、认识论、价值论、方法论等等。中国的哲学为什么没有分那么细呢?因为西方"文艺复兴"以后自然科学逐渐发达,使用的机器也越来越多,手工业开始发展,开始有手工业的工厂,劳动者集中,分工细致,这使社会科学的研究发展方向分散,哲学与宗教就分开了。中国封建社会维持时间特别长,但资本主义兴起比西方迟,缺少西方的"越分越细"的一个历史的过程,中国哲学一开始就宏观地看思想的发展和存在。

中国哲学讲综合,西方哲学讲分析,这种说法不算错。但是有一点必须提醒大家,就是西方哲学的分析也是跟现代的科学分类和科学发展分不开的,中国缺少了这一段历史,因此它讲"分"就讲得少,而且分类不像西方这么细,这都是社会历史发展阶段的差异造成的,不是说生来就是这样的。从历史发展阶段来看,西方的苏格拉底、柏拉图的时代就相当于中国的孔、孟时代,人类认识自己都大致有这样一个过程。

中国的哲学还有一个特点,就是它始终跟宗教密切结合。西方有一个政治和宗教分离的过程,教权、政权这两者是对立的有矛盾的,教权的地位比政权高,实际控制的地位和影响比较大。拿破仑在欧洲是英雄,他当皇帝要教皇给他加冕,皇帝地位才合法,政权和教权是分离的。中国政权和教权从秦汉以后一直是结合在一起的,中国的政治和宗教也是结合在一起的,皇帝是天子,天子是上帝的儿子,是宗教的名称。在外国天子是耶稣,国王不是天子。中国的政权巩固也跟这个制度有关系。10世纪以后在教育制度上,《四书》代替了《五经》,成为全国通用教材,任用官员必须经过四书的考试,官吏同时具有教职人员的身份,中央统治就更稳定了。多民族、统一的大国的好处就是内部没有战争,它的弊病也就是出在这里。那时中国自认为是世界的中心,只有中国是最好、最强的,所以在这期间中国的哲学发展有一段停滞时期。当时老百姓的要求和权利也就没有机会表达,人们的痛苦也就没有机会改变。这时中国是靠圣人、圣君来治理国家的,这种状况也不利于哲学发展,哲学要不断地接触新的事物、阶段地解决新问题才能发展。但在中国古代,你只能照古代圣人说的去做,不能改变,甚至有怀疑圣人的想法都是有罪的。比如说孝,就不能问为什么要孝,问这个问题本身就有罪,因为孝是天经地义的。这就像西方的教徒问为什么要信上帝,有这样的怀疑就是犯罪。

可是科学是不断在发展的,政教不分的长期统治,这个流弊越来越明显——考试内容、教学内容陈旧,人们不接受新生事物,自我封闭。从鸦片战争以后,特别是五四运动以后,旧的哲学思想不那么灵了,从西方传来的新思想被人们广泛地接受。新思想的传播有一个特点,从南往北产生影响。太平天国起义是从广西开始的,康有为、梁启超是广东人,接下来的是孙中山也是广东的,国民党改组是从广东开始的,第一次国共合作也是从广东开始。思想的进步必然要交流,广东是一个对外交流的大门,而此时的中国北方相对锢闭保守。近代以后,思想上南方比北方的影响大一些,就是这个道理。

二　中国哲学的发展阶段

下面我简单介绍一下中国哲学的发展阶段,可以分三个时期。

第一个阶段是导源期。这个阶段提出了好多问题:人类责任、人类社会的关系、人与自然的关系等问题都提出来了。导源时期哲学家们对人和天(包括人对自然)的关系产生了不同的看法,有的哲学家说天是不可抗拒的,是最高的命令者;也有的哲学家说人可以胜天。还有人性问题的争论,有的说人性善,有的说人性恶。这些争论都没有确切的结论,但是这些问题都涉及到了。代表人物就是孔、孟、老、庄,孔孟算一个大的流派,老庄算又一个大的流派。孔孟更多的是从政治和统治阶层方面考论问题,怎么样解决人民的温饱问题。老庄注重自然,主张政府少干涉个人,希望个人的思想、行动自由多一些。后来有很多"家",基本上从这两个主流派生出来的。我有文章讲过,孔孟是代表从政府管理者的立场观察世界,提出方案;老庄从劳动者的角度考虑,怎么样能过得自由一点,不受到政府过多的干涉。后来孔孟代表在朝的方面多一些,老庄代表在野方面多一些。过去中国的知识分子,同样一个人在朝的时候就讲孔孟,被贬官到了外地或者不当官退休了就讲老庄,同时具有这两种思想,像苏东坡、白居易,也在过朝、也在过野。他们既崇孔孟,也崇老庄。

进一步发展到了秦汉时期,哲学进入了第二个时期——奠基期。奠基期是从秦汉开始的,这是一个特殊的阶段。因为在春秋战国时期,列国分立,诸侯国家很多,武王伐纣的时候有八百多个国家参加,到了春秋只有几十个国家,到了战国时期只剩下了七个大国,国家之间最后兼并成一个国家——秦。秦朝统治时间很短,汉朝继起,统治时间长一些。

这个时期中国成为多民族统一大国,这是顺应时代和社会进步的需要。因为在战国时期,没有一年不打仗,老百姓不得安宁,战胜的也有损失,战败的损失更大。当时百家争鸣,许多学派提出不同主张。归纳一下这些不同的主张,他们都关心一个共同的问题,就是怎么样治天下。当时的天下不是指现在的世界,是指国家,如何把国家治理好、管理好。无论是孔孟还是老庄,他们都是在讲自己治理天下的主张,有一些主张强硬一点,有一些主张则缓和一点,不过有一个共同的要求就是要统一,诸子百家反映了那个时代的趋势。

统一以后对哲学有新的要求。秦汉统一非同寻常,因为国土面积太大了,南方从长江流域延伸到珠江流域,北方是黄河流域,这么大的一个国家,要实行有效管理,怎么把它管理好?汉武帝征求把国家治理好的方法,其中董仲舒的"天人感应"学说应运而生。这种学说认为天跟人是一个整体,人自身就是一个小天地,天上(自然)有的,在人身上也有所体现——人的眼睛代表日月、血脉代表江河、毛发代表草木森林,与天人是相配的。因此人做好事上天会有所反映,人做坏事上天会有所告诫。即使是皇帝,施行的政策好,上天就会有祥瑞;施政不好,上天就有灾难。当时也通过这一学说对统治者的作为有所制约。

"阴阳五行"是基于"天人感应"说法的一套框架。金、木、水、火、土,有互相克制的作用,也有互相辅助的作用。金克木,这是从生活经验提炼出来的,金属的刀子可以砍木头,水可以克火,火可以克金;反过来木可以生火,火可以生土,土可以生木。"五行"相生相克的知识作为一个框架,可以推广解释其他现象。比如说中医用"阴阳五行"的学说来解决治病的问题,人的脾胃属土,肝属木,肾属水等等。还有朝代的更替也是用"五行"来说明的。秦朝"五行"占水,接下来的汉朝就把自己作为土的象征,土可以克水,水来土掩吗。而且颜色也不一样,秦朝上朝以黑色为尊贵,汉朝则以黄色为尊贵。这个体系从汉朝一直到后来很长的时间解释人们生活中的许多问题,给现实提供一个框架或说明。今天看来这种说明很粗糙,也不科学,可是在当时却起了很大的作用,它能够解答问题,成为一个体系。"阴阳五行"学说被董仲舒建立以后,长期影响着社会,这是现实社会的产物,当时的现实社会需要这么一个哲学,这个哲学可以解答当时社会的一些问题,这是第二个时期。

第三个时期是成熟时期。中国统一以后,多民族的国家形成了,战国时期的弊端没有了,生产可以稳定了,像长江、黄河这样的大河如果发生灾难,可以全国统一治理,外来的侵略可以组织全国的力量抵抗。像长城,可以动用全国的力量兴建。这样,物质建设、精神建设都取得了跨越。从汉朝开始,国家开始兴办学校,还开辟了丝绸之路,对外交流使人们的眼界扩大了。但是从秦汉到宋朝,威胁统治的问题不是出自下层的老百姓,而是出自上层统治者之间,他们不断发生宫廷政变,这时还没有建立一个稳定的统治制度和体系。从宋朝开始,哲学需要进一步为巩固中央政权服务,所以对人类社会的地位、国家的职能考虑得更多、更周到。比如说《四书》《五经》中,《四书》比《五经》的内容浓缩了,《论语》《孟子》《大学》《中庸》加起来不到三万字。这就说明我们的哲学慢慢自《五经》集中到《四书》。

《四书》中的《大学》特别强调教育的三个主要原则:一个是明德,一个是新民,一个是止于至善。完善你的人格,造就一个完整的人。有八个详细的条目,从格物开始,致知、诚意、正心,这是内心的修养,推广开以后就是修身、齐家、治国、平天下,从内部到外部,使整个社会有一个框架。《大学》从天子到老百姓都给摆正了地位,制定了一个制度,这个变化是宋以前没有的。从宋以后,《大学》从上到下的中心思想,一个是忠,一个是孝,这两个观念深入千家万户,如果你不忠不孝,在社会上就没有立身之地。客观上这是适合于封建社会的要求,能稳定封建社会的秩序。忠、孝两个观念是中国社会自秦汉以后一路强调下来的,这两个关系的轻重有点变化。在汉魏以前,孝比忠的地位更重要一些。管仲参加战斗时经常打败仗,不是他没有勇气,而是家里有老母要照顾,不能拼死一战。可见那个时候,忠与孝相比,孝更重要。后来忠被放在更重要的位置,当忠孝产生矛盾的时候,孝必须让位于忠。这也说明国家越来越集权。在汉唐的时候,君臣是坐而论道,都是坐着讨论问题。到了宋朝,宰相以下包括宰相没有坐着的。朱熹当过皇帝的老师,他老是发议论,皇帝不喜欢他,给他写了一个客气的指示,说你年纪大了,讲课也很辛苦,以后就别来了,就辞退他了。到了明清以后,君臣会面时站着都不行了,臣要跪着,跪着就不是讨论了,就是听命令。所以君权更为集中,哲学也进入了最后的停滞时期,这个时期国家比较统一,综合国力比较强,可是从明朝中叶以后,科学已经开始停滞不前,以前中国的科学是世界领先的,宋以后就开始停滞了,到明以后天文历法、日食月食都算不准了,西方的科技开始超过了我们,西方资本主义萌芽了。

三　中国哲学的未来

将来中国哲学的前途与中国的国家命运是合在一起的,因为中国哲学始终离不开实际,离不开社会问题,哲学必须结合实际。马克思没有讲哲学原理,他的《资本论》就体现了哲学,具体地进行分析,实事求是地来说明一个社会,他不会回避问题。

我认为现在社会的转型时期就是我们正在吸收各种文化，总结自己的文化，来展望将来、创造未来。将来我们要寻找一个新的思想体系，应该是吸收世界所有先进文化融合成有中国特色的哲学，现在它正在形成中，还很不成熟。因为第一，中国自己的哲学我们现在没有一个明确的答案。我们有几千年的哲学没有整理透。有一些哲学家个人的著作里面写出自己的看法，真正讲到一个哲学应该是有生命的，有很多人接受它，很多人支持它、了解它，这样的哲学寿命就长。一个哲学家的书可以成为畅销书，但是不能指导社会。中国现在首先要积累资料，这是第一步，有了完备的资料下结论就可以放心，中国自己正在做。外国情况怎么样？我们比中国哲学知道得更少，因为留学生到外国去要看当时流行的思潮，是什么思潮才带回来什么样的思潮，这是照搬。我们也照搬过不少，但都是不成功的。哲学不是靠照搬，而是要靠实践的考验，哪些是正确的，哪些经得起实践的考验，实践是检验真理的唯一标准。

经过近代到现代，西方哲学与自然科学一样，也是走越分越细的道路。当初哲学从宗教分离出去，还包括一部分宗教功能，试图解决人生归宿、终极精神安慰等人人都会遇到的困惑。还有一些社会不平等造成的心理不平衡等问题，都曾要求哲学来答复、解释。人生终极精神追求由宗教去解决，心理不平衡由心理学分担。本来与生活十分贴近的学问（哲学）都逐渐脱离生活，陷入概念分析、语言分析的狭窄地带。

中国哲学本来离中世纪哲学不太远，它一直在干预生活，在古代曾起过重要作用。进入近代社会后，由于没有洗尽封建残余的影响，个人的权利不被重视，合理的物质要求得不到合理的对待，轻视科学技术，以贫困为荣，以生活富裕为精神堕落的诱因，把农村田园贫困生活当成净化思想的课堂，把城市现代化看成罪恶的渊薮。在极"左"思潮泛滥时期，哲学思想一度与现代社会背道而驰，对资本主义带来的弊端没有克服的信心，缺少对应的办法。对封建社会的不适应现代社会的流弊不予重视，这种精神状态根本缺乏建设有中国特色社会主义的勇气。

中国哲学的前景无限广阔。因为我们有前人没有遇到的机遇，有前人留下的丰厚遗产。文化遗产早已存在，只是过去没有科学地对待它，有时捧到天一样高，不敢触动它一根毫毛；有时贬斥得一无是处。这两种偏向，我们这一代人都有切身经历。文化有继承性，不能白手起家，传统文化是抛不掉、打不烂的。"文化大革命"中曾捣毁曲阜孔庙，这种疯狂行为恰恰是披着马克思主义外衣的封建迷信的泛滥。中国哲学的封建主义的深层次的问题清理得不够，我们责无旁贷。

世界各种思潮一齐涌来，我们对它们要鉴别取舍，还要有一个消化吸收的过程。为了鉴别取舍，要提高我们的文化识别本领，才不致上当受害。有的人到外国取经，取经者正赶上某种学说流行，取回的未必是真经。即使是真经，他们用得上，拿来是否对我们适用，还要通过实践检验。"五四"以后，我们有成功的经验，也有失败的教训。这些经验和教训都是可贵的教材。

西方哲学发展，由混沌到分析，又由分析到综合，看来这是21世纪的大致轮廓。对中国哲学来说，我们不能安于自己的混沌、综合，认为比西方的分析更高明，这是一种误解。有人讲今天电子计算机的二进制法《易经》早已讲过了；火箭发射原理宋代早已发明，只是西方火箭飞得更高而已。这是极端无知的说法。从原始混沌的统一，经过近代科学分析的洗礼，再进行综合，这个否定之否定（黑格尔说的正—反—合）的认识步骤必不可少。融会中西，经过新的否定之否定的必由之路，从宗教分离出来的哲学，今天要以崭新面貌，接过当年宗教担负的职能，化

388

解人们心理和精神负担,解答人生的终极追求和终极关怀问题。未来的哲学要干预生活,深入生活,提高人们的精神境界,使人性的优点、特点得到充分陶冶,全面发展。哲学要解决人类最自由的追求,最大的精神安适。人类社会生活中总会遇到问题,要通过自己的力量来对待一切发生的疑难问题,如果不图侥幸,不靠神仙皇帝,那只有靠哲学,哲学必将与人类共存。我相信,到了大同社会,国家机构自然消亡后,哲学还要继续存在发展。

哲学的使命是指导整个人类怎么生活,不是指导哪一个人,使整个社会、整个人群受益,不是哪一部分人受益。过去董仲舒的哲学指导汉朝四百多年,现在我们的哲学应该有更长久的效益。未来是酝酿和准备阶段,我们正在转型之中,希望大家共同努力,共同把转型期的工作做好。

提问:任老您好!您在一些著作中提到中国的儒学也是一种宗教,因为儒教有它的信仰,忠、孝,讲"三纲",在中国的传统社会中有这样的儒教形式。但是随着现代社会的发展,人们对这种儒教的信仰发生质疑,您认为现在儒教是否还是中国环境中的一种宗教形式?

任继愈:在辛亥革命以后,消灭了帝制,废除了皇帝,没有"教皇",儒教组织就不存在了,为"教皇"服务的各种机构都不在了。儒教这种教虽然没有了,但是它的思想影响还是有的,不过这种思想是封建社会时候的思想,在那个时候才有效。现在是新社会了,它的情况又变了。比如孝,它是对父母的服从和尊敬。过去的孝是一面的任务,是子女对父母要感恩、要图报。那父母对子女有没有责任?这是一点。再一个是社会和家庭变了,过去一个家长为什么有权威呢?因为一家人的生产、生活资料的分配由家长管。可现在父亲和儿子可能生活在两个地方,一个在北京,一个在上海,见面都很困难,而且独生子女多了以后,过一个团圆年都成问题,这些都是新的问题。人对父母哪有不尊重不爱护的?可是现在社会生活变了以后,就影响了孝的实际操作,衡量标准也会有所改变。

孝还有一个副作用,家族观念和孝是连在一起的。我在农村也待过,一个村选支部书记,比如一个村叫王家庄,如果姓王的不当书记,换一个少数姓的人当,大家就不支持他。孝在今天的社会上应该是一种心理秩序的建立。美国人不讲孝,可是美国也有"孝",它的孝是倒过来用的。父母对子女很关心,有义务,有法律保护,有社会舆论支持。父母如果打骂子女,轻则受罚,重则承担法律责任。子女对父母也很好,对父母有义务。我们提倡敬老,他们提倡爱幼,这也是一种孝。忠也是一样,看你忠是怎么个忠法,如果是盲目服从的忠,就是"文化大革命"要求的那种忠,那个忠是封建的东西。传统美德都有,都应该保持,可是怎么样使一个新的理解,新的解释可行,有可操作性,有社会等一系列其他的问题。

提问:任老您好,请问您对《易经》预测和"阴阳五行"的算卦怎么看?

任继愈:讲一点科学的问题。现在我们的科学发展得很了不起了,可以向太空发展了。可是我们的科学有一个缺点,中国科学与玄学的论战上世纪 30 年代就开始了,他们把数理化当作科学,社会、文学、艺术不叫做科学,其实这是人文科学,也是很重要的一种科学。现在外国人文科学发展得很少,现在我们看柏拉图、庄子、《论语》没有觉得很过时,为什么? 就说明现在我们进步不大,没有像自然科学、太空、地下研究得那么深那么远。现在我们变成一条自然科学腿长,一条社会科学腿短。科学是一个整体,绝不光是自然科学,只会向自然索取已经遭到了报应,气候异常,未尝不跟这个有关系,因为破坏了平衡,这也是一个问题。贯彻落实科学发展观,必须包含人文科学和社会科学,如果缺了这一条腿的话,科学就不完整,这也是有待于我们进一步努力和加强认识的。

提问:《四书》《五经》的利大还是弊大?

任继愈:至于《四书》《五经》的利大还是弊大,当时社会上不接受,有时当时是利,后来成为害。应该是不断与时俱进,这是从历史地看它,比较公平一点。

提问:中国哲学未来怎么样发展和指导人类社会发展?

任继愈:哲学不是强迫你信,你认为它好你就相信它,你认为它不好就不相信它,这是一种自然的选择,哲学不能强迫。

提问:能否对中国历史系的大学新生提出几点阅读建议?

任继愈:我觉得中国不光是大学新生,现在小学、中学到大学的教科书或者历史知识讲得太少,不够。美国的历史讲一年就够了,因为美国总共才两百多年历史,我们五千年也放在一年里面讲根本讲不完。而且我们中国有很多英雄人物,有克服困难的,有追求真理的,有创造发明的,有抵抗侵略的,有数不尽的英雄人物,每一个人物都值得讲一讲,小学、中学以讲故事为主,大学讲规律,这样对增强民族的自信心有好处。

提问:您认为哲学和宗教是怎样相互影响的?

任继愈:中国哲学跟宗教是分不开的,所以中国哲学的特点就是政教高度统一,它的作用就是导致了政治的高度稳定,但是也限制了事物的新的萌芽。资本主义萌芽在中国有好几次机会都被打下去了，比如说修铁路，原来的路线经过曲阜，因为曲阜有孔子的坟墓在那里，所以拐了一个弯，现在曲阜人后悔了，这是当时的迷信，影响历史的发展。

提问：您觉得哲学对现实生活的指导作用有哪些呢？

任继愈：哲学的指导有明显作用，首先是无用之用。可是它给人的好处是很多。现在我们简单地说，哲学从《周易》开始提出了两个重要的观点，一个是发展观，事物是变化发展的，走到极限就会走向它的反面。我看这个还是有它的道理的。还有一个全局观，这个很重要，看问题是全局着眼，不只看局部，这是哲学的一个基本观点。比如说我们一个现实项目，有可行性论证。我想可行性论证并不是错误的，也不能说它是假的，数据也不能说是假的，可是我们的哲学告诉我们，你看问题正面要看，反面也要看。还要有一个不可行性论证才全面。我记得白洋淀的围湖造田做了一个可行性论证，围湖以后产生多少稻米，第二年见效不是假的，可是对大环境和气候的破坏就没提到。哲学告诉我们要全面看。因为中国经济持续发展近三十年，我们的领导人都不是经济学家，都不是搞经济的，为什么能够提出这种发展方向呢？我们的哲学包括马克思主义哲学是从全局来看，我们有政府的调控，政府的调控很起作用，《管子》就提出政府要起调剂的作用，完全交给市场是不行的。而且市场是很不公平的，如果没有合理的法规保护，任凭市场操作，结果会是劣货淘汰优货，假的淘汰真的，现在市场经济已经影响到我们学术界，假学问挤真学问，完全是靠交给市场一定糟糕，所以政府要调控引导。

中医理论研究要跟得上国力发展 *

　　中国哲学史研究从来就是把中医的理论看作中国哲学史的一部分。楼宇烈同志和我一起做过《中国哲学史》教科书的写作工作,我们把《黄帝内经》列为教科书的一章,这是从 1956 年开始的。我们认为中医不纯粹是科学领域的事,也应该依从实践检验科学的哲学标准。回想我们自己的爷爷,我们爷爷的爷爷是靠什么维持健康的呢? 怎么治病的呢? 就是靠中医。这是不能够忘本的。但今天忘本忘到这么一个程度,说中医不科学,这是不对的。怎么不科学? 中国的数千年实践就证明了中医是科学的。

　　现在随着中国综合国力的增强,中医也随之得到国际重视。现在在国外,用针灸治疗很普遍,还在一些国家的医疗保险里给予报销。随着中国国际地位的逐渐提高,国际上看中医的分量,也同看中国经济一样重了。国际势力很实际,也很"势利眼"。对传统哲学,比如印度哲学,它的抽象思维水平也不低,可是现在国际上听到的声音就很弱。印度目前的综合国力还不行,它的学说就没有受到重视。现在我们国家的地位蒸蒸日上,国民

---

　　* 　原载《中国社会科学院院报》2007 年 3 月 27 日第 3 版。

生产总值年年提高,这是世界史上的奇迹。随着国势的增强,综合国力的增强,我们自己对中国文化的发展也要跟上。要增强我们的自信心。

《黄帝内经》有一个基本思想,就是重视对疾病预防为主。空气的污染,细菌的传播,每人碰到的机会是一样多,为什么有的人有病,有的人没有病?有的人受了侵害顶不住,有的人顶得住?这就关乎健康问题,个人健康是不是有问题。所以根据不同情况预防保健,这是《黄帝内经》的主要思想。西医是头痛医头、脚痛医脚,中医不是这样看的。例如对血压高,其中有心脏问题,但生气也影响血压高,天气热了也可以引起血压高,各种因素都在里头,它不仅仅是一个血液循环的问题。不仅是单个因素的问题,而是整体的问题。中医是整体的观念,整体的看法。我觉得我们应该保持这种很可贵的观察问题的方法。过春节大家收到贺年卡,看一看中国朋友、外国朋友关于通信地址的表示,具体到地名,西方是小地方放在前面,大的放到后头,国家放到最后;中国是刚好相反,国家、省、地区、县、乡、村。这是写信上的不同。到外国买东西找零钱和国内也很不一样的。外国是先把零钱找给你,最后找给你整的;中国人找钱不是这样的。你拿十块钱买东西后,剩了五元六角钱,找钱时先给你五元钱,然后再给你找个零。这是思维方式的问题。西方先看见局部,然后再到整体;我们中国人是先看到整体,然后再到局部。这种思维方式很难得、很可贵,也是值得我们发扬的。

对中医哲学的研究,我们哲学史领域做得不够。我希望可以辨证讨论,可以交流。既然中医哲学是中国哲学的一个组成部分,我们中国哲学史研究刊物,其他哲学研究的刊物,应该给中医哲学一块园地,让他发表发表意见,辩论辩论,讨论讨论。如果有一个中医哲学专门的刊物更好。不过综合哲学刊物有一个好处，就是发行面广量大，影响也广。每年有几篇有分量的中医哲学研究文章出现，对整个学科发展也是有好处的。这个过程也是培养新队伍的过程。

　　研究中医，我们守土有责，对这个科学的阵地不能放弃。这不是个人的问题，这是一个民族兴亡的问题，这是民族能不能继续前进的问题。最重要的是建立中华民族的自信心，发现我们民族的长处，发扬它的优点，同时对反对的意见也要了解它，吸收它。合理的就可以吸收，然后才可以壮大自己。我觉得吸收就是这么一个道理，合理的吸收作为自己的养分，这就可以丰富自己的文化，做到不断发展。我们的祖先过去是这么做的，中华文化也是这么发展起来的，现在我们还是要继续这样做。对中医的研究要从理论上跟上去，要了解西医，同时要发展自己。

努力提高对中医哲学
重要价值的认识 *

　　中国哲学是一个内蕴十分丰富的宏大架构,里面不仅有儒、释、道、法,还有独树一帜的中医哲学。在以往的中国哲学史研究中,人们的着眼点主要集中在儒学、中国佛学、老庄之学、明辨学和法家学说等哲学流派上,而对源远流长的中医哲学却重视不够。1956 年,我和楼宇烈编著《中国哲学史》教材时,曾把中医哲学的代表性著作《黄帝内经》编入其中。但总体来说,我们对中医哲学的研究一直以来都非常欠缺。

　　由于中国哲学界和中医学界长期缺乏对中医哲学的研究,因此,我们对中医哲学的独特价值尚未获得充分的认识。从大的方面看,中医哲学的价值主要表现在两个方面:

　　第一,中医哲学作为中国哲学的重要组成部分,或者说中国哲学的重要分支,丰富了中国哲学广博的内涵。在人们的传统观念里,中国哲学是一种政治哲学,一种道德哲学,一种伦理哲学,它的基本概念和范畴大都局限在社会伦理学的领域里;中医哲学则修正了这一偏颇认识,通过《黄帝内经》等中医哲学著作,

---

　　* 　原载《河北学刊》2007 年第 3 期。

我们可以看到中国哲学发展史上矗立着自然哲学和科学哲学的伟岸身影,可以说,中医哲学同儒、释、道、法一起构成了中国哲学宏大殿堂中的几座重要的柱石。

第二,中医哲学研究的对象是中医的本原问题,也就是生命的本质问题,并通过探讨生命的终极问题来"究天人之际,探阴阳之赜"。几千年来,中国医学在对人体、对天人关系的研究中,积累了异常丰富的理论,形成了中华民族所独有的中医哲学。中医哲学的一些基本概念和范畴,以及所特有的思维方式和表达方式,为我们全面和深入地了解与把握中国哲学提供了新的视角。可以说,对中医哲学的深入研究极有可能带动起整个中国哲学研究的创新性发展。

《黄帝内经》是中医哲学的原典,也是中国哲学最重要的经典著作之一。《黄帝内经》作为周秦以来到西汉初年中国古代医学的总集,其价值不仅在于总结了秦汉以前的医疗经验,并且包含着丰富的唯物主义和辩证法思想,特别是对生命起源、疾病成因以及形神关系等问题的分析和论述,为中国古代唯物主义和无神论思想提供了重要依据。

《黄帝内经》继承了先秦的气一元论的唯物主义观点,认为气(或阴阳二气)是产生一切的物质根源:"阴阳者,血气之男女也;左右者,阴阳之道路也;水火者,阴阳之征兆也;阴阳者,万物之能始也。"(《内经·阴阳应象大论》)。这就是说,阴阳二气及其作用不但表现在万物中,人的生理现象也体现了阴阳二气运行的原则。《黄帝内经》认为,世界是由阴阳二气相互作用的结果,并指出:"清阳为天,浊阴为地,地气上为云,天气下为雨。清阳出上窍,浊阴出下窍,清阳发腠理,浊阴走五藏。"(《阴阳应象大论》)

《黄帝内经》把人的身体结构视为自然界的一个组成部分,

人的养生规律同自然界的运行规律有密切的联系,进而提供了从自然界寻找病理的唯物主义和朴素辩证法的医疗原理。《黄帝内经》说:"治不本四时,不知日月,不审逆从,病形已成,乃欲微针治其外,汤液治其内……故病未已,新病复起。"(《移精变气论》)自然界发展变化的一般原理同人体生理发展变化的原理是一致的,所以,不能把生理现象同自然现象割裂开来,这就把医疗的理论与唯物主义自然观密切结合了起来。

《黄帝内经》把自然现象、人的生理现象、精神活动统一于一个共同的物质基础,认为疾病的起因是由于人体受到自然界存在着的某种有害物质侵害而产生的,指出:"阴阳四时者,万物之终始也,死生之本也。逆之则灾害生,从之则苛疾不起,是谓得道。道者,圣人行之,患者佩(背)之。从阴阳则生,逆之则死。"(《四气调神大论》)。这就是说,只要顺着阴阳四时变化的规律,适应季节的变化,人们就不会生病;违反了规律便会生病。这种规律(道),圣人自觉地照着做,愚人却违背它。顺从这些规律可以维持生命,逆着它则必然招致病灾。

《黄帝内经》不仅从唯物主义原则说明疾病现象,在治疗理论方面也贯彻了对症下药的唯物主义原则:"病之始起也,可刺而已。其盛,可待衰而已。故因其轻而扬之,因其中而减之,因共衰而彰之。形不足者,温之以气,精不足者,补之以味。其高者因而越之,其下者引而竭之。中满者泻之于内。其有邪者,渍形以为汗,其在皮者,汗而发之。其剽悍者,按而收之。其实者,散而写(泻)之。"(《阴阳应象大论》)。这是说,治疗时要根据不同情况,有的要补,有的要泻,有的要发汗,有的则要休息。我们在这里没有必要讲述中医复杂的治疗过程,但从中可以认识到古代医学所秉承的从实际出发的唯物主义态度和方法。

在中国古代,老子、荀子、韩非子对唯物主义自然观的建构做出了积极贡献,对古代宗教迷信思想给予了有力的驳斥。但对于生命的起源、精神的作用、疾病的产生尚缺乏详尽的说明。这样,必然给宗教迷信宣传留下了活动的空隙。《黄帝内经》恰恰在这一方面用当时可能达到的科学理论回击了宗教迷信思想。它对生命、精神与身体的关系做出了唯物主义的说明,认为生命、精神统一于物质的身体,身体是精神的基础,生命是身体的现象,也是自然现象,它指出"在天为气,在地成形,形气相感而化生万物矣"。又说:"物生谓之化,物极谓之变,阴阳不测谓之神,神用无方谓之圣。"(《天元纪大论》)在这里,中医哲学把生命的变化、精神的作用,甚至带有超乎常人的"圣人"的能力,都给安放在了共同的物质基础之上,认为它们都是物质的变化和作用的结果。由于世界上一切事物均有着共同的物质根源,一切事物都不是一成不变的,而是在阴阳二气的矛盾中发展变化。所以,阴阳二气在人的身体内维持正常的平衡状态,并经常维持精气血脉的畅通,才能保持健康,它指出"阴平阳秘,精神乃治;阴阳离决,精气乃绝"(《生气通天论》);"阴不胜其阳,则脉流薄(迫)疾;并乃狂;阳不胜其阴,则五脏气争,九窍不通"(同上)。《黄帝内经》的这些建立在人体各部器官有机联系上的辩证观点,利用阴阳五行的学说来说明五脏之间的关系。五行之间具有相互依存、相互制约的关系,五脏也有类似的关系,它们之间是不可分割的整体。如果某一器官发生疾病,功能不正常,必然会影响到其他器官。比如,肝脏功能不正常,就会影响到视力,还会连累消化系统不正常,还会使患者情绪容易激动。此外,《黄帝内经》还注意到身体健康与自然环境之间的密切联系,指出"逆春气,则少阳不生,肝气内变;逆夏气,则太阳不长,心气内洞;逆秋气,则太阴不收,肺气焦满;逆冬气,则少阴不藏,肾气独沉"(《四气调神大论》);又说"忧患缘其内,苦形伤其外,又失四时之从,逆寒暑之宜,贼风数至,虚邪朝夕,内至五脏骨髓,外伤空窍肌肤,所以小病必甚,大病必死"(《移精变气论》)。《黄帝内经》通过五行相生相克的术语,阐述了人体内脏的内在有机联系。这种从整体看人的内脏相互关系的理论,有效地丰富了中国哲学特有的思维方式。

在长期医疗实践的基础上,《黄帝内经》还提出了生理现象与心理现象的内在联系,认为肝脏病和愤怒的情绪有关联,"怒伤肝";心脏病和喜悦的情绪有关联,"喜伤心";脾脏病和思虑活动有关联,"思伤脾";肺脏病和忧郁的情绪有关联,"忧伤肺";肾脏病和恐惧的情绪有关联,"恐伤肾"。《黄帝内经》在两千多年前就明确指出生理现象和心理现象的内在联系与相互影响,指出了它们相互之间的联系。这些富有价值的辩证法思想,直接或间接地对中国哲学的发展起到了促进作用。

以《黄帝内经》为代表的中医理论秉承的是一种整体的思维方式,而不是西医的头痛医头、脚痛医脚。例如高血压,除了心脏的问题外,情绪也会影响血压,气温高了也可以引起高血压,各种因素都会对人体产生一定影响,并非仅仅是一个血液循环的问题。即不是单个因素的问题,而是整体的问题。中医遵奉的是整体观念、整体看法,中医哲学的特点就表现在这里面,我们应该继承和弘扬这种可贵的观察问题的方法。比如过节邮寄贺年卡,中国和西方国家关于通信地址的表示方式截然不同,西方国家是把小地名放在前面,大地名放到后头,国家名放到最后;中国则正好相反,国家、省、市、县、乡、村。到外国买东西找零钱同国内也不一样。外国人是先把零钱找给你,最后找给你整钱;中国人则相反。这就是思维方式问题。西方人先看见局部,然后再到整体;中国人则是先看到整体,然后再到局部。这种思维方式有助于我们更好地认识世界,值得发扬光大。